重要ポイントの整理

章末の「重要ポイントの整理」をまとめました。試験で間違えやすい基本的な項目をチェックしましょう。

第1章 ビジネス法務の法体系

☑ 一般法と特別法、強行法規と任意法規

一般法	適用対象を限定しない
特別法	一般法が適用される領域の中で、限定的な対象に対して、一般法に優先して適用される。例：民法に対する商法など
強行法規	公序良俗に関する規定、物権に関する規定等。当事者の意思にかかわりなく適用される。契約中の特約に優先して適用され、強行法規と異なる特約は無効となる
任意法規	債権や契約に関する規定等、当事者が別段の合意をしない場合に適用される

☑ 訴訟の種類

民事訴訟	私人間の法的紛争の解決
刑事訴訟	犯罪事実の認定と刑罰の決定
行政訴訟	公法上の権利関係についての法的紛争の解決

☑ 民法の原則

権利能力平等の原則	人は平等に権利主体として扱われる
所有権絶対の原則	所有権は不可侵のものとして尊重される
契約自由の原則	個人の意思に基づいて契約相手を選定し、契約内容を決定できる。私的自治の原則に基づく
過失責任主義	故意や過失がなければ法的責任を負わない

☑ 民法上の財産権（物権と債権）

- 物権 … 物を直接的排他的に支配できる権利
  - 所有権
  - 制限物権
    - 用益物権 … 地上権、永小作権、地役権
    - 担保物権 … 留置権、先取特権、質権、抵当権
- 債権 … 人に対して一定の行為を請求できる権利

C-1

第2章　企業取引の法務

☑ 制限行為能力者

- **未成年者** ⋯⋯ 例外として、営業の許可を受けた場合
- **成年被後見人**　●**被保佐人**　●（補助人の同意を要する旨の審判を受けた）**被補助人**

制限行為能力者の法律行為は取り消すことができるが、取消しできない行為もある。

- 日用品の購入など日常生活に関する行為
- 15歳以上の者による遺言
- 制限行為能力者が詐術を用いて、行為能力者であると信じさせてした行為
- 法定代理人や成年後見人による行為はもちろん取消不可

☑ 代理

任意代理	委任契約などによって代理権が発生する代理
法定代理	親権者による代理など、法律上当然に代理権が発生する代理
無権代理	代理権を有しない者による代理。本人の追認により、代理行為は有効となる
表見代理	代理権は存在しないものの代理人に代理権があるかのような外観が存在し、相手方に代理権があると信じた正当な理由があれば、代理行為は有効となる

☑ 民法上の代理の成立要件

- 代理権があること
- **顕名**をすること
- 代理権の範囲内での代理行為であること

☑ 売買契約

- 申込みの意思表示（「売ります」）と承諾の意思表示（「買います」）の合致により成立する。
- 商取引の場合は、契約申込みに対する諾否の通知を遅滞なく発する必要があり（**諾否通知義務**）、これを怠ったときは契約の申込みを承諾したものとみなされる。
- 期限や条件の設定が可能。債務者は期限までは弁済の必要がない（**期限の利益**）。

確定期限	日時の到来のように、将来の発生が確実な期限。例：○月○日までに〜
不確定期限	到来することは確実だが、いつ到来するかは分からない期限。例：自分が死んだら〜
停止条件	条件成就によって意思表示の効力が生じる条件。例：合格したら〜してあげる
解除条件	条件成就によって意思表示の効力が失われる条件。例：契約は有効だが、来年の試験に不合格だったら、この契約は失効する

☑ 請負契約

- **請負契約**は、民法上、両者の合意のみで成立する。**建設工事の請負契約**は、建設業法上、書面の交付、又は、契約の相手方の承諾を得た上で電子情報処理組織を使用する方法等の措置を講ずることを必要とする。
- 請負契約の場合、請負人が仕事を完成しない間は、注文者はいつでも損害を賠償して契約を解除できる。

☑ 契約の意思表示が無効又は取消可能となる場合

心裡留保	意思表示に対応する真意が存在しないことを知りながら意思表示した場合（冗談を言った場合など）でも有効だが、意思表示をした者の真意を相手方が知っていた、又は知ることができたときは、その意思表示は無効
虚偽表示	相手方と通じてした虚偽の意思表示は無効。ただし、善意の第三者には対抗できない
錯誤	法律行為の要素に錯誤があった場合、意思表示は取消可能。ただし、表意者に重大な過失があるときは、原則として、錯誤を主張できない
詐欺	だまされてした意思表示は取消可能。ただし、善意無過失の第三者には対抗できない
強迫	脅されてした意思表示は取消可能。第三者にも対抗できる

☑ 同時履行の抗弁権

双務契約の場合、相手方が債務の履行（債務の履行に代わる損害賠償の債務の履行を含む。）を提供するまでは、自己の債務の履行を拒否できる（民法533条）。

☑ 債務の不履行

履行遅滞	履行がいまだなされておらず、債務者が履行しようと思えば履行が可能な場合。契約を解除するには、まず履行の催告が必要
履行不能	債務者が履行しようと思ってもできない場合。契約解除に催告は不要

☑ 賃貸借契約

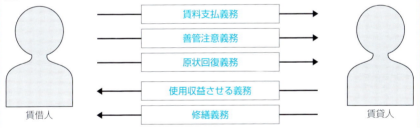

賃借人　　　　　　　　　　　　　　　　　　　　　　　　　賃貸人

賃借権の第三者対抗要件（借地借家法10条1項、31条）
- 土地の場合 …… 土地上の建物の登記
- 建物の場合 …… 引渡し（＝居住していればよい）

☑ 民法上の善管注意義務

- 寄託契約の場合、有償の受寄者に限り、善管注意義務を負う。
- 委任契約の場合、受任者は、報酬の有無にかかわらず善管注意義務を負う。

☑ 手付

解約手付	買主は手付を放棄、売主は手付の倍額を償還することで契約を解除できる
違約手付	債務不履行があった場合に、違約罰として没収することを定めて交付された手付

第3章　債権の管理と回収

☑ 担保物権

担保物権を有する債権者は、他の債権者に優先して弁済を受けることができる。

法定担保物権	法律上の要件を充足することにより当然に発生する。留置権、先取特権
約定担保物権	当事者の意思により設定される。質権、抵当権

☑ 担保物権の性質

附従性	被担保債権が発生・変更・消滅すれば、担保物権も発生・変更・消滅する
随伴性	被担保債権が移転すると、担保物権も移転する
不可分性	被担保債権の一部が弁済されても、担保物権は目的物の全部について及ぶ

- 優先弁済的効力を持つ ····· 先取特権、質権、抵当権
- 物上代位性を持つ（目的物の売却によって得られた金銭に対しても効力が及ぶ）····· 先取特権、質権、抵当権
- 留置的効力を持つ（弁済を受けるまで目的物を占有できる）····· 留置権、質権
- 質権は債権にも設定できる（権利質）
- 抵当権は、同一の不動産に対して複数設定できる。抵当権の順位は登記の前後による

☑ 債務名義

強制執行の申立てに必要。執行証書（強制執行認諾文言が付された公正証書）や仮執行宣言を付した支払督促も債務名義となる。

☑ 保証債務の補充性

催告の抗弁権 ····· 保証債務の履行請求に対して、まず主たる債務者に催告すべきという抗弁権

検索の抗弁権 ····· 主たる債務者に弁済する能力があり、執行が容易であるときは、まず主たる債務者の財産について執行しなければならないという抗弁権

☑ 保証

- 保証契約は、債権者と保証人との契約であり、債務者の同意は不要
- 保証人は主たる債務者に対して求償権を有する
- 連帯保証人には催告の抗弁権も検索の抗弁権も認められない

☑ 債権の消滅原因

弁済	債務の本旨に従った履行
代物弁済	債権者の同意を得て、他の給付によって弁済すること
相殺	2人が互いに債務を負担する場合に、その対当額について相殺が可能。両債権が同種の目的を有し、いずれも弁済期が到来していること（又は期限の利益を有する方がその利益を放棄すること）、相殺が禁止されていないことが要件
免除	債権者による債務の免除

☑ 時効

取得時効	権利者であるかのような事実状態を根拠として権利取得を認める時効
消滅時効	権利不行使の事実状態を根拠として権利消滅を認める時効

時効の要件

- 時効期間が経過すること
- 当事者が時効の援用の意思表示をすること

☑ 約束手形の性質

設権証券性	どんな用紙でも（通常は統一手形用紙を用いる）、所定の事項を記載して振り出せば、記載された内容の権利が発生する
無因証券性	手形上の権利は原因関係の影響を受けず、原因関係と手形上の権利は切り離されている
文言証券性	手形上の権利の内容は手形の記載内容に基づいて決定される
要式証券性	誰が見ても手形上の権利の内容を理解することができるように、その記載事項が法律によって定められている

☑ 小切手の種類

- 一覧払 ····· 支払の呈示がなされた日を満期とする。
- 先日付小切手 ····· 将来の日付を振出日として記載して振り出された小切手。ただし、振出日よりも前に呈示されれば、その時点で支払わなければならない。
- 線引小切手 ····· 銀行が、他行の取立てがあった場合又は自行の取引先が小切手を持ち込んだ場合のみ、支払に応じる小切手。支払先を特定の銀行に限定した小切手は「特定線引小切手」という。

第4章　企業財産の管理と法律

☑ 所有権の移転

	所有権の移転の成立要件	第三者対抗要件
動産	当事者の意思表示（売買契約の成立）	引渡し
不動産	当事者の意思表示（売買契約の成立）	登記

☑ 対抗要件

- 建物の賃借権の第三者対抗要件は、「引渡し」（借地借家法31条）
- 抵当権の第三者対抗要件は、「登記」

☑ 債権譲渡の第三者対抗要件（民法467条）

- 旧債権者から債務者への確定日付のある証書による通知、又は、確定日付のある証書による債務者の承諾

☑ 不動産登記記録（登記簿）

表題部 ····· 土地又は建物を特定するための事項
権利部　甲区 ····· 所有権に関する登記事項
　　　　乙区 ····· 所有権以外の権利に関する登記事項

☑ 知的財産として保護される権利

	保護の対象、性質等	保護の要件	保護期間
特許権	自然法則を利用した技術的思想の創作のうち高度のもの（特許法2条1項） ● 産業上利用可能性・新規性・進歩性が要件 ● 複数の者が同じ内容の発明をした場合は、先に出願した者が特許を受ける権利を有する（先願主義） ● 通常実施権（複数の者に対して設定可。特許権者も実施権を持つ）、専用実施権（特定の者に排他的な実施権を設定。特許権者は実施不可）、独占的通常実施権（特定の者にのみ実施権を設定し、特許権者も実施権を持つ）が設定可	登録	出願日から**20年**（更新不可）
実用新案権	物品の形状、構造又は組合せに係る考案（自然法則を利用した技術的思想の創作）（実用新案法1条、2条1項）	登録	出願日から10年（更新不可）
商標権	業として生産される商品や業として提供される役務に使用される標章（文字、図形、記号、立体的形状若しくは色彩又はこれらの結合、音など）（商標法2条）	登録	設定登録日から**10年**（**更新可**）
意匠権	物品の形状、模様若しくは色彩又はこれらの結合であって、視覚を通じて美感を起こさせるもの（意匠法2条1項） 組物の意匠・部分意匠・動的意匠・関連意匠も対象	登録	出願日から25年（更新不可）
著作権	思想又は感情を創作的に表現したものであって、文芸、学術、美術又は音楽の範囲に属するもの（著作権法2条） ● コンピュータプログラムやデータベースも対象 ● 法人等の業務に従事する者が職務上著作する著作物は、原則としてその法人が著作者となる（職務著作） ● 著作者人格権は、公表権、氏名表示権、同一性保持権 ● 著作隣接権者は、実演家、レコード製作者、放送事業者、有線放送事業者	登録不要。創作と同時に権利発生	著作者の死後**70年**

C-6

営業秘密	秘密として管理されている生産方法、販売方法その他の事業活動に有用な技術上又は営業上の情報であって、公然と知られていないもの（不正競争防止法2条6項）	—	—

- 権利の侵害に対しては、**差止請求**と**損害賠償請求**が認められているほか、**刑事罰**が科される可能性もある。

第5章　企業活動に関する法規制

☑ 独占禁止法

- **公正取引委員会**が運用し執行。
- 違反行為をした**従業員**に**刑事罰**が科される（事業者にも科されることがある。両罰規定）。
- 一定の違反行為をした事業者には、次の措置がとられる。

排除措置命令	当該行為の差止め、事業の一部譲渡、契約条項の削除などが命じられる
課徴金納付命令	課徴金の納付が命じられる

- 独占禁止法が制限する行為

私的独占	他の事業者を支配又は市場から排除すること
不当な取引制限	**カルテル**、**談合**など
不公正な取引方法	**不当廉売**、**抱き合わせ販売**、**再販売価格の拘束**、**優越的地位の濫用**など

☑ 個人情報保護

個人情報とは、**生存する個人**に関する情報で、**特定の個人を識別**することができるもの。

個人情報取扱事業者の主な義務

- 個人情報の利用目的を特定すること
- 利用目的を変更する場合は、変更前の利用目的と関連性のある範囲を超えないこと
- 特定された利用目的の達成に必要な範囲を超えて、個人情報を取り扱わないこと
- 個人情報の取得に際して、利用目的を本人に通知又は公表すること（あらかじめ公表している場合を除く）
- 利用目的の達成に必要な範囲内で、個人データを正確かつ最新の内容に保つこと
- 個人データの漏えい・滅失・毀損を防止するために必要かつ適切な安全管理措置をとること
- 個人データの取扱いを委託する場合は、委託を受けた者に対して必要かつ適切な監督を行うこと

☑ 営業秘密

営業秘密は**不正競争防止法**によって保護される。営業秘密の要件は次のとおり。

秘密管理性	秘密として管理されていること
有用性	事業活動に有用なものであること
非公知性	公然と知られていないこと

☑ 消費者保護

消費者契約法 ⋯⋯ 事業者の行為に基づく誤認や困惑による契約は取消しが可能。取り消された契約は無効となり、相互に原状回復義務が発生する。

特定商取引法 ⋯⋯ 通信販売や訪問販売（営業所以外の場所で行われる取引。**キャッチセールス**も含む）等を規制。訪問販売では、**クーリング・オフ**が認められる。クーリング・オフは**8日以内**に**書面又は電磁的記録**により行う。返還・引取り費用は販売業者の負担となる。

割賦販売法 ⋯⋯ 割賦販売（**2ヶ月以上**の期間、**3回以上**に分割して代金を受領する一定の販売形式）を規制。

製造物責任法

- 製造業者等は、製造・加工・輸入した製造物の欠陥により他人の生命・身体・財産を侵害したときは損害賠償責任を負う。
- 製造又は加工された動産が対象（製造・加工されていない水産物や不動産は対象外）。
- 被害者は製造物に欠陥がありそれにより損害を受けたことを立証できればよく、製造業者の故意や過失を立証する必要はない（民法上の不法行為による損害賠償請求とは異なる）。
- 損害が当該製造物についてのみ生じたときは、製造物責任は発生しない。

☑ 押さえておくべきビジネスにかかわる犯罪

刑法上の罪

窃盗罪 （刑法235条）	会社の秘密文書の管理権限を有しない者が、会社に無断でその秘密文書を持ち出す行為など
背任罪 （刑法247条）	他人のためにその事務を管理する者が、任務に背く行為によりその他人に財産上の損害を加えること

会社法上の罪

特別背任罪 （会社法960条1項）	取締役、会計参与、監査役、執行役、支配人等が任務に背く行為により会社に財産上の損害を加えること
違法配当罪 （会社法963条5項2号）	取締役、会計参与、監査役、執行役、支配人等が法令や定款の規定に違反して剰余金の配当をする行為

第6章　企業と会社のしくみ

☑ 商行為

絶対的商行為 （商法501条）	1回だけでも商行為に当たるもの 例：物を仕入れて販売する行為
営業的商行為 （商法502条）	営業としてする（反復継続して行う）ときに商行為となるもの 例：レンタル業、荷物の運送、映画館における映画の上映など
附属的商行為 （商法503条）	商人がその営業のためにする行為

☑ 商法の特則（民法との違い）

	代理には顕名が…	金銭消費貸借
民法	必要	原則無利息。利息には合意が必要
商法	不要	約定なくとも法定利息を請求可

☑ 株式・株主

株主平等の原則	株主は、株式の内容及び数に応じて平等に扱われる
間接有限責任	株主は、出資をして株主になるときに金銭の支払をすれば、それ以上支払を求められることはなく、また、会社の債権者は直接株主に対して債権回収をすることもできない
株式譲渡自由の原則	株主は、投下資本を回収するために、原則として、自由に株式を譲渡することができる
所有と経営の分離	株主は、株主総会において取締役を選任し、会社経営を委任する。つまり、出資は株主が行い、経営は取締役が行う

- 株式会社に対し、取締役ら役員等の責任を追及する訴えの提起を請求することができる（会社法847条1項）。株式会社がその請求の日から60日以内に責任追及等の訴えを提起しないときは、当該請求をした株主は、株式会社のために、責任追及等の訴えを提起することができる（株主代表訴訟。会社法847条3項）。

☑ 株主総会

- 毎事業年度の終了後、一定の時期に招集されるほか（定時株主総会）、必要に応じていつでも招集することができる。
- 取締役、会計参与、監査役、執行役又は会計監査人などを選任する。

☑ 取締役・取締役会

- 取締役（監査役）は株主総会の決議により選任される。
- 取締役の報酬・賞与等は、定款に定められていないときは、株主総会の決議により定められる。
- 会社の取引と同種の取引を行う場合は、株主総会において（取締役会設置会社の場合は取締役会において）開示し承認を受けなければならない（競業避止義務）。
- 取締役が自己又は第三者のために会社と取引するときは、株主総会において（取締役会設置会社の場合は取締役会において）開示し承認を得なければならない（利益相反取引の規制）。
- 支配人など重要な使用人の選任・解任は取締役会の権限である。
- 取締役会は重要な業務執行の決定を行い、代表取締役が決定された業務を執行する。
- 取締役は任務懈怠責任を負う（任務を怠ったときは、それにより生じた損害を賠償する責任を負う）。会計参与、監査役、執行役又は会計監査人も同様。

第7章　企業と従業員の関係

☑ **労働契約（雇用契約）**

労働者　　　　　　　　　　　　　　　　　　　　　使用者

労働基準法 ······ 労働者保護のため、賃金や労働時間等、労働条件の最低基準を規定。原則として、全ての労働者に適用される。

労働基準監督署 ······ 労働基準法などの労働法が守られているかを監督する行政機関。

☑ **労働契約の解約**

解雇	使用者から申し入れる労働契約の解約。客観的に合理的な理由を欠き、社会通念上相当であると認められない場合は無効（労働契約法16条）
辞職	労働者から申し入れる労働契約の解約。申入れから2週間後に契約終了（民法627条1項）

☑ **時間外労働の要件**

法定労働時間は、**1週間につき40時間**、**1日につき8時間**（労働基準法32条1項、2項）。法定労働時間を超え、又は休日に労働させる場合は、以下のことが必要（労働基準法36条、37条）。
- 労働組合（ない場合は労働者代表）との間で**三六協定**を締結する。
- 時間外労働について**割増賃金**を支払う。

☑ **労働組合**

労働組合の結成、労働組合への加入は原則として、労働者の任意。また、使用者は、正当な理由なく、労働組合からの団体交渉の申入れを拒否してはならない（労働組合法7条2号）。

☑ **就業規則**

- 常時**10人以上**の労働者を使用する使用者は、就業規則を作成（労働基準法89条）。
- **法令又は労働協約**（労使交渉の結果として締結されるもの）に反してはならない（労働基準法92条1項）。
- 労働組合（労働者の過半数で組織）か、労働組合がない場合は労働者の代表（労働者の過半数を代表する者）の意見を聴くことが必要（労働基準法90条1項）。
- 就業規則の作成・変更に際しては、労働組合又は労働者の代表の**意見書**とともに**労働基準監督署長に提出**する（労働基準法89条、90条2項、労働基準法施行規則49条1項）。

☑ 労働者派遣

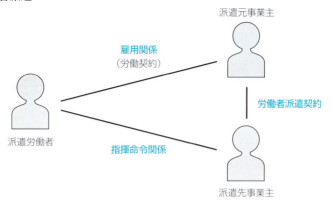

- 派遣労働者と雇用関係にあるのは派遣元事業主であるが、派遣先事業主も派遣労働者に対して、労働基準法や労働安全衛生法など、労働法上の責任を負う場合がある（労働者派遣法44条、45条等）。
- 港湾運送業務、建設業務、警備業務等については労働者派遣事業は不可（労働者派遣法4条1項）。

☑ 男女雇用機会均等法

- 労働者の配置、昇進・降格、教育訓練、定年、解雇等について、性別を理由として差別的取扱いをしてはならない（男女雇用機会均等法6条）。
- 事業主は、セクシュアル・ハラスメントが生じないよう、必要な措置を講じる義務がある（男女雇用機会均等法11条1項）。

第8章　ビジネスに関連する家族法

☑ 婚姻

- 婚姻が成立するためには、「当事者の合意」と「婚姻の届出」（民法739条）が必要。
- 婚姻に際して氏を改めた者は、離婚により婚姻前の氏に復するが、離婚の日より3ヶ月以内に届け出ることにより婚姻中の氏を称することも可（民法767条、771条）。
- 夫婦間でした契約は、第三者の権利を害さない限り、婚姻中いつでも、夫婦の一方から取消しできる（民法754条）。
- 夫婦の一方が日常の家事に関して第三者と法律行為をしたことによって生じた債務は、夫婦が連帯して責任を負う（日常家事債務の連帯責任。民法761条）。

☑ 夫婦の財産（夫婦別産制）

特有財産	夫婦の一方が ● 婚姻前から有する財産 ● 婚姻中に自己の名で得た財産
共有財産	● 夫婦いずれに属するか明らかでない財産

☑ 遺言の種類

自筆証書遺言 （民法968条1項）	● 遺言者が原則として全文・日付・氏名を自書し押印する
公正証書遺言 （民法969条）	● 証人2人以上の立会い ● 遺言者が遺言の趣旨を公証人に口授し、公証人が遺言者の口述を筆記後、遺言者及び証人に読み聞かせ、又は閲覧させる ● 遺言者及び証人が筆記内容を承認後、署名・押印 ● 公証人が署名・押印
秘密証書遺言 （民法970条1項）	● 遺言者が署名・押印 ● 遺言者が証書を封じ、証書に用いた印章で封印 ● 遺言者が公証人1人及び証人2人以上の前に封書を提出して、自己の遺言書である旨と、その筆者の氏名・住所を申述 ● 公証人が証書の提出日及び遺言者の申述を封紙に記載後、遺言者及び証人とともに署名・押印

☑ 法定相続分と遺留分

相続人	法定相続分（民法900条）（子及び配偶者が相続人の場合）
配偶者	2分の1
子	2分の1÷子の人数。子が2人の場合は各4分の1

遺留分 …… 被相続人の遺言にかかわらず、兄弟姉妹以外の相続人（配偶者、子及び直系尊属）に認められる（民法1042条）。

☑ 単純承認、限定承認、相続放棄

単純承認 （民法896条）	被相続人の財産に属する一切の権利義務を承継すること。不動産・動産・預金等の積極財産だけでなく、債務などの消極財産も相続の対象となる
限定承認 （民法922条、923条）	相続による積極財産の限度においてのみ被相続人の消極財産を弁済することを留保して、相続の承認をすること。相続人全員で行う必要がある
相続放棄 （民法938条、939条）	積極財産・消極財産とも承継を放棄すること。相続人が、他の相続人と関係なく単独ですることができる

※限定承認、相続放棄の場合は、相続開始を知った時から3ヶ月以内に家庭裁判所に申し出をすることが必要

EXAMPRESS®

ビジネス実務法務検定試験®学習書

弁護士 菅谷貴子・弁護士 厚井久弥 編著

法務教科書

東京商工会議所主催

ビジネス実務法務検定試験®
3級 テキストいらずの問題集 2023年版

SHOEISHA

本書内容に関するお問い合わせについて

このたびは翔泳社の書籍をお買い上げいただき、誠にありがとうございます。弊社では、読者の皆様からのお問い合わせに適切に対応させていただくため、以下のガイドラインへのご協力をお願い致しております。下記項目をお読みいただき、手順に従ってお問い合わせください。

●ご質問される前に

弊社 Web サイトの「正誤表」をご参照ください。これまでに判明した正誤や追加情報を掲載しています。

正誤表　https://www.shoeisha.co.jp/book/errata/

●ご質問方法

弊社 Web サイトの「書籍に関するお問い合わせ」をご利用ください。

書籍に関するお問い合わせ　https://www.shoeisha.co.jp/book/qa/

インターネットをご利用でない場合は、FAX または郵便にて、下記"翔泳社 愛読者サービスセンター"までお問い合わせください。
電話でのご質問は、お受けしておりません。

●回答について

回答は、ご質問いただいた手段によってご返事申し上げます。ご質問の内容によっては、回答に数日ないしはそれ以上の期間を要する場合があります。

●ご質問に際してのご注意

本書の対象を越えるもの、記述個所を特定されないもの、また読者固有の環境に起因するご質問等にはお答えできませんので、予めご了承ください。

●郵便物送付先および FAX 番号

送付先住所　〒 160-0006　東京都新宿区舟町 5
FAX 番号　　03-5362-3818
宛先　　　　（株）翔泳社 愛読者サービスセンター

免責事項

※著者および出版社は、本書の使用によるビジネス実務法務検定試験®の合格を保証するものではありません。
※本書中の事例は架空のものであり、登場する人名、団体名等は、実在の人物、団体と一切関係がありません。
※本書の出版にあたっては正確な記述につとめましたが、著者や出版社などのいずれも、本書の内容に対してなんらかの保証をするものではなく、内容やサンプルに基づくいかなる運用結果に関してもいっさいの責任を負いません。
※本書は令和 4 年 12 月 1 日現在成立している法律を基準としています。
※「ビジネス実務法務検定試験®」は東京商工会議所の登録商標です。
※本書に記載されている会社名、製品名はそれぞれ各社の商標および登録商標です。
※本書に記載された URL 等は予告なく変更される場合があります。

まえがき

　本書は、東京商工会議所が主催しているビジネス実務法務検定試験の合格を目指している方を対象に、直近の本試験の問題及び過去の問題の中から今後も出題が予想される問題をセレクトして解説し、合理的に、そして、確実に合格していただくことを目的としています。

　ビジネス実務法務検定は、法務担当者に限らず広くビジネスパーソンに対して、社会で必要な法的知識の習得を通して、コンプライアンス能力を備えてもらうことを一つの目的としています。

　コンプライアンスとは、法令遵守を意味しますが、個人情報流出やハラスメントなどコンプライアンスに関連して注目すべき事象が跡を絶ちません。

　今日では、コンプライアンスを実践するためには、細かな法的知識を追いかけるだけではなく、企業として行ってよいことと悪いことを明確に判断できる嗅覚を養い、それを実践できる仕組み作りが重要と思われます。企業がそのような力を備えるためには、企業を支えるビジネスパーソンの各人が、正確な法的知識を前提とした法的素養を養うことが必要です。今まさに社会で必要とされる人材は、コンプライアンスを担うことができる人材といえるでしょう。

　本書は、ビジネス実務法務検定試験3級合格を目指す方を対象に執筆していますが、3級は、「ビジネスパーソンとしての業務上理解しておくべき基礎的法律知識を有し、問題点の発見ができる」レベルとされており、学生や社会人全般を対象としています。

　3級の内容は、ビジネスパーソンとしてだけではなく、社会生活のなかで、知っておくべき、又は知っておいた方が望ましい法律知識を多く含んでおりますので、どのような職種に就かれているか、又は希望されているかにかかわらず、その習得は大いに役立つと思います。

　ビジネス実務法務検定試験では、同様の問題が繰り返し出題されておりますので、本書で扱っている過去問を繰り返し解いていただき、知識として定着させて合格していただきたいと思います。

2023 年 1 月

菅谷貴子

厚井久弥

ビジネス実務法務検定試験の概要

　ビジネス実務法務検定試験は、ビジネス上のコンプライアンス（法令等遵守）能力、その基礎となる実務的な法律知識を問う検定です。

　2級・3級については、IBT、CBTのどちらかを選択して受験します。IBT（Internet Based Test）はインターネット経由で行う試験で、受験者が使用機器や受験環境等を用意します。CBT（Computer Based Test）は各地のテストセンターに行き、備え付けのパソコンで受験する方式です。

　以下の情報は予定であり、変更されることもありますので、**詳細及び最新の情報を、東京商工会議所検定センターのホームページ（https://kentei.tokyo-cci. or.jp/houmu/）で必ず確認してください。**

■2022年度の試験概要（2023年度以降変更される場合があります）

	3級	2級
各級の基準	ビジネスパーソンとしての業務上理解しておくべき基礎的法律知識を有し、問題点の発見ができる。（ビジネスパーソンとして最低限知っているべき法律実務基礎知識を想定）	企業活動の実務経験があり、弁護士などの外部専門家への相談といった一定の対応ができるなど、質的・量的に法律実務知識を有している。（知識レベルのアッパーレベルを想定）
受験資格	試験当日において、日本国内に居住している者	
受験料（税込み）	IBT：5,500円 CBT：7,700円	IBT：7,700円 CBT：9,900円
試験時間	90分	90分
出題形式	多肢択一式	多肢択一式
合格基準	100点満点のうち、70点以上	100点満点のうち、70点以上
法令基準日	2023年度に実施される検定は、2022年12月1日現在成立している法律に準拠し、出題される	

■3級の出題範囲（と本書各章との対応）

　3級公式テキスト（2023年度版）の基礎知識と、それを理解した上での応用力が問われます。以下は3級公式テキスト（2022年度版）の目次の概略です。

1) ビジネス実務法務の法体系（本書第1章）
- ビジネスを取り巻くリスクと法律のかかわり
- 企業活動の根底にある法理念
- 法律の基礎知識

2) 企業取引の法務（本書第2章）
- 契約とは
- 契約の成立
- 契約成立後の法律関係
- 売買以外の契約形態
- ビジネス文書の保存・管理
- 契約によらない債権・債務の発生 ～不法行為等

3) 債権の管理と回収（本書第3章）
- 通常の債権の管理
- 取引の決済（手形・小切手等）
- 債権の担保
- 緊急時の債権の回収

4) 企業財産の管理と法律（本書第4章）
- 企業の財産取得にかかわる法律
- 企業財産の管理と法律
- 知的財産権

5) 企業活動に関する法規制（本書第5章）
- 取引に関する各種の規制
- ビジネスと犯罪

6) 企業と会社のしくみ（本書第6章）
- 法人と企業
- 会社のしくみ

7) 企業と従業員の関係（本書第7章）
- 従業員の雇用と労働関係
- 職場内の男女雇用にかかわる問題
- 派遣労働における労働形態

8) ビジネスに関連する家族法（本書第8章）
- 取引と家族関係
- 相続

■申込期間・試験期間（2級・3級）

　2023年度の日程は以下のとおりです。

	申込期間	試験期間
第53回	5月19日～5月30日	6月23日～7月10日
第54回	9月22日～10月3日	10月27日～11月13日

　申込みは、インターネットによる方法のみで、電子メールアドレスが必要です。日時を指定（平日・土・日・祝休日のいずれも受験可）し、希望受験日から7日前までに申し込みます。先着順のため、希望の日時を選択できない場合があります。

　同一試験回において、2級・3級の両方の予約や2級からの予約（同日内の重複しない時間帯や別日）は可能ですが、同じ級は1回のみ予約可能で、欠席した場合も再予約はできません。

■IBTの使用機器

受験者が以下の全ての機器を準備します。

- インターネットに接続されたコンピュータ（PC）※タブレットやスマホは不可
- ネットワーク環境（上り下りともに2Mbps以上の速度が必要）
- コンピュータの内部カメラ又はWebカメラ
- コンピュータの内部又は外部のマイク※ヘッドセットやイヤホンは使用不可
- コンピュータの内部又は外部のスピーカー
- マウス又はコンピュータに付属するタッチパッド

■IBTの受験環境

以下の全ての条件を満たす受験環境を準備します。

- 待機開始から試験終了までの間、カメラに他の人が映り込まない、かつ、マイクに他の人の声が入らないように間隔や空間を確保すること（カメラに他の人が映り込んだ場合やマイクに他の人の声が入った場合は、失格となる）
- 使用機器は机の上などに設置すること
- 受験者の周辺(机の上を含む)には、所定の持ち物や受験上の配慮申請で使用が許可された物以外の物が置かれていないこと(家財などの撤去は不要)
- カメラで受験者の動作や身分証明書、受験環境などが確認できるように適切な照明を点灯すること
- カメラで試験中の映像（受験者の上半身、身分証明書、背景映像など）を録画し、マイクで音声を録音することから、他者のプライバシーを侵害する可能性があるものなどが録画、録音されないようにすること

なお、公園、インターネットカフェ、レストランなどの公共スペースでの受験や海外からの受験はできません。

■申込み方法（IBT・CBT共通）

①東商検定Webサイトで希望する試験・級を選択する
②試験プラットフォーム（Excert）でアカウントを作成する
③希望する受験日時（及びCBTの場合は試験会場）を選択し、支払情報を入力する
④支払手続が完了すると、登録したメールアドレスに確認メールが届く

■試験当日の流れ

● IBT

①返信メールのURLからExcertにログインする

②パソコンや通信状況、受験環境を確認し、「試験開始をリクエスト」をクリックする

③カメラを通じて本人確認し、受験環境を確認する

④試験開始

⑤解答終了後、試験官に連絡する（終了受付）。採点結果がその場で画面に表示される

⑥試験終了

⑦試験終了から10日後にデジタル合格証が発行される

● CBT

①予定時間の30分〜10分前までに試験会場に到着する

②受付・本人確認

③試験会場に入室し、設置されたパソコンでExcertにログインする

④試験を選択し、開始する

⑤解答終了後、スタッフが終了を確認する。採点結果がその場で画面に表示される

⑥試験終了

⑦試験終了から10日後にデジタル合格証が発行される

■問合せ先

● Webサイトでの問合せ

以下のURLで「よくあるご質問」をご確認の上、問合せフォームからお問い合わせください。

https://kentei.tokyo-cci.or.jp/inquiry.html#content01

● 電話での問合せ

東京商工会議所 検定センター

電話：050-3150-8559（10:00 〜 18:00　※土日・祝日 年末年始を除く）

本書の使い方

■本書の構成

●最重要項目100の一問一答

過去の問題の中から、今後も出題が予想される項目を厳選し、一問一答形式の100問としました。

左のページに正誤問題を、右のページに解答と解説を掲載しています。右のページには正しい記述のみが並んでいますので、一問一答式の問題集として使うだけでなく、右のページのみを使って、試験の直前に集中して知識を確認したり、スキマ時間に反復して学習したりすることができます。

試験に本当に必要な知識のエッセンスとなっておりますので、ぜひご活用ください。

●第1部：分野別問題

出題範囲の8分野に対応した8章構成です。

第39回〜第48回（第47回は中止）の検定試験9回分の問題を8分野に分類し、出題頻度の高い98問を精選しました。分野別出題数のバランスに合わせて、取り上げる問題数を設定しました。つまり、出題数の多い分野からは多くの問題を、出題数の少ない分野からは少なめに問題を取り上げています。

問題は、過去の検定試験問題を転載し、試験実施後の法改正等により問題に不整合が生じている場合、注を付けています。2021年度からの検定試験では、空欄補充式の出題はありませんが、試験に必要な知識内容ですので、第1部に収録しています。

各章の最後に、要点をまとめた「重要ポイントの整理」があります。また、全章分をまとめたものを巻頭に掲載しています。

●第2部：模擬試験問題

過去問題をもとに本書の著者が再構成した模擬試験1回分二肢択一式の30問と四肢択一式の20問、合わせて50問を収録しています。

IBT、CBTともに試験中にメモを取ることができません。メモを取らずに選択肢を選ぶことに慣れておくとよいでしょう。なお、2023年度以降、規定が変更されることがありますので、最新の情報を東京商工会議所 検定センターのホームページでご確認ください。

■本書の特長

1 章のはじめにポイントとキーワード

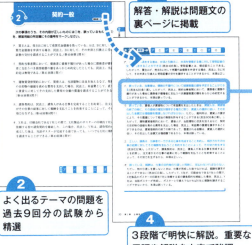

3 解答・解説は問題文の裏ページに掲載

5 巻頭と章末に重要項目のまとめ

2 よく出るテーマの問題を過去9回分の試験から精選

6 模擬試験問題1回分の問題と解答・解説を掲載

4 3段階で明快に解説。重要な用語や解説を太字で強調

① 問題の各記述が正しいか、誤っているかなどの判断を示す

誤っている。

② その判断の根拠となる法令の条文を示す

当事者は、債務の不履行について損害賠償の額を予定することができる（民法420条1項）。

③ 問題の記述に戻り、結論を確認する

したがって、民法上、契約当事者間において、債務者に債務不履行があった場合に債務者が債権者に支払うべき損害賠償の額をあらかじめ約定することができるから、本項は誤っている。

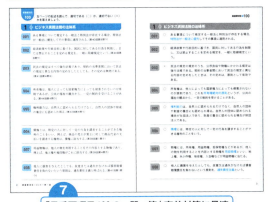

7 「最重要項目100の一問一答」直前対策に最適

※②の根拠条文と③の問題文がかなり重複している場合でも、問題文のページを再度参照しなくてすむように、あえて解説に問題文を掲載しています。

ix

CONTENTS

目次

まえがき ……………………………………………………… iii

ビジネス実務法務検定試験の概要 ……………………… iv

本書の使い方 ………………………………………………… viii

最重要項目100の一問一答 ……………………… 1

第1部　分野別問題 …………………………… 31

第1章　ビジネス実務法務の法体系 [4問] ……………… 33

第2章　企業取引の法務 [23問] ………………………… 45

第3章　債権の管理と回収 [16問] ……………………… 97

第4章　企業財産の管理と法律 [11問] ……………… 133

第5章　企業活動に関する法規制 [15問] …………… 159

第6章　企業と会社のしくみ [16問] ………………… 193

第7章　企業と従業員の関係 [7問] …………………… 229

第8章　ビジネスに関連する家族法 [6問] ………… 247

第2部　模擬試験問題 ………………………… 263

問題 ………………………………………………………… 265

解答・解説 ……………………………………………… 292

索引 ……………………………………………………… 326

最重要項目100
の
一問一答

直前対策に最適！

● ● ● ● ● ● ● ● ● ● ● ● ●

ビジネス実務法務検定試験の各問題は、設問文と複数の記述（項目）から構成されています。ここでは、過去の問題の中から、**今後も出題が予想される項目を厳選し、一問一答形式の100問**としました。

左のページに正誤問題を、右のページに解答と解説を掲載しています。右のページには正しい記述のみが並んでいますので、一問一答式の問題集として使うだけでなく、**右のページのみを使って、試験の直前に集中して知識を確認したり、スキマ時間に反復して学習したり**することができます。

上記の使い方を想定しているため、問題の記述が正しいとき、解説で問題の記述を繰り返している場合があります。解説の欄で「記述のとおり」としたり、補足説明をしたりすることなく、試験に必要な記述のみに絞り込んで記載しています。

試験に本当に必要な知識のエッセンスとなっていますので、ぜひご活用ください。

最重要項目100 左ページの記述を読んで、適切である（○）か、適切でない（×）かを答えましょう。

1章 ビジネス実務法務の法体系

001 ある事項について規定する一般法と特別法が存在する場合、特別法が一般法に優先してその事項に適用される。(第40回第8問ウ)

002 経済政策や行政目的に基づき、国民に対してある行為を制限し、または禁止することを定める規定を、一般に取締規定という。(第44回第8問ケ)

003 民法の規定はすべて強行法規であり、契約の当事者間において民法の規定と異なる内容の定めをしたとしても、その定めは無効である。(第41回第4問キ)

004 所有権は、他人によっても国家権力によっても侵害されないのが原則であるが、公共の福祉の観点から、一定の制約を受けることがある。(第44回第4問ウ)

005 権利能力は、自然人に認められるだけでなく、自然人の団体や財産の集合にも認められ得る。(第43回第4問ウ)

006 債権とは、特定の人に対して一定の行為を請求することができる権利のことをいい、例えば、商品の売主が買主に対して商品代金の支払いを請求する権利は、債権に該当する。(第39回第1問ク)

007 用益物権は、他人の物を利用することをその内容とする物権であり、例えば、地上権や地役権がこれに該当する。(第39回第4問カ)

008 他人に損害を与えたとしても、故意または過失がなければ損害賠償責任を負わないという原則は、過失責任主義と呼ばれる。(第41回第1問ウ)

最重要項目●100

1章 ビジネス実務法務の法体系

001 ○ ある事項について規定する一般法と特別法が存在する場合、**特別法が一般法に優先**してその事項に適用される。

002 ○ 経済政策や行政目的に基づき、国民に対してある行為を制限し、又は禁止することを定める規定を、一般に取締規定という。

003 × 民法の規定の規定のうち、公序良俗や物権にかかわる規定は強行法規である。契約の当事者間において民法の規定と異なる内容の定めをしたときは、その定めは、原則として有効である。

004 ○ 所有権は、他人によっても国家権力によっても侵害されないのが原則であり、これを**所有権絶対の原則**というが、公共の福祉の観点から、一定の制約を受けることがある。

005 ○ **権利能力**は、自然人に認められるだけでなく、自然人の団体や財産の集合にも認められ得る。自然人の団体に認められる場合が社団法人であり、財産の集合に認められる場合が財団法人である。

006 ○ **債権**とは、特定の人に対して一定の行為を請求することができる権利のことをいう。

007 ○ 物権には、所有権、用益物権、担保物権などがあるが、他人の物を利用することを内容とする物権を**用益物権**といい、地上権、永小作権、地役権、入会権などが用益物権に当たる。

008 ○ 他人に損害を与えたとしても、故意又は過失がなければ損害賠償責任を負わないという原則を、**過失責任主義**という。

3

009 裁判所の判決に不服がある場合に、より上級の裁判所に対して再審査を求めることを上訴という。(第46回第6問オ③)

2 章 企業取引の法務

010 法律行為を有効に行うためには、自己の行為の結果を判断することのできる精神的能力、すなわち意思能力が必要であり、意思能力を有しない者が行った法律行為は、無効である。(第43回第10問ア①)

011 成年被後見人Bが単独で日用品の購入その他日常生活に関する売買契約を締結した場合、成年後見人Cは、その売買契約を取り消すことができる。(第41回第6問オb)

012 人は、原則として、誰とどのような内容の契約を締結するかを自由に決めることができる。これを一般に契約自由の原則という。(第40回第4問オ)

013 国際取引における法的紛争を解決するために適用される法律を準拠法という。法の適用に関する通則法上、準拠法選択の決定を当事者の意思にゆだねる当事者自治の原則が採用されている。(第41回第1問コ)

014 Aは、Bの強迫によりBにパソコンを売却する旨の意思表示をした。この場合、Aは、その意思表示を取り消すことができる。(第42回第6問ア④)

015 本人から代理権を与えられていない者が代理人と称して相手方と契約を締結した場合、相手方は、本人に対して相当の期間を定めて当該契約を追認するかどうかを催告することができる。(第42回第10問イb)

最重要項目●**100**

009 ○ 裁判所の判決に不服がある場合に、より上級の裁判所に対して再審査を求めることを<u>上訴</u>という。

2 🏛 企業取引の法務

010 ○ 法律行為を有効に行うためには、自己の行為の結果を判断することのできる精神的能力、すなわち意思能力が必要であり、意思能力を有しない者が行った法律行為は、無効である。

011 × 成年被後見人Bが単独で日用品の購入その他日常生活に関する売買契約を締結した場合、成年後見人Cは、その売買契約を取り消すことができない。

012 ○ 人は、原則として、誰とどのような内容の契約を締結するかを自由に決めることができ、これを一般に契約自由の原則という。

013 ○ 法の適用に関する通則法上、準拠法選択の決定を当事者の意思にゆだねる当事者自治の原則が採用されている。

014 ○ 詐欺又は強迫による意思表示は、取り消すことができる。Aが、Bの強迫によりBにパソコンを売却する旨の意思表示をした場合、Aは、その意思表示を取り消すことができる。

015 ○ 本人から代理権を与えられていない者が代理人と称して相手方と契約を締結した場合、相手方は、本人に対して相当の期間を定めて当該契約を追認するかどうかを催告することができる。

5

016 代理人が本人から与えられた代理権の範囲を越えて相手方と契約を締結した場合、相手方が、その契約締結について代理人に代理権があると誤信し、かつそのように誤信することについて正当な理由があるときは、表見代理が成立する。(第42回第10問イd)

017 本人から代理権を与えられていない者が代理人と称して相手方と契約を締結した場合、相手方は、その者に代理権がないことを知っていたとしても、代理人と称する者に対して契約内容の履行の請求または損害賠償の請求をすることができる。(第42回第10問イc)

018 「日、週、月または年」を基準として期間が定められた場合、民法の定める期間の計算方法によれば、原則として、初日は期間に算入されない。(第42回第10問エ④)

019 契約の効力の発生ないし債務の履行を、「人の死亡」のように、将来発生することは確実であるが、いつ発生するかは確定していない事実にかからせる特約は、不確定期限に該当する。(第45回第10問オc)

020 期限を定めることによって享受できる利益を期限の利益といい、民法上、期限の利益は、債務者ではなく債権者のために定めたものと推定される。(第42回第10問エ③)

021 契約に付される条件のうち、条件成就によって契約の効力が生じるものを解除条件といい、条件成就によって契約の効力が失われるものを停止条件という。(第43回第1問ク)

022 条件のうち、例えば、「入学試験に合格したら、万年筆を贈与する」旨の特約は、解除条件に該当する。(第45回第10問オb)

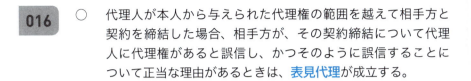

016	○	代理人が本人から与えられた代理権の範囲を越えて相手方と契約を締結した場合、相手方が、その契約締結について代理人に代理権があると誤信し、かつそのように誤信することについて正当な理由があるときは、表見代理が成立する。
017	×	本人から代理権を与えられていない者が代理人と称して相手方と契約を締結した場合であっても、相手方が、その者に代理権がないことを知っていたときは、代理人と称する者に対して契約内容の履行の請求又は損害賠償の請求をすることができない。
018	○	「日、週、月又は年」を基準として期間が定められた場合、民法の定める期間の計算方法によれば、原則として、初日は期間に算入されない。
019	○	契約の効力の発生ないし債務の履行を、「人の死亡」のように、将来発生することは確実であるが、いつ発生するかは確定していない事実にかからせる特約は、不確定期限に該当する。
020	×	期限を定めることによって享受できる利益を期限の利益といい、民法上、期限の利益は、債権者ではなく債務者のために定めたものと推定される。
021	×	契約に付される条件のうち、条件成就によって契約の効力が生じるものは停止条件であり、条件成就によって契約の効力が失われるものを解除条件という。
022	×	条件のうち、例えば、「入学試験に合格したら、万年筆を贈与する」旨の特約は、停止条件に該当する。

7

023 賃貸借の目的物である建物の一部が強風により破損し、賃借人の居住に支障を来した。この場合、民法上、当該建物を修繕する義務を負うのは賃借人である。(第41回第3問アb)

024 民法上、委任契約において受任者が委任者に対し報酬を請求することができる旨を定めなかった場合、受任者は善良な管理者の注意をもって委任事務を処理する義務を負わない。(第41回第1問オ)

025 倉庫業者であるX社は、Y社との間で、Y社の商品をX社の倉庫に保管する旨の寄託契約を締結しその商品の引渡しを受けた。この場合、X社は、善良な管理者の注意をもってY社から預かった商品を保管する義務を負う。(第43回第3問イ①)

026 法律上の原因なく他人の財産または労務により利益を受けた者は、原則として、これにより損失を被った者に対して、その利益を不当利得として返還する義務を負う。(第44回第4問コ)

027 賭博行為に負けて支払った金銭は不法原因給付に当たるため、当該金銭を支払った者は、当該金銭について不当利得に基づく返還請求をすることができない。(第41回第8問コ)

028 不法行為の被害者が、当該不法行為によって損害を被る一方で利益を得た場合、損益相殺により損害賠償の額が調整されることがある。(第40回第1問イ)

029 民法上の不法行為が成立するためには、損害が発生していなければならない。この損害には、例えば休業損害のように収入として見込まれたものが得られなかった場合の逸失利益は含まれない。(第48回第1問エ)

最重要項目●100

023 × 賃貸借の目的物である建物の一部が強風により破損し、賃借人の居住に支障を来した場合、民法上、当該建物を修繕する義務を負うのは賃貸人である。

024 × 民法上、委任契約において受任者が委任者に対し報酬を請求することができる旨を定めなかった場合であっても、受任者は善良な管理者の注意をもって委任事務を処理する義務を負う。

025 ○ 倉庫業者であるX社が、Y社との間で、Y社の商品をX社の倉庫に保管する旨の寄託契約を締結しその商品の引渡しを受けた場合、X社は、善良な管理者の注意をもってY社から預かった商品を保管する義務を負う。

026 ○ 法律上の原因なく他人の財産又は労務により利益を受けた者は、原則として、これにより損失を被った者に対して、その利益を不当利得として返還する義務を負う。

027 ○ 賭博行為に負けて支払った金銭は不法原因給付に当たるため、当該金銭を支払った者は、当該金銭について不当利得に基づく返還請求をすることができない。

028 ○ 不法行為の被害者が、当該不法行為によって損害を被る一方で利益を得た場合、損益相殺により損害賠償の額が調整されることがある。

029 × 民法上の不法行為が成立するためには、損害が発生していなければならないところ、この損害には、例えば休業損害のように収入として見込まれたものが得られなかった場合の逸失利益も含まれる。

9

030 加害者が複数存在する共同の不法行為によって損害を被った被害者は、各加害者に対して、加害者の人数で均等に分割した額に限り、損害賠償請求をすることができる。(第41回第8問ア)

3章 債権の管理と回収

031 持参債務の場合、債務者は、債務の本旨に従い、約定の期日に目的物を所定の引渡場所に持参して債権者に提供すれば、債権者が目的物を現実に受領しなくても、債務不履行の責任を免れる。(第46回第1問ウ)

032 債権者は、債務者の承諾を得なければ、債務者が債権者に対して負う債務を免除することはできない。(第44回第1問イ)

033 Xは、父親Yから50万円を借り入れた。その後、Yが死亡し、Xが単独でYを相続した。この場合、XのYに対する借入金債務は、原則として混同により消滅する。(第41回第6問ア④)

034 保証には、主たる債務が消滅すれば保証債務も消滅するという性質、すなわち附従性が認められる。(第40回第3問ウ②)

035 保証人が民法の規定に従い債権者に対し保証債務を履行した場合、民法上、当該保証人には、主たる債務者に対する求償権が認められる。(第46回第6問イd)

036 保証人が債権者との間で、主たる債務者と連帯してその債務を履行することを特に合意し、連帯保証人となった場合、民法上、連帯保証人には、催告の抗弁権および検索の抗弁権が認められない。(第40回第3問ウ④)

最重要項目●**100**

| 030 | × | 加害者が複数存在する共同の不法行為によって損害を被った被害者は、各加害者に対して、損害額全額について、損害賠償請求をすることができる。 |

3 債権の管理と回収

| 031 | ○ | 持参債務の場合、債務者は、債務の本旨に従い、約定の期日に目的物を所定の引渡場所に持参して債権者に提供すれば、債権者が目的物を現実に受領しなくても、債務不履行の責任を免れる。 |

| 032 | × | 債権者は、債務者の承諾を得ることなく債務を免除することができる。 |

| 033 | ○ | Xが、父親Yから50万円を借り入れた後、Yが死亡し、Xが単独でYを相続した場合、XのYに対する借入金債務は、原則として混同により消滅する。 |

| 034 | ○ | 保証には、主たる債務が消滅すれば保証債務も消滅するという性質、すなわち附従性が認められる。 |

| 035 | ○ | 保証人が民法の規定に従い債権者に対し保証債務を履行した場合、民法上、当該保証人には、主たる債務者に対する求償権が認められる。 |

| 036 | ○ | 保証人が債権者との間で、主たる債務者と連帯してその債務を履行することを特に合意し、連帯保証人となった場合、民法上、連帯保証人には、催告の抗弁権及び検索の抗弁権が認められない。 |

11

037 民法上、留置権は、他人の物を占有している者が、その物に関して生じた債権を有している場合に、その債権の弁済を受けるまで、その物を留置することにより、債務者の弁済を促す権利である。(第41回第4問ア)

038 留置権者は、債務者から被担保債権の弁済を受ける前に、留置権の目的物を債務者に引き渡しその占有を失った。この場合、当該目的物について成立していた留置権は消滅する。(第46回第10問オ④)

039 不動産は質権の目的物とすることができないため、X社は、Y社が土地を所有していても、当該土地に質権の設定を受けることはできない。(第45回第10問ウ④)

040 民法上、債権質の設定を受けた質権者は、質権の目的である債権を直接取り立てることができない。(第41回第10問ウb)

041 土地を賃借している者が、その土地上に建築した建物に抵当権を設定した場合、当該抵当権の効力は、当該建物の敷地である土地の賃借権には及ばない。(第44回第1問キ)

042 例えば倉庫に保管されている商品全部というように、構成部分の変動する集合動産は、譲渡担保の目的物となり得ない。(第42回第4問ク)

043 仮登記担保法上、仮登記担保権者は、裁判所の競売手続によらずに、仮登記担保権を実行することができる。(第40回第8問ケ)

044 強制執行の申立てをするには債務名義が必要であり、裁判所の確定判決は債務名義に当たる。(第39回第1問コ)

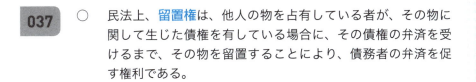

037	○	民法上、留置権は、他人の物を占有している者が、その物に関して生じた債権を有している場合に、その債権の弁済を受けるまで、その物を留置することにより、債務者の弁済を促す権利である。
038	○	留置権者が、債務者から被担保債権の弁済を受ける前に、留置権の目的物を債務者に引き渡しその占有を失った場合、当該目的物について成立していた留置権は消滅する。
039	×	不動産を質権の目的物とすることができるため、X社は、Y社が土地を所有しているときは、当該土地に質権の設定を受けることができる。
040	×	民法上、債権質の設定を受けた質権者は、質権の目的である債権を直接取り立てることができる。
041	×	土地を賃借している者が、その土地上に建築した建物に抵当権を設定した場合、当該抵当権の効力は、当該建物の敷地である土地の賃借権に及ぶ。
042	×	例えば倉庫に保管されている商品全部というように、構成部分の変動する集合動産であっても、なんらかの方法で目的物の範囲が特定されている場合には、譲渡担保の目的物となり得る。
043	○	仮登記担保法上、仮登記担保権者は、裁判所の競売手続によらずに仮登記担保権を実行することができる。
044	○	強制執行の申立てをするには債務名義が必要であり、裁判所の確定判決は債務名義に当たる。

045 民事上の法的紛争に関し、紛争当事者間に調停が成立することにより作成される調停調書は、確定判決と同一の効力を有する。(第40回第4問ケ)

046 支払督促は、簡易裁判所の裁判所書記官に支払督促の申立てを行い、支払督促を債務者に発する手続であるが、支払督促が確定判決と同じ効力を持つことはない。(第41回第4問ケ)

4 章 企業財産の管理と法律

047 不動産登記における登記記録は、表題部と権利部とに分けられており、権利部は甲区と乙区とに分けられている。(第42回第4問ア)

048 不動産登記に関し、不動産の登記記録の権利部のうち、甲区には、不動産の所有権に関する登記の登記事項が記録される。(第44回第1問カ)

049 不動産に関する物権を取得した者は、不動産登記法その他の登記に関する法律の定めるところに従いその登記をしなければ、当該物権の取得を第三者に対抗することができない。(第46回第4問オ)

050 特許法上、発明とは、自然法則を利用した技術的思想の創作のうち高度のものをいう。(第40回第4問キ)

051 特許権については、特許法上、存続期間は定められておらず、いったん成立した特許権が消滅することはない。(第45回第8問キ)

052 同一の発明について異なる日に2以上の特許出願がなされた場合、最先の特許出願人のみがその発明について特許を受けることができる。(第48回第6問イ①)

最重要項目●**100**

| 045 | ○ | 民事上の法的紛争に関し、紛争当事者間に調停が成立することにより作成される調停調書は、確定判決と同一の効力を有する。 |

| 046 | × | 支払督促は、簡易裁判所の裁判所書記官に支払督促の申立てを行い、支払督促を債務者に発する手続であって、仮執行宣言を付した支払督促は確定判決と同じ効力を有する。 |

4 企業財産の管理と法律

| 047 | ○ | 不動産登記における登記記録は、表題部と権利部とに分けられており、権利部は甲区と乙区とに分けられている。 |

| 048 | ○ | 不動産登記に関し、不動産の登記記録の権利部のうち、甲区には、不動産の所有権に関する登記の登記事項が記録される。 |

| 049 | ○ | 不動産に関する物権を取得した者は、不動産登記法その他の登記に関する法律の定めるところに従いその登記をしなければ、当該物権の取得を第三者に対抗することができない。 |

| 050 | ○ | 特許法上、「発明」とは、自然法則を利用した技術的思想の創作のうち高度のものをいう。 |

| 051 | × | 特許権については、特許法上、存続期間が定められており、いったん成立した特許権であっても、所定の期間が経過すると消滅する。 |

| 052 | ○ | 同一の発明について異なる日に2以上の特許出願がなされた場合、最先の特許出願人のみがその発明について特許を受けることができる。 |

15

053 特許権者は、その有する特許権について第三者に専用実施権を設定し、その旨の登録をしても、専用実施権を設定した特許発明を自ら自由に実施することができる。(第48回第6問イ④)

054 著作物は、原則として、著作者が生存している間に限り、著作権法による保護を受け、著作者の死亡と同時に、その著作物の著作権(著作財産権)は消滅する。(第46回第1問ク)

055 著作権法上、著作者の有する著作者人格権として、公表権、氏名表示権および同一性保持権の3つが定められている。(第43回第8問エ)

056 同一の商標について異なった日に2以上の商標登録出願があったときは、最先の商標登録出願人のみがその商標について商標登録を受けることができる。(第44回第10問イ③)

057 商標権は、存続期間の満了によって当然に消滅するため、商標権者は、商標登録を更新することはできない。(第44回第10問イ④)

5 企業活動に関する法規制

058 独占禁止法上、事業者は、商業、工業、金融業その他の営利事業を行う者をいい、営利を目的としない公益法人や公共団体は事業者に該当しない。(第41回第6問ウa)

059 会社の従業員が独占禁止法に違反する行為をした場合、当該会社に刑事罰が科されることはあるが、当該従業員自身に刑事罰が科されることはない。(第44回第8問キ)

060 消費者契約法上の事業者には、法人その他の団体のほか、個人事業主のように、事業としてまたは事業のために契約の当事者となる個人も含まれる。(第39回第3問オa)

053	×	特許権者は、その有する特許権について第三者に専用実施権を設定し、その旨の登録をしたときは、専用実施権を設定した特許発明を自ら実施することはできない。
054	×	著作権は、原則として、著作者の死亡後も70年を経過するまでの間存続する。
055	○	著作権法上、著作者の有する著作者人格権として、公表権、氏名表示権及び同一性保持権の3つが定められている。
056	○	同一の商標について異なった日に2以上の商標登録出願があったときは、最先の商標登録出願人のみがその商標について商標登録を受けることができる。
057	×	商標権者は、商標登録を更新することができる。

5章 企業活動に関する法規制

058	×	独占禁止法上、事業者は、商業、工業、金融業その他の事業を行う者をいい、営利を目的としない公益法人や公共団体も事業者に該当する。
059	×	会社の従業員が独占禁止法に違反する行為をした場合、当該会社に刑事罰が科されることもあるが、第一次的に刑罰が科されるのは当該従業員自身である。
060	○	消費者契約法上の事業者には、法人その他の団体のほか、個人事業主のように、事業として又は事業のために契約の当事者となる個人も含まれる。

061 製造物の輸入業者は、当該製造物の欠陥によって人の生命、身体または財産に損害が生じたとしても、被害者に対し、製造物責任法に基づく損害賠償責任を負うことはない。(第42回第4問ケ)

062 外国人に関する情報は、個人情報保護法上の個人情報に当たらない。(第40回第10問エ①)

063 個人情報保護法上、要配慮個人情報とは、本人の人種、信条、社会的身分、病歴、犯罪の経歴、犯罪により害を被った事実その他本人に対する不当な差別、偏見その他の不利益が生じないようにその取扱いに特に配慮を要するものとして政令で定める記述等が含まれる個人情報をいう。(第43回第8問ア)

064 個人情報取扱事業者は、個人情報を取得した場合は、あらかじめその利用目的を公表しているか否かを問わず、その利用目的を本人に通知しなければならない。(第44回第3問イ②)

065 企業は、その営業上の機密情報を第三者によって不正に利用されていても、当該情報を営業秘密として特許庁の登録を受けていなければ、当該第三者に対し、不正競争防止法に基づく差止めや損害賠償を請求することができない。(第46回第1問ア)

066 印紙税法上、印紙の貼付が必要な契約書に印紙の貼付を怠った場合、必要とされる印紙税額と所定の額の過怠税を徴収される。(第42回第4問コ)

067 株式会社の取締役が、粉飾決算をして架空の利益を計上し株主に剰余金の配当を行った場合、当該取締役には違法配当罪が成立し、刑事罰を科され得る。(第40回第6問オ①)

最重要項目●**100**

061 × **製造物の輸入業者**は、当該製造物の欠陥によって人の生命、身体又は財産に損害が生じたときは、被害者に対し、製造物責任法に基づく損害賠償責任を負う。

062 × 外国人に関する情報も、個人情報保護法上の個人情報に当たる。

063 ○ 個人情報保護法上の**要配慮個人情報**とは、本人の人種、信条、社会的身分、病歴、犯罪の経歴、犯罪により害を被った事実その他本人に対する不当な差別、偏見その他の不利益が生じないようにその取扱いに特に配慮を要するものとして政令で定める記述等が含まれる個人情報をいう。

064 × 個人情報取扱事業者は、個人情報を取得した場合であっても、あらかじめその利用目的を公表しているときは、その利用目的を本人に通知する必要はない。

065 × 企業は、その営業上の機密情報を第三者によって不正に利用されていたときは、当該情報について何ら登録を受けることなく、当該第三者に対し、不正競争防止法に基づく差止めや損害賠償を請求することができる。

066 ○ 印紙税法上、印紙の貼付が必要な契約書に印紙の貼付を怠った場合、必要とされる印紙税額と所定の額の過怠税を徴収される。

067 ○ 株式会社の取締役が、粉飾決算をして架空の利益を計上し株主に剰余金の配当を行った場合、当該取締役には**違法配当罪**が成立し、刑事罰を科され得る。

19

6章 企業と会社のしくみ

068 商人間で金銭の消費貸借契約を締結した場合、商法上、貸主は、借主との間で利息の約定をしなくても、借主に対し、利息を請求することができる。(第43回第6問ウd)

069 商法上の商人Aは、その営業の範囲内で、商人Bとの間で委任契約を締結し、Bから委任された事務の処理を行った。この場合、Aは、Bとの間に報酬を受け取ることができる旨の特約がない限り、Bに報酬を請求することができない。(第44回第4問ア)

070 商人間においてその双方のために商行為となる行為によって生じた債権が弁済期にある場合、債権者は、その弁済を受けるまで、当該商行為となる行為とは別個の商行為により自ら占有することとなった債務者所有の物を留置することができ、留置権が成立するために牽連性が認められる必要はない。(第44回第10問オ③)

071 数人の債務者がその一人または全員のために商行為となる行為によって代金支払債務を負担する場合、商法上、当該債務は連帯債務とされる。(第43回第6問ウa)

072 登記すべき事項について登記がなされていても、交通途絶などの正当な事由により登記した事項を知らなかった善意の第三者に対しては、登記した事項の存在を対抗することができない。(第42回第10問ウ④)

073 会社が支配人を解任したが、解任の登記をしないうちに、その支配人であった者が、当該会社の支配人と称して善意の第三者との間で取引を行った。この場合、その取引の効果は、当該会社に帰属する。(第43回第10問ウ④)

最重要項目●**100**

6 📖 企業と会社のしくみ

068 ○ 商人間で金銭の消費貸借契約を締結した場合、商法上、貸主は、借主との間で利息の約定をしなくても、借主に対し、利息を請求することができる。

069 × 商法上の商人Aが、その営業の範囲内で、商人Bとの間で委任契約を締結し、Bから委任された事務の処理を行った場合、Aは、Bとの間に報酬を受け取ることができる旨の特約がないときであっても、商法に基づき、Bに報酬を請求することができる。

070 ○ 商人間においてその双方のために商行為となる行為によって生じた債権が弁済期にある場合、債権者は、その弁済を受けるまで、当該商行為となる行為とは別個の商行為により自ら占有することとなった債務者所有の物を留置することができ、留置権が成立するために牽連性が認められる必要はない。

071 ○ 数人の債務者がその一人又は全員のために商行為となる行為によって代金支払債務を負担する場合、商法上、当該債務は連帯債務とされる。

072 ○ 登記すべき事項について登記がなされていても、交通途絶などの正当な事由により登記した事項を知らなかった善意の第三者に対しては、登記した事項の存在を対抗することができない。

073 ○ 会社が支配人を解任したが、解任の登記をしないうちに、その支配人であった者が、当該会社の支配人と称して善意の第三者との間で取引を行った場合、その取引の効果は、当該会社に帰属する。

21

074 会社でない者は、商号を使用する場合、その商号の中に会社であると誤認されるおそれのある文字を用いてはならない。(第39回第4問ケ)

075 会社法上、取締役会設置会社の株主総会の決議事項は、会社法や定款に定められた株式会社の基本的事項に限られず、あらゆる事項について決議することができる。(第41回第10問オ①)

076 株式会社では所有と経営が分離されているため、会社法上、株式会社の株主は、当該株式会社の取締役に就任することができない。(第39回第1問イ)

077 株式会社の取締役は、その職務を行うについて悪意または重大な過失があったときは、これによって第三者に生じた損害を賠償する責任を負う。(第43回第1問キ)

078 株式会社が取締役会設置会社である場合において、取締役が自己または第三者のために当該会社の事業の部類に属する取引をしようとするときは、当該取締役は、取締役会において、当該取引につき重要な事実を開示し、その承認を受けなければならない。(第41回第3問エ①)

079 代表取締役は、対外的に会社を代表する機関であるから、会社法上、1つの会社において選定することができる代表取締役は1名のみである。(第41回第3問エ②)

080 会社法の規定に基づき、株主が会社に対し取締役の責任を追及する訴えの提起を請求したにもかかわらず、所定の期間内に会社が訴えを提起しなかった場合、当該株主は、会社に対する取締役の責任を追及する訴え(株主代表訴訟)を提起することができる。(第41回第3問エ③)

最重要項目●**100**

074 ○ 会社でない者は、その名称又は商号中に、会社であると誤認されるおそれのある文字を用いてはならない。

075 × 会社法上、取締役会設置会社の株主総会の決議事項は、会社法や定款に定められた事項に限られる。

076 × 株式会社では所有と経営が分離されているものの、会社法上、株式会社の株主が、当該株式会社の取締役に就任することができないとする定めはない。

077 ○ 株式会社の取締役は、その職務を行うについて悪意又は重大な過失があったときは、これによって第三者に生じた損害を賠償する責任を負う。

078 ○ 取締役は、取締役が自己又は第三者のために株式会社の事業の部類に属する取引をしようとするとき、株主総会（取締役会設置会社においては取締役会）において、当該取引につき重要な事実を開示し、その承認を受けなければならない。なお、取締役会設置会社においては、取引をした取締役は、当該取引後、遅滞なく、当該取引についての重要な事実を取締役会に報告しなければならない。

079 × 代表取締役は、対外的に会社を代表する機関であるが、会社法上、1つの会社において選定することができる代表取締役は1名に限られない。

080 ○ 会社法の規定に基づき、株主が会社に対し取締役の責任を追及する訴えの提起を請求したにもかかわらず、所定の期間内に会社が訴えを提起しなかった場合、当該株主は、会社に対する取締役の責任を追及する訴え（株主代表訴訟）を提起することができる。

23

081 支配人の選任および解任は、株主総会で行わなければならない。(第48回第10問エa)

082 A社の支配人Cは、A社の許可を受けなくても、知人の経営するD株式会社の取締役となることができる。(第45回第6問イb)

7章 企業と従業員の関係

083 労働契約法上、使用者による労働者の解雇は、客観的に合理的な理由があれば、社会通念上相当であると認められない場合であっても、有効である。(第48回第4問ク)

084 使用者は、原則として、労働者に、休憩時間を除き、1週間について40時間、1週間の各日については1日につき8時間を超えて、労働させてはならない。(第45回第3問ウ④)

085 常時10人以上の労働者を使用する使用者は、就業規則を作成し、これを所轄の労働基準監督署長に届け出なければならない。(第39回第3問エ④)

086 労働者の過半数で組織する労働組合がある事業場の使用者は、就業規則の作成または変更について、当該労働組合の意見を聴かなければならない。(第41回第6問エc)

087 労働組合に加入している労働者は、労働組合法による保護を受けるため、労働基準法による保護の対象からは除かれる。(第39回第3問エ①)

088 労働組合から団体交渉の申し出を受けた使用者は、正当な理由なくこれを拒否してはならない。(第42回第6問オ④)

最重要項目●**100**

| 081 | × | 会社法上、支配人の選任及び解任は、必ずしも株主総会で行われなければならないわけではない。 |

| 082 | × | A社の支配人Cは、A社の許可を受けなければ、知人の経営するD株式会社の取締役となることができない。 |

7 企業と従業員の関係

| 083 | × | 労働契約法上、使用者による労働者の解雇は、客観的に合理的な理由があったとしても、社会通念上相当であると認められない場合は、無効となる。 |

| 084 | ○ | 使用者は、原則として、労働者に、休憩時間を除き、1週間について40時間、1週間の各日については1日につき8時間を超えて、労働させてはならない。 |

| 085 | ○ | 常時10人以上の労働者を使用する使用者は、就業規則を作成し、これを所轄の労働基準監督署長に届け出なければならない。 |

| 086 | ○ | 労働者の過半数で組織する労働組合がある事業場の使用者は、就業規則の作成又は変更について、当該労働組合の意見を聴かなければならない。 |

| 087 | × | 労働基準法が適用される労働者とは、職業の種類を問わず、事業又は事務所に使用される者で、賃金を支払われる者をいう。 |

| 088 | ○ | 労働組合から団体交渉の申し出を受けた使用者は、正当な理由なくこれを拒否してはならない。 |

25

最重要項目
100

089 労働者派遣法上、派遣元事業主が派遣先の事業に派遣労働者を派遣した場合、派遣労働者に対する労働法上の責任はすべて派遣元事業主が負い、派遣先の事業主は労働法上の責任を負わない。(第43回第8問カ)

8 ビジネスに関連する家族法

090 婚姻が法的効力を認められるためには、当事者の合意だけでは足りず、婚姻の届出をする必要がある。(第44回第8問カ)

091 夫婦間で夫婦財産契約が締結されていない場合、夫婦のいずれに属するか明らかでない財産は、民法上、その共有に属するものと推定される。(第40回第1問ケ)

092 婚姻費用の支出など日常の家事に関して第三者と法律行為をしたことによって生じた債務については、原則として、夫婦は連帯して責任を負う。(第39回第6問エc)

093 夫婦間で婚姻中に締結した契約は、詐欺や強迫等の取消事由がない限り、婚姻中に取り消すことはできない。(第43回第4問カ)

094 夫婦が離婚したときは、夫婦のうち婚姻に際して改氏した者は、婚姻前の氏に復することとなり、いかなる場合でも離婚後は婚姻中に称していた氏を称することはできない。(第45回第4問エ)

095 夫婦間における夫婦財産関係は、離婚により婚姻時に遡って消滅する。(第45回第10問エd)

096 Aの配偶者Bと子CがAを相続した場合において、Cが相続について単純承認をしたときは、Bは相続を放棄することはできない。(第41回第10問エ④)

26 　最重要項目100の一問一答

| 089 | × | 労働者派遣法上、派遣元事業主が派遣先の事業に派遣労働者を派遣した場合、派遣労働者に対する労働法上の責任は原則として派遣元事業主が負うが、派遣先の事業主が労働法上の責任を負う場合もある。 |

8 ⊕ ビジネスに関連する家族法

| 090 | ○ | 婚姻が法的効力を認められるためには、当事者の合意だけでは足りず、婚姻の届出をする必要がある。 |

| 091 | ○ | 夫婦間で夫婦財産契約が締結されていない場合、夫婦のいずれに属するか明らかでない財産は、民法上、その共有に属するものと推定される。 |

| 092 | ○ | 婚姻費用の支出など日常の家事に関して第三者と法律行為をしたことによって生じた債務については、原則として、夫婦は連帯して責任を負う。 |

| 093 | × | 夫婦間でした契約は、原則として、婚姻中、いつでも、夫婦の一方からこれを取り消すことができる。 |

| 094 | × | 夫婦が離婚したときは、夫婦のうち婚姻に際して改氏した者は、婚姻前の氏に復することとなるが、離婚の日から3ヶ月以内に戸籍法の定めるところにより届け出ることによって、離婚後も婚姻中に称していた氏を称することができる。 |

| 095 | × | 夫婦間における夫婦財産関係は、離婚により婚姻時に遡って消滅するわけではなく、財産分与により清算される。 |

| 096 | × | Aの配偶者Bと子CがAを相続した場合において、Cが相続について単純承認をした場合であっても、Bは相続を放棄することができる。 |

097 相続人が複数いる場合、限定承認は、個々の相続人が単独ですることはできない。(第43回第10問オ②)

098 Aに配偶者Bと子Cがいる場合において、Aが遺言をせずに死亡したときは、BおよびCの法定相続分はそれぞれ相続財産の2分の1である。(第45回第8問カ)

099 相続人が配偶者および直系尊属である場合、直系尊属の法定相続分は3分の2である。(第42回第1問ケ)

100 いったんなされた遺言は、撤回することができない。(第42回第8問オ)

最重要項目 ●100

| 097 | ○ | 相続人が複数いる場合、限定承認は、個々の相続人が単独ですることはできない。 |

| 098 | ○ | Aに配偶者Bと子Cがいる場合において、Aが遺言をせずに死亡したときは、B及びCの法定相続分はそれぞれ相続財産の2分の1である。 |

| 099 | × | 相続人が配偶者及び直系尊属である場合 、直系尊属の法定相続分は3分の1である。なお、配偶者及び兄弟姉妹が相続人であるときは、配偶者の相続分は4分の3、兄弟姉妹の相続分は4分の1となる。子、直系尊属又は兄弟姉妹が数人あるときは、各自の相続分は、原則として、相等しいものとなる。 |

| 100 | × | いったんなされた遺言であっても、いつでも遺言の方式により撤回することができる。 |

第 **1** 部

分野別問題

● ● ● ● ● ●

第1章　ビジネス実務法務の法体系

第2章　企業取引の法務

第3章　債権の管理と回収

第4章　企業財産の管理と法律

第5章　企業活動に関する法規制

第6章　企業と会社のしくみ

第7章　企業と従業員の関係

第8章　ビジネスに関連する家族法

●問題は、過去の検定試験問題(正誤、空欄補充、四肢択一)を転載したものです。試験実施後の法令改正等により問題に不整合が生じている場合、注を付けました。

●2021年度にPBTからIBT・CBTに変更されました。設問に「解答用紙の所定欄にその番号をマークしなさい。」とありますが、本試験ではコンピュータ上で解答します。空欄補充は出題されず、正誤問題は形式が異なりますが、問われる知識内容は変わらないため、収録しています。

●解答及び解説は、本書の著者が作成したものです。

●「重要ポイントの整理」は、解説をもとに編集部でまとめたものです。

ビジネス実務法務の法体系

学習のポイント

　この章では、ビジネスと法律のかかわり及び法律の基礎知識について学びます。

　試験においてこの分野からの出題はあまり多くはありません。また、過去に出題された問題も比較的簡単です。しかし、この章で学ぶ内容である、法律一般の基本的事項や、財産権の種類などはこれから法律を学ぶ上で、最も基礎にあるもので、とても重要です。しっかり理解するようにしてください。

 本章のキーワード

- 一般法　　● 特別法　　● 強行法規　　● 任意法規　　● 民事訴訟
- 刑事訴訟　● 行政訴訟　● 権利能力平等の原則
- 所有権絶対の原則　　● 契約自由の原則　　● 過失責任主義

法律の基礎知識

次の事項のうち、その内容が正しいものには①を、誤っているものには②を、解答用紙の所定欄にその番号をマークしなさい。

ア．ある事項に関する規定が一般法と特別法の関係にある法律の両方に存在する場合、特別法の規定が一般法の規定に優先してその事項に適用される。（第45回第1問ク）

イ．クレジットカードの偽造を依頼し、それに対し報酬を支払う旨の契約のように、公序良俗に反する契約は無効である。（第42回第1問コ）

ウ．契約当事者間において、法律の規定中の強行法規の内容と異なる内容の特約が定められた場合、当該特約は強行法規よりも優先して適用される。（第44回第1問オ）

エ．所有権は、他人によっても国家権力によっても侵害されないのが原則であるが、公共の福祉の観点から、一定の制約を受けることがある。（第44回第4問ウ）

オ．他人に損害を与えたとしても、故意または過失がなければ損害賠償責任を負わないという原則は、過失責任主義と呼ばれる。（第48回第8問オ）

第 1 問 解答 → ア ① イ ① ウ ② エ ① オ ①

解説

ア．**正しい**。適用対象が限定されているか否かという点で、適用対象が限定されていないものを**一般法**といい、適用対象が限定され、**一般法に優先して適用されるものを特別法**という。例えば、民法と借地借家法では、民法が一般法であり借地借家法が特別法という関係にある。したがって、ある事項に関する規定が一般法と特別法の関係にある法律の両方に存在する場合、特別法の規定が一般法の規定に優先してその事項に適用されるから、本項は正しい。

イ．**正しい**。**公の秩序又は善良の風俗に反する事項を目的とする法律行為は、無効である**（民法90条）。これを**公序良俗違反**という。一般に、犯罪の遂行を内容とする契約は、公序良俗違反であると解される。したがって、クレジットカードの偽造を依頼し、それに対し報酬を支払う旨の契約のように、公序良俗に反する契約は無効であるから、本項は正しい。

ウ．**誤っている**。契約によっても強行法規と異なる特約を定めることはできず、**強行法規は契約当事者間の特約に優先して適用される**。したがって、契約当事者間において、法律の規定中の強行法規の内容と異なる内容の特約が定められた場合であっても、当該特約より強行法規が優先して適用されるから、本項は誤っている。

エ．**正しい**。所有権は不可侵のものとして尊重されることを、**所有権絶対の原則**というが、所有権が何ものにも制限されないという意味ではない。所有権は法令等により制約を受ける場合があり、憲法上、「**財産権の内容は、公共の福祉に適合するやうに、法律でこれを定める**」と規定されている（憲法29条2項）。したがって、所有権は、他人によっても国家権力によっても侵害されないのが原則であるが、公共の福祉の観点から、一定の制約を受けることがあるから、本項は正しい。

オ．**正しい**。**過失責任主義とは、損害の発生について故意又は過失がないときは、損害賠償責任を負わないという原則である**。個人の意思のみを根拠として権利義務が発生するという考え方である私的自治の原則から派生する、民法の基本原則の一つである。したがって、他人に損害を与えたとしても、故意又は過失がなければ損害賠償責任を負わないという原則は、過失責任主義と呼ばれるから、本項は正しい。

法律の基礎知識

難易度 → ★★☆

次の文中の[ ]の部分に、後記の語群から最も適切な語句を選び、解答用紙の所定欄にその番号をマークしなさい。(第42回第9問9-2)

法は、その目的や機能に応じて様々な観点から分類・整理することができる。

まず、文書の形に表されているか否かという観点から、法は、[ア]と不文法に分けられる。[ア]に該当するものとして立法機関で定められる制定法が、不文法に該当するものとして慣習法や判例法などがある。

次に、法は、その規律を受ける者が誰であるかによって、私法と[イ]とに分けられる。その規律を受ける者が私人である法を私法といい、規律を受ける一方または双方が国や地方公共団体である法を[イ]という。

また、法の適用領域が限定されているか否かという観点から、一般法と[ウ]に分けられる。適用領域が限定されず一般的なものを一般法といい、対象となる事柄や人、地域などが限定されているものを[ウ]という。例えば、契約関係一般には民法が適用されるが、そのうち雇用契約の条件に関しては労働基準法が優先して適用される。この場合、民法が一般法、労働基準法が[ウ]という関係にある。

さらに、権利義務など法律関係の内容を定める法を[エ]といい、[エ]の内容を実現するための手続を定める法を[オ]という。例えば、不法行為の被害者が加害者に損害の賠償を求める場合、不法行為の要件等について定める民法は[エ]であるが、その内容を実現するための民事訴訟の手続について定める民事訴訟法は[オ]である。

[語群]
① 任意法規　② 実体法　③ 取締規定
④ 公法　　　⑤ 行政法　⑥ 手続法
⑦ 民事法　　⑧ 条約　　⑨ 限時法
⑩ 成文法　　⑪ 刑事法　⑫ 経済法
⑬ 強行法規　⑭ 特別法　⑮ 社会法

第2問 解答 →

ア	⑩	イ	④	ウ	⑭	エ	②	オ	⑥

解説

　法律の分類を把握しておくことは、法律の適用関係、すなわち、その事実に対し、どの法律が適用されるか、また、同じ分野の法律でも、どの法律が優先的に適用されるかを知るという実践的な意味においても重要である。

　まず、形式面では、文書の形で表されているか否かという観点から、[ア]⑩成文法と不文法に分けられる。我が国は、成文法主義の国である。

　次に、法律が適用される主体に着目した分類として、私法と[イ]④公法がある。私法の例として、民法や会社法があり、公法の例として、憲法や行政手続法がある。もっとも、この分類は、他の分類と同様、絶対的なものではなく、国や地方公共団体に民法が適用されることもある。

　また、適用領域が限定されているか否かという点で、適用領域が限定されていないものを一般法といい、事柄、人などの点において適用領域が限定されているものを[ウ]⑭特別法という。民法と商法では、民法が一般法であり商法が特別法という関係であり、民法と借地借家法では、民法が一般法であり借地借家法が特別法という関係にある。

　さらに、権利義務の内容を定める法律を[エ]②実体法、権利義務の存否を確定し、その実現を図る手続を定める法律を[オ]⑥手続法という分類がある。民法が実体法であるのに対し、民事訴訟法、民事執行法が手続法である。また、刑法が実体法であるのに対し、刑事訴訟法が手続法である。

　このほか、法律の規定と異なる別の定めができるか否かという点で、異なる定めを許さず、当事者の意思にかかわりなく適用が強制される強行法規と、当事者がそれに従う意思がない場合には適用が強制されず、異なる定めを許す任意法規がある。民法の規定であれば、公序良俗に関する規定や物権に関する規定の多くが強行法規であり、債権、特に契約に関する規定の多くが任意法規である。

権利の実現方法

権利の実現方法に関する次の①〜④の記述のうち、その内容が最も適切でないものを1つだけ選び、解答用紙の所定欄にその番号をマークしなさい。(第46回第6問オ)

① 日本の裁判所は、最高裁判所、高等裁判所、地方裁判所、家庭裁判所、簡易裁判所の5種類である。
② 裁判所で扱うすべての訴訟は、犯罪を犯した人に対して国家が刑罰を科すことができるかどうかを決めるための刑事訴訟と、行政権の行使その他の公法上の権利関係についての争いを解決することを目的とする行政訴訟とのいずれかに分けることができる。
③ 裁判所の判決に不服がある場合に、より上級の裁判所に対して再審査を求めることを上訴という。
④ 債権者は、債務者が債務の履行をしないまま、その履行期が経過した場合であっても、原則として、自らの実力を行使して、自己の債権を回収することは禁止されている。

第 3 問 解答 → ②

解説

① 適切である。**日本の裁判所として、最高裁判所のほか、高等裁判所、地方裁判所、家庭裁判所及び簡易裁判所が設置されている**（裁判所法1条、2条1項）。したがって、日本の裁判所は、最高裁判所、高等裁判所、地方裁判所、家庭裁判所、簡易裁判所の5種類であるから、本肢は適切である。

② **最も適切でない。訴訟には、**犯罪事実を確定しどのような刑事罰を科するかを決定することを目的とする**刑事訴訟、**行政権の行使その他の公法上の権利関係についての紛争を解決することを目的とする**行政訴訟のほか、**私人間の権利義務関係を確定することを目的とする**民事訴訟がある。**したがって、裁判所で扱う訴訟は、刑事訴訟と行政訴訟のみではないから、本肢は適切でない。

③ **適切である。**例えば民事訴訟の場合、地方裁判所が第一審としてした終局判決又は簡易裁判所の終局判決に対して不服があるときは**控訴**することができ（民事訴訟法281条1項）、高等裁判所が第二審又は第一審としてした終局判決に対しては最高裁判所に、地方裁判所が第二審としてした終局判決に対しては高等裁判所に**上告**することができる（同法311条1項）。**控訴や上告を総称して上訴という。**したがって、裁判所の判決に不服がある場合に、より上級の裁判所に対して再審査を求めることを上訴というから、本肢は適切である。

④ **適切である。**我が国を含め、法治国家では、自力救済は禁じられている。**債務者が任意に債務を履行しない場合には、債権者は裁判所を通じて債権の実現を図らなければならない。**したがって、債権者は、債務者が債務の履行をしないまま、その履行期が経過した場合であっても、原則として、自らの実力を行使して、自己の債権を回収することは禁止されているから、本肢は適切である。

第4問 ビジネス用語

難易度 → ★☆☆

　ビジネス実務法務に関する次のa～cの記述のうち、その内容が適切なものを○、適切でないものを×とした場合の組み合わせを①～④の中から1つだけ選び、解答用紙の所定欄にその番号をマークしなさい。(第44回第10問ア)

a．コンプライアンス(Compliance)は、一般に、法令等の遵守ともいわれるが、これは、法令等のみを遵守すればよいわけではなく、その背景等にある法令等の趣旨や精神に沿った活動が求められているということである。

b．リスクマネジメント(Risk Management)は、一般に、企業活動に支障を来すおそれのある不確定な要素を的確に把握し、その不確定要素の顕在化による損失の発生を効率的に予防する施策を講じるとともに、顕在化したときの効果的な対処方法をあらかじめ講じる、一連の経営管理手法をいう。

c．CSR(Corporate Social Responsibility)は、一般に、企業の社会的責任と訳され、企業が、利益の追求だけでなく、様々なステークホルダー(利害関係者)との関係で企業としての行動規範を策定し、これに従い適切に行動することを求める考え方のことをいう。

① a－○　　b－○　　c－○
② a－○　　b－×　　c－×
③ a－×　　b－○　　c－×
④ a－×　　b－×　　c－○

解答欄

第 4 問　解答 → ①

解説

いずれの語句も、企業価値を語る上で重要なキーワードである。

a．**適切である。コンプライアンスとは、法令遵守を意味する。**刑罰法規はもちろんのこと、法令に限らず規則やガイドラインといった法令に準ずるルールを遵守することも重要である。コンプライアンス違反は、それ自体、会社の信用を大きく損なうこととなる。

b．**適切である。リスクマネジメントとは、危機管理を意味する。**法的なリスクのほか、近時は、自然災害の発生による事業の停滞・消失もリスクと捉え、リスクマネジメントの対象として議論されることが多い。aのコンプライアンスも、リスクマネジメントの一手法といえる。

c．**適切である。CSRとは、企業の社会的責任を意味する。**企業は、利潤の追求だけでなく、社会的存在として社会的責任を果たすことが期待されるようになった。CSRの一環として、企業が地域活動に参加したり、環境保全活動を行ったりする例がある。

重要ポイントの整理

ここでは、試験で間違えやすい基本的な項目をまとめています。

●一般法と特別法、強行法規と任意法規

一般法	適用対象を限定しない
特別法	一般法が適用される領域の中で、限定的な対象に対して、一般法に優先して適用される。例：民法に対する商法など

強行法規	公序良俗に関する規定、物権に関する規定等。当事者の意思にかかわりなく適用される。契約中の特約に優先して適用され、強行法規と異なる特約は無効となる
任意法規	債権や契約に関する規定等、当事者が別段の合意をしない場合に適用される

●訴訟の種類

民事訴訟	私人間の法的紛争の解決
刑事訴訟	犯罪事実の認定と刑罰の決定
行政訴訟	公法上の権利関係についての法的紛争の解決

●民法の原則

権利能力平等の原則	人は平等に権利主体として扱われる
所有権絶対の原則	所有権は不可侵のものとして尊重される
契約自由の原則	個人の意思に基づいて契約相手を選定し、契約内容を決定できる。私的自治の原則に基づく
過失責任主義	故意や過失がなければ法的責任を負わない

●民法上の財産権（物権と債権）

- 物権 … 物を直接的排他的に支配できる権利

- 債権 … 人に対して一定の行為を請求できる権利

企業取引の法務

学習のポイント

　この章では、契約の成立や内容・契約によらない債権債務の発生について学習します。契約の成立や内容からは、制限行為能力制度や代理について、また、契約によらない債権債務の発生からは、不法行為について、今後も出題が予想されます。

 本章のキーワード

- 制限行為能力者
- 期限の利益
- 心裡留保
- 虚偽表示
- 錯誤
- 詐欺
- 強迫
- 履行遅滞
- 履行不能
- 善管注意義務
- 同時履行の抗弁権

契約一般と権利義務の主体

難易度 → ★★☆

次の事項のうち、その内容が正しいものには①を、誤っているものには②を、解答用紙の所定欄にその番号をマークしなさい。

ア．民法上、成年被後見人は、日用品の購入その他日常生活に関する行為も含め、あらゆる行為を単独で有効に行うことができず、成年被後見人が単独で行ったすべての法律行為を取り消すことができる。（第45回第8問ア）

イ．未成年者Xは、家電販売店Yで大型液晶テレビを購入するにあたり、法定代理人Zの同意を得られなかったため、自己を成年者であると偽るなどの詐術を用い、これを信じたYとの間で売買契約を締結した。この場合、XおよびZは、ともに当該売買契約を取り消すことができない。（第44回第4問キ）

ウ．被保佐人が、保佐人の同意を得て、第三者との間で自己の所有する不動産を当該第三者に売却する旨の売買契約を締結した。この場合、被保佐人は、制限行為能力者であることを理由として当該売買契約を取り消すことはできない。（第42回第8問カ）

エ．一人の債務者に対し、担保権を有しない債権者が複数存在し、債務者の有する財産ではすべての債権者が債権全額の弁済を受けることができない場合、債権の種類、内容、履行期には関係なく、債権の発生の先後により債権者間の優劣が決せられるため、債権の発生時期の早い者が他の債権者に優先して弁済を受けることができる。（第40回第8問ア）

オ．X社は、Y社との間で、Y社所有の中古車を購入する旨の売買契約を締結したが、当該売買契約では当該中古車の引渡場所が定められていなかった。この場合、民法上、Y社は、当該売買契約の締結時に当該中古車が存在した場所ではなく、X社が指定する場所で当該中古車の引渡しをしなければならない。（第48回第1問コ）

| 第1問 | 解答→ | ア | ② | イ | ① | ウ | ① | エ | ② | オ | ② |

解説

ア．**誤っている。**成年被後見人の法律行為は、取り消すことができる。もっとも、**日用品の購入その他日常生活に関する行為については、取り消すことができない**(民法9条)。したがって、民法上、成年被後見人は、原則として、法律行為を単独で有効に行うことができないが、日用品の購入その他日常生活に関する行為については、単独ですることができ、取り消すことができないから、本項は誤っている。

イ．**正しい。未成年者**が法律行為をするには、原則として、その法定代理人の同意を得なければならない(民法5条1項)。同意を得ない法律行為は、取り消すことができる(同条2項)。もっとも、**制限行為能力者が行為能力者であることを信じさせるため詐術を用いたときは、その行為を取り消すことができない**(同法21条)。この場合、制限行為能力者本人のみならず、**他の取消権者も取り消すことができなくなる。**したがって、未成年者Xが、家電販売店Yで大型液晶テレビを購入するに当たり、法定代理人Zの同意を得られなかったため、自己を成年者であると偽るなどの詐術を用い、これを信じたYとの間で売買契約を締結した場合、X及びZは、ともに当該売買契約を取り消すことができないから、本項は正しい。

ウ．**正しい。被保佐人が借財又は保証をすること、不動産その他重要な財産に関する権利の得喪を目的とする行為をすること等の所定の行為をするには、その保佐人の同意を得なければならない**(民法13条1項)。保佐人の同意を得なければならない行為であって、その同意又はこれに代わる許可を得ないでしたものは、取り消すことができる(同条4項)。もっとも、**被保佐人は、事前に保佐人の同意を得れば、所定の行為であっても単独で法律行為をすることができ、この場合、当該行為を取り消すことはできない。**したがって、被保佐人が、保佐人の同意を得て、第三者との間で自己の所有する不動産を当該第三者に売却する旨の売買契約を締結した場合、被保佐人は、制限行為能力者であることを理由として当該売買契約を取り消すことはできないから、本項は正しい。

エ．**誤っている。**担保権を有しない債権者が複数存在し、債務者の有する財産では全ての債権者が債権全額の弁済を受けることができない場合、**債権者平等の原則**により、原則として、債権の種類、内容、履行期、また、**債権の発生の先後に関係なく、債権額に応じて按分された額が分配されるにすぎない。**したがって、債権の発生時期の早い者が他の債権者に優先して弁済を受けることができるわけではないから、本項は誤っている。

オ．**誤っている。弁済をすべき場所について別段の意思表示がないときは、特定物の引渡しは債権発生の時にその物が存在した場所において、その他の弁済は債権者の現在の住所において、それぞれしなければならない**(民法484条)。したがって、X社が、Y社との間で、Y社所有の中古車を購入する旨の売買契約を締結したが、当該売買契約では当該中古車の引渡場所が定められていなかった場合、民法上、Y社は、X社が指定する場所ではなく、当該売買契約の締結時に当該中古車が存在した場所で当該中古車の引渡しをしなければならないから、本項は誤っている。

48　第2章　企業取引の法務

第2問 契約一般

難易度 → ★★☆

次の事項のうち、その内容が正しいものには①を、誤っているものには②を、解答用紙の所定欄にその番号をマークしなさい。

ア．買主Aは、売主Bに対して売買代金債務を負っている。Aは、Bに対して売買代金債務を弁済する場合、民法上、Bに対して、その弁済と引換えに受取証書の交付を請求することができる。（第40回第1問カ）

イ．契約当事者間において、債務者に債務不履行があった場合に債務者が債権者に支払うべき損害賠償の額をあらかじめ約定したとしても、民法上、当該約定は無効である。（第41回第1問イ）

ウ．建物賃貸借契約において、賃借人は、当該建物に改良を加えるなど、契約の目的物の価値を高める費用を支出した場合、民法上、有益費として、直ちに賃貸人に対してその支出した費用の全額の償還を請求することができる。（第44回第8問ク）

エ．請負契約は、民法上、請負人がある仕事を完成することを約束し、注文者がその仕事の結果に対して報酬を支払うことを約束することによって、その効力を生ずる。（第44回第8問ウ）

オ．X社は、印刷会社であるY社との間で、X社製品のポスターの印刷をY社に依頼する旨の請負契約を締結した。この場合、民法上、Y社は、請負契約が成立した後は、当該ポスターが完成する前であっても、いつでもX社に報酬を請求することができる。（第43回第1問オ）

第2問 解答 → ア ① イ ② ウ ② エ ① オ ②

解説

ア．正しい。弁済をする者は、弁済と引換えに、弁済を受領する者に対して受取証書の交付を請求することができる（民法486条）。受取証書とは、領収証のことである。したがって、買主Aが、売主Bに対して売買代金債務を弁済する場合、民法上、Bに対して、その弁済と引換えに受取証書の交付を請求することができるから、本項は正しい。

イ．誤っている。当事者は、債務の不履行について損害賠償の額を予定することができる（民法420条1項）。したがって、民法上、契約当事者間において、債務者に債務不履行があった場合に債務者が債権者に支払うべき損害賠償の額をあらかじめ約定することができるから、本項は誤っている。

ウ．誤っている。賃借人が賃借物について有益費を支出したときは、賃貸人は、賃貸借の終了の時に、その価格の増加が現存する場合に限り、賃貸人の選択に従い、その支出した金額又は増価額を償還しなければならない。ただし、裁判所は、賃貸人の請求により、その償還について相当の期限を許与することができる（民法608条2項）。したがって、建物賃貸借契約において、賃借人が、当該建物に改良を加えるなど、契約の目的物の価値を高める費用を支出した場合、民法上、有益費の償還を請求することができるのは、賃貸借契約の終了の時であって、償還される金額は、賃貸人の選択に従い、その支出した金額又は増価額であるから、本項は誤っている。

エ．正しい。請負は、当事者の一方がある仕事を完成することを約し、相手方がその仕事の結果に対してその報酬を支払うことを約することによって、その効力を生ずる（民法632条）。したがって、請負契約は、民法上、請負人がある仕事を完成することを約束し、注文者がその仕事の結果に対して報酬を支払うことを約束することによって、その効力を生ずるから、本項は正しい。

オ．誤っている。報酬は、仕事の目的物の引渡しと同時に、支払わなければならない。ただし、物の引渡しを要しないときは、仕事が完成した後でなければ、報酬を請求することができない（民法633条）。したがって、X社が、印刷会社であるY社との間で、X社製品のポスターの印刷をY社に依頼する旨の請負契約を締結した場合、民法上、Y社は、当該ポスターが完成し、ポスターと引換えでなければX社に報酬を請求することができないから、本項は誤っている。

第3問 契約一般

次の事項のうち、その内容が正しいものには①を、誤っているものには②を、解答用紙の所定欄にその番号をマークしなさい。

ア．民法上、委任契約において受任者が委任者に対し報酬を請求することができる旨を定めなかった場合、受任者は善良な管理者の注意をもって委任事務を処理する義務を負わない。(第41回第1問オ)

イ．Aは、Bの詐欺によりBに金銭を貸し付ける旨の意思表示をした。この場合、Aは、その意思表示を取り消すことができる。(第48回第4問エ)

ウ．A社は、B社との間で、B社から工作機械を購入する旨の売買契約を締結し、民法上の解約手付として50万円をB社に交付した。この場合、民法上、A社は、B社から当該工作機械の引渡しを受けた後であっても、解約手付として交付した50万円を放棄すれば、当該売買契約を解除することができる。(第45回第4問ア)

エ．民法上、寄託者Aから物の寄託を受けた受寄者Bは、Aから報酬の支払いを受けるか否かにかかわらず、受寄物の保管について善良な管理者の注意義務(善管注意義務)を負う。(第44回第1問ク)

オ．国際取引における民事上の法的紛争を解決するために適用される法を準拠法という。法の適用に関する通則法上、準拠法選択の決定を当事者の意思にゆだねる当事者自治の原則が採用されている。(第45回第1問エ)

第 3 問 解答 → ア ② イ ① ウ ② エ ② オ ①

解説

ア．誤っている。 受任者は、委任の本旨に従い、善良な管理者の注意をもって、委任事務を処理する義務を負う（民法644条）。寄託の場合と異なり、委任契約においては報酬の有無によって、注意義務の程度に差はない。したがって、民法上、委任契約において受任者が委任者に対し報酬を請求することができる旨を定めなかった場合であっても、受任者は善良な管理者の注意をもって委任事務を処理する義務を負うから、本項は誤っている。

イ．正しい。 詐欺又は強迫による意思表示は、取り消すことができる（民法96条1項）。したがって、Aが、Bの詐欺によりBに金銭を貸し付ける旨の意思表示をした場合、Aは、その意思表示を取り消すことができるから、本項は正しい。

ウ．誤っている。 買主が売主に手付を交付したときは、買主はその手付を放棄し、売主はその倍額を現実に提供して、契約の解除をすることができる。ただし、その相手方が契約の履行に着手した後は、この限りでない（民法557条1項）。このように契約締結後も、解除権を留保する趣旨で交付される手付を解約手付という。解約手付が交付された場合でも、相手方が契約の履行に着手した後は、契約を解除することができない。したがって、A社が、B社との間で、B社から工作機械を購入する旨の売買契約を締結し、民法上の解約手付として50万円をB社に交付した場合であっても、民法上、A社は、B社から当該工作機械の引渡しを受けた後は、解約手付を放棄しても、当該売買契約を解除することはできないから、本項は誤っている。

エ．誤っている。 民法上、債権の目的が特定物の引渡しであるときは、債務者は、その引渡しをするまで、契約その他の債権の発生原因及び取引上の社会通念に照らして定まる善良な管理者の注意をもって、その物を保存しなければならないから（民法400条）、有償の寄託契約において、受寄者は、善良な管理者の注意をもって預かった物を保管しなければならない。一方、無報酬で寄託を受けた者は、自己の財産に対するのと同一の注意をもって、寄託物を保管する義務を負う（同法659条）。したがって、民法上、寄託者Aから物の寄託を受けた受寄者Bが、Aから報酬の支払を受ける約束をしていない場合、受寄物の保管について善良な管理者の注意義務（善管注意義務）ではなく、自己の財産に対するのと同一の注意をもって保管すれば足りるから、本項は誤っている。

オ．正しい。 法律行為の成立及び効力は、当事者が当該法律行為の当時に選択した地の法による（法の適用に関する通則法7条）。したがって、国際取引における民事上の法的紛争を解決するために適用される法を準拠法というところ、法の適用に関する通則法上、準拠法選択の決定を当事者の意思に委ねる当事者自治の原則が採用されているから、本項は正しい。

52　第2章　企業取引の法務

第4問 契約によらない債権・債務等

難易度 → ★★☆

次の事項のうち、その内容が正しいものには①を、誤っているものには②を、解答用紙の所定欄にその番号をマークしなさい。

ア．民法上の不法行為が成立するためには、損害が発生していなければならない。この損害には、例えば休業損害のように収入として見込まれたものが得られなかった場合の逸失利益は含まれない。（第48回第1問エ）

イ．Xは、YおよびZによる共同の不法行為によって100万円の損害を被った。この場合、民法上、Xは、YおよびZに対して、それぞれ50万円に限り、損害賠償を請求することができる。（第45回第1問カ）

ウ．法律上の原因なく他人の財産または労務により利益を受けた者は、原則として、これにより損失を被った者に対して、その利益を不当利得として返還する義務を負う。（第44回第4問コ）

エ．賭博行為の賭け金として支払った金銭は、不法原因給付に当たる。したがって、賭博行為の賭け金として金銭を支払った者は、賭博行為が公序良俗に反して無効であることを理由として、当該金銭につき、不当利得に基づく返還請求をすることができない。（第39回第8問コ）

オ．Xは、法律上の義務がないのに、Yのために事務の管理を始めたときは、原則として、その事務の性質に従い、最もYの利益に適合する方法によって、その管理をしなければならない。（第43回第4問キ）

第 4 問　解答 → 　ア　②　イ　②　ウ　①　エ　①　オ　①

解説

ア．**誤っている。不法行為に基づく損害賠償の要件となる損害には、**治療費といった不法行
為がなければ発生しなかったといえる積極損害のみならず、仕事を休んだことにより得ら
れなかった収入といった**不法行為がなければ得られたはずの逸失利益（消極損害）も含まれ
る。**したがって、民法上の不法行為が成立するためには、損害が発生していなければなら
ないところ、この損害には、例えば休業損害のように収入として見込まれたものが得られ
なかった場合の逸失利益も含まれるから、本項は誤っている。

イ．**誤っている。数人が共同の不法行為によって他人に損害を加えたときは、各自が連帯し
てその損害を賠償する責任を負う**（民法719条1項）。連帯して責任を負うとは、**共同行為
者全員が被害者に対して損害額の全額を賠償する**義務を負い、共同行為者のうちの一人が
賠償すれば、他の者は賠償義務を免れるという関係をいう。したがって、Xは、Y及びZに
よる共同の不法行為によって100万円の損害を被った場合、民法上、Xは、Y及びZに対し
て、それぞれ損害額全額の100万円について損害賠償を請求することができるから、本項
は誤っている。

ウ．**正しい。**法律上の原因なく他人の財産又は労務によって利益を受け、そのために他人に
損失を及ぼした者（これを「**受益者**」という。）は、その利益の存する限度において、これを
返還する義務を負う（民法703条）。これを**不当利得返還義務**といい、受益者は、利益を保
持することが認められず、損失を被った者に対し、返還義務を負う。したがって、法律上
の原因なく他人の財産又は労務により利益を受けた者は、原則として、これにより損失を
被った者に対して、その利益を不当利得として返還する義務を負うから、本項は正しい。

エ．**正しい。不法な原因のために給付をした者は、原則として、その給付したものの返還を
請求することができない**（民法708条）。これを**不法原因給付**という。法律上無効な行為に
基づいて移転した財産は返還しなければならないのが原則であるが、財産の移転自体が公
序良俗に違反するような場合には、不法原因給付に当たり、返還を求めることができな
い。したがって、賭博行為の賭け金として支払った金銭は、不法原因給付に当たり、賭博
行為の賭け金として金銭を支払った者は、賭博行為が公序良俗に反して無効であることを
理由として、当該金銭につき、不当利得に基づく返還請求をすることができないから、本
項は正しい。

オ．**正しい。**義務なく他人のために事務の管理をすることを**事務管理**という。事務管理にお
いて、**管理者は、その事務の性質に従い、最も本人の利益に適合する方法によって、その
事務の管理をしなければならない**（民法697条1項）。したがって、Xが、法律上の義務が
ないのに、Yのために事務の管理を始めたときは、原則として、その事務の性質に従い、
最もYの利益に適合する方法によって、その管理をしなければならないから、本項は正し
い。

第5問 制限行為能力者

次の文中の[　]の部分に、後記の語群から最も適切な語句を選び、解答用紙の所定欄にその番号をマークしなさい。(第39回第9問9-1)

法律行為を有効に行うためには、自己の行為の結果を判断することのできる精神的能力である[ア]が必要である。[ア]のない者が行った契約などの法律行為は無効であるが、一般に個々の法律行為の場面において[ア]がないことを証明することは困難である。そこで、民法上、[ア]の認められない者やその不十分な者を、一定の年齢や手続によって画一的に[イ]と定め、その行為を取り消すことができるとするとともに、保護者を付してその能力を補うこととしている。

[イ]のうち、精神上の障害により事理を弁識する能力を欠く常況にある者であって、民法所定の者の請求により、家庭裁判所の審判を受けた者を[ウ]という。[ウ]の法律行為は、原則として、取り消すことができる。ただし、[エ]の購入その他日常生活に関する行為については、取り消すことができない。

民法上、[イ]の保護者である法定代理人は、[イ]の行った法律行為を確定的に有効にする[オ]権を有する。したがって、[イ]が行った取り消し得る法律行為であっても、その法定代理人が[オ]をした場合には、それ以後取り消すことができなくなる。

[語群]
① 詐術　　　② 意思能力　　③ 管財人
④ 権利能力　⑤ 不動産　　　⑥ 催告
⑦ 日用品　　⑧ 被保佐人　　⑨ 制限行為能力者
⑩ 被補助人　⑪ 責任能力　　⑫ 成年被後見人
⑬ 追認　　　⑭ 貴金属　　　⑮ 任意代理人

第5問 解答 → ア ② イ ⑨ ウ ⑫ エ ⑦ オ ⑬

解説

民法上の能力に関する概念として、権利能力、意思能力、行為能力がある。

権利能力とは、権利・義務の主体となることができる法律上の資格をいう。

意思能力及び行為能力は、取引を有効に行うために必要な能力をいう。有効に取引行為をするためには、自己の行為の結果を判断できる能力が必要であり、これを[ア]②意思能力という。意思能力のない者の法律行為は無効である。

もっとも、取引が終了した後になって、取引時点に意思能力があったか否かを立証することは困難であり、また、取引完了後に、相手方から突然、意思能力がないため無効といわれると取引の安全を害する。そこで、民法上、意思能力を欠くか、不十分であると考えられる者を[イ]⑨制限行為能力者として画一的に保護する一方、相手方の取引の安全を図っている。

制限行為能力者には、未成年者、成年被後見人、被保佐人、補助人の同意を要する旨の審判を受けた被補助人がある。成年被後見人は、日常生活を除き、全ての場面で行為能力が制限され、被保佐人は、重要な法律行為を行う場面で行為能力が制限される。被補助人は、本人の同意がなければ、そもそも補助開始の審判がされないという点で異なる。

精神上の障害により事理を弁識する能力を欠く常況にある者については、家庭裁判所は、本人、配偶者、四親等内の親族、未成年後見人、未成年後見監督人、保佐人、保佐監督人、補助人、補助監督人又は検察官の請求により、後見開始の審判をすることができる（民法7条）。後見開始の審判を受けた者は、[ウ]⑫成年被後見人となる（同法8条）。

成年被後見人の法律行為は、原則として、取り消すことができる。もっとも、[エ]⑦日用品の購入その他日常生活に関する行為については、取り消すことができない（同法9条）。これは、成年被後見人の自己決定を尊重する趣旨である。

また、成年被後見人の法律行為は、取り消すことができるものであるところ、これを有効に確定する意思表示を[オ]⑬追認という。追認は、有効に確定することを意味するから、取り消すことができる行為は、追認権を有する者が追認したときは、以後、取り消すことができない（同法122条）。

第6問 意思表示

次の文中の[ ]の部分に、後記の語群から最も適切な語句を選び、解答用紙の所定欄にその番号をマークしなさい。(第41回第2問2-1)

契約は、当事者間の意思表示の合致により成立する。より具体的にいうと、契約は、当事者の一方が相手方に対し契約の[ア]の意思表示をし、これに対し、相手方がその[ア]に対する承諾の意思表示をするというプロセスを経て成立する。

成立要件に着目して契約を分類すると、当事者間の合意のみで成立する契約を[イ]といい、これに対し、契約が成立するためには当事者間の合意のほかに契約の対象である物の引渡しが必要である契約を[ウ]という。

表意者により意思表示がなされたにもかかわらず、表示された内容に対応する真意が表意者に存在しない場合や、その意思表示に瑕疵がある場合があり、これらの場合における意思表示の効力については民法に規定が設けられている。例えば、表意者がある商品について買うつもりがないのに相手方に対し買う旨の意思表示をした場合のように、表意者が真意ではないことを認識しながら真意とは異なる意思表示をすることを[エ]という。[エ]は、原則として有効であるが、相手方が表意者の真意を知り、または知ることができたときは無効である。また、他人にだまされて行った[オ]による意思表示はその意思表示をした者が取り消すことができるが、この取消しは善意の第三者に対抗することができない。

[語群]
① 要物契約　② 開始　③ 双務契約
④ 有償契約　⑤ 錯誤　⑥ 確認
⑦ 心裡留保　⑧ 詐欺　⑨ 諾成契約
⑩ 交付契約　⑪ 虚偽表示　⑫ 約因
⑬ 現物契約　⑭ 申込み　⑮ 強迫

第6問 解答→ ア ⑭ イ ⑨ ウ ① エ ⑦ オ ⑧

解説

契約は、意思表示の合致により成立するところ、より詳細に分析すると、[ア]⑭**申込み**の意思表示と、申込みに対する承諾の意思表示に分けられる。申込みの意思表示は、例えば、「この車を〇〇円(幾ら)で買いませんか」という申込みに対し、「買いましょう」と応答することが承諾である。申込みは、当該申込みに対して承諾がなされれば契約が成立する程度に重要な内容が決まっている必要がある。また、承諾は、申込みをそのまま承諾する必要があり、申込みに変更を加えた承諾(価格の変更等)の場合、それ自体、新たな申込みとなる。

契約成立要件に、契約の対象である物の引渡しの必要がない場合が[イ]⑨**諾成契約**であり、物の引渡しが必要である場合が[ウ]①**要物契約**である。民法上、主な要物契約として、消費貸借契約、寄託契約、質権設定契約がある。

ところで、意思表示を内心の意思(真意)とこれを外部に示す表示行為に分けたとき、表示行為に対応する内心の意思(真意)が存在しない場合がある。

[エ]⑦**心裡留保**とは、外形的に意思表示は存在するが、それに対応する真意が存在しない場合である。典型的には、冗談を言う場合である。この場合、冗談を信じた相手方を保護するため、その意思表示は原則として、有効である。もっとも、相手方がその意思表示が表意者の真意ではないことを知り、又は知ることができたときは、その意思表示は、無効となる(民法93条)。

相手方と通じてした虚偽の意思表示が虚偽表示であり、勘違い、すなわち、表示行為と真意の不一致を本人も気がついていない場合が錯誤による意思表示である。

他人にだまされてする意思表示が[オ]⑧**詐欺**による意思表示であり、強迫による意思表示と同様、瑕疵ある意思表示として取り消すことができる(同法96条1項)。初めから意思表示が無効となるのではなく、取り消すことができる意思表示となるにすぎない。取り消されるまでは有効な意思表示として扱われる。

詐欺による意思表示の取消しは、善意でかつ過失がない第三者に対抗することができない※(同条3項)。一方、強迫による意思表示の取消しは、善意の第三者に対しても主張することができる。

※改正民法では、詐欺による取消しを対抗できない第三者は、善意でかつ過失がない第三者に限られることとなった。

第7問 代理

難易度 → ★★☆

次の文中の[　]の部分に、後記の語群から最も適切な語句を選び、解答用紙の所定欄にその番号をマークしなさい。(第45回第2問2-2)

　代理のうち、任意代理が成立するためには、民法上、本人が他人(代理人)に[ア]を与えていること、代理人が相手方に対して本人のためにすることを示すこと(顕名)、および、代理人が有効に法律行為を行うこと(代理行為)が必要である。実務上、一般に、[ア]の授与の事実を証明するために、ある者に一定の事項を委任したことを記載した文書である[イ]が作成され、本人から代理人に交付される。

　本人から[ア]を授与されていない者が代理人と称して行った法律行為の効果は、原則として本人に帰属しない。このように、[ア]のない者が代理人として法律行為を行うことを無権代理といい、[ア]のない者を無権代理人という。

　無権代理が行われた場合に、本人が、無権代理人の法律行為を[ウ]すれば、行為の時に遡って本人に当該法律行為の効果が帰属する。これに対し、無権代理につき善意の相手方は、本人が[ウ]をしない間は、当該法律行為の[エ]をすることができる。

　また、無権代理が行われた場合において、本人が[ウ]をしなくても、相手方が無権代理人に[ア]があると信じ、かつ信じたことに正当な理由が認められるときは、法律行為の効果を本人に帰属させることにより、相手方を保護する制度が認められている。この制度を[オ]という。例えば、本人が、実際には[ア]を授与していないにもかかわらず、他人に[イ]を交付した場合において、その他人が[イ]に記載された範囲内の法律行為を行ったときは、[オ]が成立し、当該法律行為の効果が本人に帰属することがある。

[語群]
① 調査権　　② 間接代理　③ 取消し
④ 否認　　　⑤ 表見代理　⑥ 調停調書
⑦ 委任状　　⑧ 実施権　　⑨ 対抗
⑩ 放棄　　　⑪ 法定代理　⑫ 代理権
⑬ 公正証書　⑭ 追認　　　⑮ 開示

第 7 問　解答 →　ア　⑫　イ　⑦　ウ　⑭　エ　③　オ　⑤

解説

　代理は、代理人が行った法律行為の効果が、本人に帰属する制度である。私法の原則からすると、法律行為の効果は、当該法律行為を行ったその人に帰属するのが原則であり、代理は、その例外である。

　民法上の代理の成立要件は、本人が代理人に[ア]⑫代理権を与えていること、代理人が代理行為をする際に顕名をすること、代理人が代理権の範囲内で代理行為をすることの3つである。本人が代理人に代理権を与えたことを証明するために、実務上、一般に、[イ]⑦委任状が作成される。委任状の形式は法定されているわけではなく、実印を用いなくとも、また署名だけでも委任状は成立し得るから注意が必要である。

　代理の成立要件には、代理人が代理権の範囲内で代理行為をすることがあるから、代理人と称する者に代理権が認められない場合は無権代理となる。無権代理として行われた意思表示の効果は、本人には帰属しない。

　もっとも、無権代理行為の効果を本人に帰属させることが、本人にとって有益な場合もある。このような場合、本人が[ウ]⑭追認すると、原則として、契約の時にさかのぼって、無権代理行為の効果は本人に帰属する（民法116条）。また、代理権を有しない者がした契約は、代理権を有しないことを相手方が知らなかったときは、本人が追認をしない間は、相手方が[エ]③取消しをすることができる（同法115条）。「善意」とはある事実を知らないことをいう。無権代理行為の相手方は、本人が追認すれば法律行為の効果が本人に帰属するが、本人が追認を拒絶すれば本人の効果が帰属しないことが確定するという不安定な地位に立つ。そこで、無権代理行為の相手方は本人に対し催告することも認められており、無権代理行為の場合、相手方は、本人に対し、相当の期間を定めて、その期間内に追認をするかどうかを確答すべき旨の催告をすることができる。この場合において、本人がその期間内に確答をしないときは、追認を拒絶したものとみなされる（同法114条）。

　上記のとおり、無権代理行為の効果は本人に帰属しないが、行為の相手方が代理人と称する者に[ア]⑫代理権があると信じ、信じたことについて正当な理由があるときは、代理行為の効果は本人に帰属し有効となる（同法110条参照）。これを[オ]⑤表見代理という。表見代理は、代理人に代理権があると信じ、信じたことにつき正当な理由がある相手方を保護するための制度である。

60　第2章　企業取引の法務

第8問 条件・期限

難易度 → ★★☆

次の文中の[ ]の部分に、後記の語群から最も適切な語句を選び、解答用紙の所定欄にその番号をマークしなさい。(第41回第7問7-2)

当事者間で契約が締結されると、その効力は契約成立と同時に生じるのが原則である。しかし、契約締結に際して条件や期限を付けることがある。

まず、条件とは、契約の効力の発生を将来の事実にかからせる特約のうち、その事実が将来発生するか否かが不確実なものをいう。例えば、「Aは、現在購入の応募をしているマンションの抽選に当選したら、現在居住している甲建物をBに譲渡する」という売買契約を締結した場合、その売買契約の効力は、Aがマンションの抽選に当選しない限り発生せず、しかもAが当選するかどうかは不確実である。条件のうちでも、このように条件の成就によって契約などの効力が生じるものを[ア]という。これに対し、「AはBに甲建物を譲渡するが、Bの転勤が決まったら売買契約は失効する」というように、いったん契約などの効力が生じるが、条件の成就によって効力が失われるものを[イ]という。

次に、期限とは、例えば、金銭消費貸借契約において、返済日を貸付けの日から1年後とするように、契約の効力の発生を、将来発生することが確実な事実にかからせる特約である。期限には、「1年後」というように将来到来する期日が確定している[ウ]のほか、「次に○○市で雨が降った日」というように、いつ到来するかが不確定な[エ]とがある。

上記の金銭消費貸借契約の例においては、借主は1年後までは借入金を返済しなくてよいことになるが、債務者の有するこのような利益を[オ]という。この場合、貸主は1年後までは返済を請求できないが、借主は、[オ]を放棄して、1年を待たずに自ら返済することができる。

[語群]
① 中断の利益　② 既成条件　③ 不確定期限
④ 不法条件　⑤ 期限の利益　⑥ 始期
⑦ 終期　⑧ 違約条件　⑨ 不能条件
⑩ 解除条件　⑪ 締結期限　⑫ 分別の利益
⑬ 停止条件　⑭ 確定期限　⑮ 保証期限

第8問 解答 → ア ⑬ イ ⑩ ウ ⑭ エ ③ オ ⑤

解説

　契約が成立すると、契約当事者は直ちに契約に従った履行をしなければならないのが原則である。例えば、「自動車をあげる。」という場合、これは単なる贈与の意思表示であり、贈与契約が成立すると直ちに履行しなければならない。しかし、「試験に合格したらあげる。」や「3月1日になったらあげる。」などと契約に条件や期限を付すことがある。

　条件も期限も契約の効力の発生を将来の事実にかからせる特約である点で共通するが、**条件は将来発生することが不確実な事実にかからせる場合**であり、**期限は将来発生することが確実な事実にかからせる場合**である。

　条件には、条件成就によって意思表示の効力が生じる[ア]⑬**停止条件**（民法127条1項）と、条件成就によって意思表示の効力が失われる[イ]⑩**解除条件**（同条2項）とがある。「試験に合格したら、自動車をあげる。」という場合、試験に合格するかどうかは将来発生することが不確実な事実であるから、贈与の意思表示に「試験に合格する」という条件が付されているといえ、「試験に合格する」ことにより、贈与契約の効力が生じるから、停止条件が付されていることになる。

　将来発生することが確実な事実にかからせる場合が期限であるが、期限のうち、いつ発生するか確実な場合、典型的には一定の期日を指定する場合が[ウ]⑭**確定期限**であり、将来発生することは確実であるが、いつ発生するかわからない事実にかからせる場合が、[エ]③**不確定期限**である。「来年の3月1日になったら、自動車をあげる。」という場合、これは贈与の意思表示に「来年の3月1日になる」という確定期限が付されていることとなる。

　ところで、「代金は、12月31日までに支払う。」という場合、「12月31日」が期限となり、「12月31日」が到来するまでは弁済する必要はない。このように、期限が到来していないことによって当事者が受ける利益を[オ]⑤**期限の利益**という。民法上、期限は、債務者の利益のために定めたものと推定される（同法136条1項）。期限の利益は、放棄することができるが、これによって相手方の利益を害することはできない（同条2項）。上記の例でいえば、債務者は12月31日の到来を待たずに債権者に弁済することができるが、その場合でも、12月31日までの利息を付さなければならないのが、民法上の原則である。

第9問 契約一般

難易度 → ★★☆

次の文中の[　]の部分に、後記の語群から最も適切な語句を選び、解答用紙の所定欄にその番号をマークしなさい。(第44回第2問2-1)

契約は、当事者間の合意によって成立するものであり、当事者間でどのような契約を締結するかは、原則として自由である。すなわち、契約を締結するか否か、誰と契約を締結するか、どのような契約内容とするか等について、当事者は、原則として自由に決めることができ、これを[ア]という。[ア]により、どのような内容の契約を締結することも自由であるが、民法上、典型的な契約として、売買契約、消費貸借契約、請負契約、委任契約などが定められている。

契約は、様々な観点から分類することができる。例えば、売買契約のように当事者の合意のみで成立する契約のことを[イ]といい、消費貸借契約のように当事者の合意と物の引渡しによって成立する契約のことを[ウ]という。また、契約当事者が相互に対価的な財産的価値を支出することを内容とする契約を[エ]といい、契約が成立することによって当事者双方が対価的な債務を負担する契約を[オ]という。したがって、契約当事者の双方が対価的な財産的価値を支出することを内容とする契約であり、契約当事者の双方が対価的な債務を負担する契約である売買契約は、[エ]であり、かつ、[オ]である。

[語群]
① 権利能力平等の原則　② 片務契約　③ 要物契約
④ 双務契約　⑤ 継続的契約　⑥ 契約書作成の原則
⑦ 基本契約　⑧ 無名契約　⑨ 無償契約
⑩ 有償契約　⑪ 有名契約　⑫ 一時的契約
⑬ 附合契約　⑭ 契約自由の原則　⑮ 諾成契約

第9問 解答 →

| ア | ⑭ | イ | ⑮ | ウ | ③ | エ | ⑩ | オ | ④ |

解説

　私法の領域では、個人の意思のみを根拠として権利義務が発生するという**私的自治の原則**のもと、誰とどのような内容の契約を締結するか自由に決めることができ、これを[ア]⑭**契約自由の原則**という。もっとも、契約自由といっても、公序良俗に反する契約や、実現不可能な契約は無効となる。

　契約自由の原則のもと、契約の内容は、原則として、当事者が自由に決めることができるが、民法は、売買契約、消費貸借契約、請負契約や委任契約など、一定の契約類型を典型契約として定めている。

　契約は、様々な観点から分類されるが、契約成立要件として物の引渡しが必要か否かという観点から、当事者の合意のみで成立する契約を[イ]⑮**諾成契約**といい、物の引渡しが必要な契約を[ウ]③**要物契約**という。要物契約には、消費貸借契約、質権設定契約などがある。

　また、相互に対価的な財産的価値を支出することを内容とするか否かという観点から、売買契約など対価的支出がある場合を[エ]⑩**有償契約**といい、贈与契約など対価的支出がない場合を**無償契約**という。

　さらに、契約成立により当事者双方が債務を負担するか否かという観点から、双方が債務を負担する契約を[オ]④**双務契約**といい、一方のみが債務を負担する契約を**片務契約**という。

　売買契約は有償契約であり双務契約である。一方、消費貸借契約は、要物契約であり、契約成立時には貸主として履行すべき内容は完了している片務契約である。

第10問 賃貸借契約

難易度 → ★★☆

次の文中の[ ]の部分に、後記の語群から最も適切な語句を選び、解答用紙の所定欄にその番号をマークしなさい。(第48回第9問9-2)

賃貸借契約においては、賃貸人は、賃借人に目的物を使用収益させる義務を負う。そのため、民法上、賃貸人は、賃借人が目的物を使用収益する上で支障がある場合には、目的物の修繕をする義務を負う。賃貸人が行うべき修繕を賃借人が代わりに行う場合のように、目的物の保存に通常必要な費用を[ア]といい、賃借人が[ア]を支出したときには、直ちに賃貸人に対してその支出した費用の全額の償還を請求することができる。また、賃借人が目的物に改良を加えるなど、目的物の価値を高める費用を支出した場合には、有益費として、賃貸人は、民法の規定に従い、賃貸借契約終了時に、賃借人が事実上支出した金額または目的物の価格の現存の増加額のいずれかを選択して、賃借人に償還しなければならない。

賃借人は、賃借物を受け取った後にこれに生じた損傷がある場合において、賃貸借が終了したときは、通常の使用および収益によって生じた賃借物の損耗ならびに賃借物の経年変化を除き、その損傷を原状に復する義務を負う。この賃借人の義務を[イ]という。

建物の賃貸借(借家)や建物所有を目的とする土地の賃貸借(借地)については、民法の規定のほか、賃借人の保護を目的として、民法の特別法である借地借家法の適用対象となる。

例えば、民法上、不動産の賃借権の対抗要件は、当該賃借権の[ウ]であるが、賃貸人は、特約がない限り、賃借権の[ウ]に協力する義務を負わないことから、賃借人が賃借権の[ウ]をすることは現実的に困難である。

そこで、借地借家法上、賃借人保護の観点から、借家権と借地権について、賃借権の[ウ]以外の方法で対抗要件を備えることが認められている。具体的には、借地借家法上、建物の賃貸借については建物の[エ]が借家権の対抗要件であり、借地については借地上の建物の[ウ]が借地権の対抗要件である。

また、民法の原則では、賃貸借期間が満了すれば、両当事者が更新に合意しない限り賃貸借契約は終了するのに対し、借地借家法の適用を受ける賃貸借契約においては、原則として、賃貸人に[オ]があると認められる場合でなければ、賃貸人の側から契約の更新を拒絶できないとされている。

[語群]
① 固定費　② 登記　③ 市区町村役場への届出
④ 帰責事由　⑤ 諾否通知義務　⑥ 必要費
⑦ 引渡し　⑧ 契約書の作成　⑨ 減価償却費
⑩ 仲介　⑪ 原状回復義務　⑫ 目的物完成義務
⑬ 正当事由　⑭ 免責事由　⑮ 供託

第10問 解答 →

ア	⑥	イ	⑪	ウ	②	エ	⑦	オ	⑬

解説

　賃貸借契約は、賃貸人が、ある物を借主に使用収益させ、賃借人が、その対価として賃料を支払うことを内容とする契約である。

　賃貸借契約に基づき、賃貸人は、賃借人に対して目的物を使用収益させる義務を負う。賃貸人は賃借人の使用収益が可能な状態を維持する必要があるから、賃貸人は、賃借物の使用及び収益に必要な修繕をする義務を負う（民法606条1項）。修繕は賃貸人の義務であるから、修繕を賃借人が行った場合、その費用は[ア]⑥**必要費**に当たり、賃借人は、賃貸人に対し、直ちにその償還を請求することができる（同法608条1項）。

　また、目的物の価値を高めるために支出した費用を**有益費**といい、賃借人が賃借物について有益費を支出したときは、賃貸人は、賃貸借の終了の時に、その価格の増加が現存する場合に限り、賃貸人の選択に従い、その支出した金額又は増価額の償還をしなければならない（同法608条2項、196条2項）。

　他方、賃借人は、賃貸人に対して、目的物の使用収益の対価として賃料支払義務を負う。また、賃借人は、賃借物を受け取った後にこれに生じた損傷（通常の使用及び収益によって生じた賃借物の損耗並びに賃借物の経年変化を除く。）がある場合において、賃貸借が終了したときは、その損傷を原状に復する義務を負う（同法621条）。これを賃借人の[イ]⑪**原状回復義務**という。

　ところで、建物所有目的の土地賃借人や建物賃借人を特に保護する特別法が借地借家法である。例えば、建物賃貸借において、賃貸借契約存続中に、建物所有者（通常は、賃貸人）が建物を第三者に売却した場合、賃借人が新しい建物所有者に対して賃借権を主張するためには、対抗要件を備えている必要がある。民法上の不動産賃貸借の対抗要件は、[ウ]②**登記**である（同法605条）。もっとも、賃貸人には、賃借権の登記に協力する義務がなく、登記をするためには、手間も費用もかかるため、登記がされないことも多い。そこで、借地借家法では、土地賃貸借については土地上の建物の登記を、建物賃貸借については建物の[エ]⑦**引渡し**をそれぞれ対抗要件としている（借地借家法10条1項、31条）。

　そのほか、建物の賃借人の同意を得て建物に付加した畳、建具その他の造作がある場合には、建物の賃借人は、建物の賃貸借が期間の満了又は解約の申入れによって終了するときに、建物の賃貸人に対し、その造作を時価で買い取るべきことを請求することができる（同法33条1項）。これを**造作買取請求権**という。

　さらに、賃貸借契約終了の場面では、民法上、契約で定めた期間が満了すれば、原則として賃貸借契約は終了するが、借地借家法では更新が原則とされ、例えば、建物の賃貸借について期間の定めがある場合において、当事者が期間の満了の1年前から6ヶ月前までの間に相手方に対して更新をしない旨の通知又は条件を変更しなければ更新をしない旨の通知をしなかったときは、従前の契約と同一の条件で契約を更新したものとみなされる（同法26条1項）。更新しない旨の通知又は建物の賃貸借の解約の申入れは、建物の賃貸人及び賃借人が建物の使用を必要とする事情のほか、建物の賃貸借に関する従前の経過、建物の利用状況及び建物の現況並びに建物の賃貸人が建物の明渡しの条件として又は建物の明渡しと引換えに建物の賃借人に対して財産上の給付をする旨の申出をした場合におけるその申出を考慮して、[オ]⑬**正当事由**があると認められる場合でなければ、することができない（同法28条）。

66　第2章　企業取引の法務

第11問 不法行為

難易度 → ★★☆

次の文中の[ ]の部分に、後記の語群から最も適切な語句を選び、解答用紙の所定欄にその番号をマークしなさい。(第48回第7問7-1)

他人の行為によって損害を被った被害者が、加害者に対し不法行為に基づく損害賠償請求をするためには、民法上、加害者に[ア]があることが必要である。[ア]とは、加害行為による法律上の責任を弁識するに足りる能力のことである。[ア]を欠く者の行為には不法行為は成立しないが、被害者は、その者の親権者などの[イ]に対する損害賠償請求が認められる余地はある。

不法行為の被害者が、加害者から損害賠償を受けたことにより、かえって利益を得ることは好ましくない。そこで、加害者と被害者との間の損害賠償を公平に行うために、損害賠償の算定にあたっては、[ウ]や[エ]によって、損害賠償額の調整が行われることがある。

被害者が、加害者に対し不法行為に基づく損害賠償請求をするにあたり、被害者にも落ち度がありそれが損害発生の一因となった場合、損害の公平な分担の見地から、損害賠償の額から被害者の落ち度に応じた一定額が差し引かれることがある。これを[ウ]という。[ウ]をする前提として、被害者には[オ]が必要とされるが、[オ]は[ア]とは異なり、物事の善し悪しが判断できる程度の能力があれば足りるとされる。

また、例えば、被害者が不法行為によって損害を受ける一方で何らかの利益を受けた場合には、その利益の額を差し引いて損害賠償の額が決定されることがある。これを[エ]という。

[語群]
① 不当利得　② 弁済能力　③ 監督義務者
④ 過失相殺　⑤ 情状酌量　⑥ 受託者
⑦ 債務不履行　⑧ 損益相殺　⑨ 財産管理人
⑩ 代理能力　⑪ 責任能力　⑫ 代理権
⑬ 事務管理　⑭ 相殺契約　⑮ 事理弁識能力

第 11 問 解答 → ア ⑪ イ ③ ウ ④ エ ⑧ オ ⑮

解説

　故意又は過失によって他人の権利又は法律上保護される利益を侵害した者は、これによって生じた損害を賠償する責任を負う(民法709条)。不法行為に基づく損害賠償責任である。

　もっとも、不法行為に基づく損害賠償責任が認められるためには、[ア]⑪責任能力が必要であるから、未成年者が、他人に損害を加えた場合であっても、自己の行為の責任を弁識するに足りる知能を備えていなかったときは、その行為について賠償の責任を負わない(同法712条)。責任無能力者がその責任を負わない場合において、その責任無能力者を監督する法定の義務を負う者は、原則として、その責任無能力者が第三者に加えた損害を賠償する責任を負う(同法714条)。したがって、責任能力を欠く未成年者の不法行為の被害者は、親権者などの[イ]③監督義務者に対し損害賠償請求をし得る。

　不法行為に基づく損害賠償請求において、被害者に過失があったときは、裁判所は、これを考慮して、損害賠償の額を定めることができる(同法722条2項)。これを[ウ]④過失相殺という。過失相殺は、加害者と被害者との間での損害の公平な分担の見地から認められるものである。過失とは、行為者が一定の注意義務を負うにもかかわらず、注意を怠ることをいうから、過失相殺が認められる前提として、被害者に[オ]⑮事理弁識能力が必要とされる。

　[エ]⑧損益相殺とは、損害を被った不法行為の被害者が、損害を被った事実と同じ原因により利益を得た場合、損害賠償額から得た利益の額を差し引くことをいい、公平の見地から認められるものである。なお、傷害保険の保険金は、支払った保険料の対価であって、損益相殺の対象とはならないと一般に考えられている。

68　第2章　企業取引の法務

行為能力

第12問

難易度 ➡ ★★☆

2
企業取引の法務

　行為能力に関する次の①～④の記述のうち、その内容が最も適切でないものを１つだけ選び、解答用紙の所定欄にその番号をマークしなさい。(第48回第3問オ)

① 　成年後見人Aは、成年被後見人Bを代理して、Bが第三者Cから金銭を借り入れる旨の金銭消費貸借契約を締結した。この場合、Bは、当該金銭消費貸借契約を取り消すことができる。

② 　被保佐人Aは、保佐人Bの同意を得ずに自らが所有する土地を第三者Cに売却する旨の売買契約を締結した。この場合、Bは、当該売買契約を取り消すことができる。

③ 　未成年者Aは、法定代理人Bの同意を得て、第三者Cからパソコンを買い受ける旨の売買契約を締結した。この場合、Aは、当該売買契約を取り消すことができない。

④ 　未成年者Aは、自らを成年者であると信じさせるため、電器店の店主Bに詐術を用い、それを信じたBから大型液晶テレビを購入する旨の売買契約を締結した。この場合、Aの法定代理人Cは、当該売買契約を取り消すことができない。

解答欄

69

第12問　解答 → ①

解説

①　**最も適切でない。**成年被後見人の法律行為は、日用品の購入その他日常生活に関する行為を除き、取り消すことができる（民法9条）。もっとも、取消しを認めるのは、成年被後見人を保護するためであるから、**成年被後見人を代理して成年後見人が行った法律行為は取り消すことができない。**したがって、成年後見人Aが、成年被後見人Bを代理して、Bが第三者Cから金銭を借り入れる旨の金銭消費貸借契約を締結した場合、Bは、当該金銭消費貸借契約を取り消すことができないから、本肢は適切でない。

②　**適切である。**被保佐人が借財又は保証をすること、不動産その他重要な財産に関する権利の得喪を目的とする行為をすること、訴訟行為をすること、贈与、和解又は仲裁合意をすること等の所定の行為をするには、原則として、その保佐人の同意を得なければならない（民法13条1項）。**保佐人の同意を得なければならない行為であって、その同意又はこれに代わる家庭裁判所の許可を得ないでしたものは、取り消すことができる**（同条4項）。したがって、被保佐人Aが、保佐人Bの同意を得ずに自らが所有する土地を第三者Cに売却する旨の売買契約を締結した場合、Bは、当該売買契約を取り消すことができるから、本肢は適切である。

③　**適切である。**未成年者が法律行為をするには、原則として、その法定代理人の同意を得なければならない。**法定代理人の同意を得ないでした法律行為は、取り消すことができる**（民法5条1項、2項）。一方で、**法定代理人の同意を得れば、未成年者であっても、単独で有効な法律行為をすることができる。**したがって、未成年者Aが、法定代理人Bの同意を得て、第三者Cからパソコンを買い受ける旨の売買契約を締結した場合、Aは、当該売買契約を取り消すことができないから、本肢は適切である。

④　**適切である。**未成年者や被保佐人などの**制限行為能力者が、自らを行為能力者であることを信じさせるため詐術を用いたときは、その行為を取り消すことができない**（民法21条参照）。この場合、未成年者を保護するために法律行為の取消しを認める必要がないため、法定代理人も取り消すことができない。したがって、未成年者Aが、自らを成年者であると信じさせるため、電器店の店主Bに詐術を用い、それを信じたBから大型液晶テレビを購入する旨の売買契約を締結した場合、Aの法定代理人Cは、当該売買契約を取り消すことができないから、本肢は適切である。

代理

第13問 難易度 ★★★

2
企業取引の法務

　代理に関する次の①〜④の記述のうち、その内容が最も適切なものを1つだけ選び、解答用紙の所定欄にその番号をマークしなさい。(第48回第6問エ)

①　Aは、B社から、B社とC社との間の売買契約締結に関する代理権を授与されたが、C社との売買契約締結に際して、B社のためにすることを示さずに意思表示を行った。この場合、当該売買契約の効果は、B社に帰属することはない。

②　Aは、B社から与えられた代理権の範囲を越えて、C社との間で、B社の代理人として売買契約を締結した。この場合、C社が、当該売買契約の締結について、Aに代理権があると誤信し、かつそのように誤信することについて正当な理由があるときは、表見代理が成立する。

③　Aは、B社から代理権を与えられていないにもかかわらず、B社の代理人と称して、C社との間で売買契約を締結した。この場合、C社は、Aに代理権がないことを知っていたとしても、Aに対して当該売買契約の履行の請求または損害賠償の請求をすることができる。

④　Aは、B社から代理権を与えられていないにもかかわらず、B社の代理人と称して、C社との間で売買契約を締結した。この場合、C社は、Aに代理権がないことを知らなかったときに限り、B社に対して相当の期間を定めて当該売買契約を追認するかどうかを催告することができる。

解答欄

第13問 解答 → ②

解説

① **適切でない。** 代理について、民法上、代理人の代理行為の効果が本人に帰属するためには、顕名が必要である（民法99条1項参照）。代理人が本人のためにすることを示さないでした意思表示は、自己のためにしたものとみなされるが、相手方が、代理人が本人のためにすることを知り、又は知ることができたときは、本人に対して直接にその効力を生ずる（同法100条）。したがって、Aが、B社から、B社とC社との間の売買契約締結に関する代理権を授与されたが、C社との売買契約締結に際して、B社のためにすることを示さずに意思表示を行った場合、C社が、AがB社のためにすることを知り、又は知ることができたときは、当該売買契約の効果は、B社に帰属するから、本肢は適切でない。

② **最も適切である。** 代理人が与えられた代理権の範囲を超えて権限外の行為をした場合、当該代理行為は無効である。もっとも、行為の相手方が代理人に権限があると信じ、権限があると信じたことについて正当な理由があるときは、代理行為の効果は本人に帰属し有効となる（民法110条参照）。これを表見代理という。したがって、Aが、B社から与えられた代理権の範囲を越えて、C社との間で、B社の代理人として売買契約を締結した場合、C社が、当該売買契約の締結について、Aに代理権があると誤信し、かつそのように誤信することについて正当な理由があるときは、表見代理が成立するから、本肢は適切である。

③ **適切でない。** 無権代理人として、他人の代理人として契約をした者は、自己の代理権を証明することができず、かつ、本人の追認を得ることができなかったときは、相手方の選択に従い、相手方に対して履行又は損害賠償の責任を負う。もっとも、他人の代理人として契約をした者が代理権を有しないことを相手方が知っていたとき、若しくは過失によって知らなかったとき、又は他人の代理人として契約をした者が行為能力の制限を受けていたときは、無権代理人の責任は生じない（民法117条）。したがって、Aが、B社から代理権を与えられていないにもかかわらず、B社の代理人と称して、C社との間で売買契約を締結した場合、C社が、Aに代理権がないことを知っていたときは、Aに対して当該売買契約の履行の請求又は損害賠償の請求をすることができないから、本肢は適切でない。

④ **適切でない。** 代理権を有しない者が他人の代理人としてした契約は、本人がその追認をしなければ、本人に対してその効力を生じない（民法113条1項）。無権代理行為の相手方は、本人に対し、相当の期間を定めて、その期間内に追認をするかどうかを確答すべき旨の催告をすることができる（同法114条）。この場合、相手方が無権代理の事実を知っていたか否かは問わない。したがって、Aが、B社から代理権を与えられていないにもかかわらず、B社の代理人と称して、C社との間で売買契約を締結した場合、C社は、Aに代理権がないことを知らなかったときに限らず、知っていたとしても、B社に対して相当の期間を定めて当該売買契約を追認するかどうかを催告することができるから、本肢は適切でない。

条件・期限

第14問 難易度 → ★★☆

2
企業取引の法務

　期限、条件および期間に関する次のa〜dの記述のうち、その内容が適切なものの組み合わせを①〜④の中から１つだけ選び、解答用紙の所定欄にその番号をマークしなさい。（第48回第10問イ）

a．期限を定めることによって享受できる利益を期限の利益といい、民法上、期限の利益は、債務者ではなく債権者のために定めたものと推定される。

b．契約の効力の発生ないし履行を、「人の死亡」のように、発生することは確実であるが、いつ到来するかは確定していない事実にかからせる特約は、解除条件に該当する。

c．条件のうち、条件の成就により契約の効力を生じさせるものを停止条件という。例えば、一定期日までにA社が新技術の開発に成功することを条件に売買契約の効力が生じると定めた場合がこれに当たる。

d．「日、週、月または年」を基準として期間が定められた場合、民法の定める期間の計算方法によれば、原則として、初日は期間に算入されない。

①　a b　　②　a c　　③　b d　　④　c d

解答欄

第14問 解答 → ④

解説

a．**適切でない。**「代金は、契約締結日から1ヶ月後に支払う」という期限を定めた場合、買主は契約締結日から1ヶ月後までは代金を支払わなくてよい。このような債務者の有する利益を期限の利益という。民法上、期限は、債務者の利益のために定めたものと推定される（民法136条1項）。したがって、**期限を定めることによって享受できる利益を期限の利益といい、民法上、期限の利益は、債権者ではなく債務者のために定めたものと推定される**から、本肢は適切でない。

b．**適切でない。**将来発生することが確実な事実にかからせる場合が期限であるが、期限のうち、一定の期日など、いつ発生するか確実な場合を確定期限といい、**将来発生することは確実であるが、いつ発生するか分からない事実にかからせる場合を不確定期限という。**したがって、契約の効力の発生ないし履行を、「人の死亡」のように、発生することは確実であるが、いつ到来するかは確定していない事実にかからせる特約は、解除条件ではなく、不確定期限に該当するから、本肢は適切でない。

c．**適切である。条件には、条件成就によって意思表示の効力が生じる停止条件**（民法127条1項参照）**と、条件成就によって意思表示の効力が失われる解除条件**（同条2項）**とがある。**「一定期日までにA社が新技術の開発に成功すること」という場合、新技術の開発に成功するかどうかは将来発生することが不確実な事実であるから、売買契約に「一定期日までにA社が新技術の開発に成功すること」という条件が付されているといえる。また、「一定期日までにA社が新技術の開発に成功すること」により、売買契約の効力が生じるから、停止条件が付されていることになる。したがって、条件のうち、条件の成就により契約の効力を生じさせるものを停止条件といい、例えば、一定期日までにA社が新技術の開発に成功することを条件に売買契約の効力が生じると定めた場合がこれに当たるから、本肢は適切である。

d．**適切である。日、週、月又は年によって期間を定めたときは、期間の初日は、算入しない。**ただし、その期間が午前零時から始まるときは、この限りでない（民法140条）。これを**初日不算入の原則**という。したがって、「日、週、月又は年」を基準として期間が定められた場合、民法の定める期間の計算方法によれば、原則として、初日は期間に算入されないから、本肢は適切である。

第

15問

債務不履行

難易度 → ★★☆

2
企業取引の法務

債務不履行に関する次のa～dの記述のうち、その内容が適切なものを○、適切でないものを×としたときの組み合わせを①～④の中から1つだけ選び、解答用紙の所定欄にその番号をマークしなさい。（第48回第3問イ）

a．一般に、債務者が債務を履行できるのに、履行期限までに債務を履行しないことを履行遅滞という。

b．一般に、契約を締結した時点では履行が可能だった債務が、履行ができなくなったことを履行不能という。

c．一般に、債務は履行されたが、目的物に不具合があるなどの不完全な履行で、債務の本旨に従った履行といえない場合を不完全履行という。

d．債務不履行による損害賠償の対象となる損害は、債務不履行により通常生ずべき損害であり、特別の事情によって生じた損害については、当事者がその特別の事情を予見すべきであったとしても、損害賠償の対象とはならない。

① a－○　　b－○　　c－○　　d－○
② a－○　　b－○　　c－○　　d－×
③ a－×　　b－○　　c－×　　d－○
④ a－×　　b－×　　c－×　　d－○

解答欄

第15問 解答 → ②

解説

a．**適切である**(○)。債務者が債務を履行できるのに、債務者の帰責事由により、履行期限までに債務を履行しないことを**履行遅滞**という。

b．**適切である**(○)。契約を締結した時点では履行が可能だった債務が、その後、債務者の帰責事由によって履行が不可能になることを**履行不能**という。

c．**適切である**(○)。債務は一応履行されたが、債務者の帰責事由により、その履行が不完全であって債務の本旨に従った履行がなされていないことを**不完全履行**という。

d．**適切でない**(×)。債務の不履行に対する損害賠償の請求は、これによって通常生ずべき損害の賠償をさせることをその目的とする(民法416条1項)。**特別の事情によって生じた損害であっても、当事者がその事情を予見すべきであったときは、債権者は、その賠償を請求することができる**(同条2項)。これを**特別損害**という。

意思表示

第16問

難易度 → ★★☆

2 企業取引の法務

　売買契約における意思表示に関する次の①～④の記述のうち、その内容が最も適切でないものを1つだけ選び、解答用紙の所定欄にその番号をマークしなさい。（第44回第3問エ）

① 表意者は、相手方に対して、実際には目的物を売却する意思がないにもかかわらず、あえて目的物を相手方に売却する旨の意思表示をした。この場合、表意者には目的物を売却する意思がないことを相手方が知っていたときは、表意者の目的物を売却する旨の意思表示は無効である。

② 表意者は、相手方と通謀して、実際には目的物を売却する意思がないにもかかわらず、相手方に目的物を売却する旨の虚偽の意思表示をした。この場合、表意者の目的物を売却する旨の意思表示は有効である。

③ 表意者は、相手方の詐欺により相手方に目的物を売却する旨の意思表示をした。この場合、表意者は、その意思表示を取り消すことができる。

④ 表意者は、相手方の強迫により相手方に目的物を売却する旨の意思表示をした。この場合、表意者は、その意思表示を取り消すことができる。

解答欄

第16問 解答 → ②

解説

① **適切である。** 意思表示は、表意者がその真意ではないことを知ってしたときであっても、そのためにその効力を妨げられない。ただし、**相手方が表意者の真意を知り、又は知ることができたときは、その意思表示は、無効となる**（民法93条1項）。これを**心裡留保**といい、典型的には、冗談を言う場合である。したがって、表意者が、相手方に対して、実際には目的物を売却する意思がないにもかかわらず、あえて目的物を相手方に売却する旨の意思表示をした場合、表意者には目的物を売却する意思がないことを相手方が知っていたときは、表意者の目的物を売却する旨の意思表示は無効であるから、本肢は適切である。

② **最も適切でない。相手方と通じてした虚偽の意思表示は、無効となる**（民法94条1項）。これを**通謀虚偽表示**といい、意思表示に対応する真意が存在せず、無効となる。したがって、表意者が、相手方と通謀して、実際には目的物を売却する意思がないにもかかわらず、相手方に目的物を売却する旨の虚偽の意思表示をした場合、表意者の目的物を売却する旨の意思表示は無効であるから、本肢は適切でない。

③ **適切である。詐欺又は強迫による意思表示は、取り消すことができる**（民法96条1項）。詐欺又は強迫による意思表示は、表示された意思それ自体は存在しているとしても、だまされたり脅されたりした点で瑕疵があり、取り消すことができる。したがって、表意者が、相手方の詐欺により相手方に目的物を売却する旨の意思表示をした場合、表意者は、その意思表示を取り消すことができるから、本肢は適切である。

④ **適切である。詐欺又は強迫による意思表示は、取り消すことができる**（民法96条1項）。したがって、表意者が、相手方の強迫により相手方に目的物を売却する旨の意思表示をした場合、表意者は、その意思表示を取り消すことができるから、本肢は適切である。

第17問 売買契約

難易度 → ★★☆

運送業者であるA社は、自動車ディーラーB社との間で、B社から新車のトラック1台を購入する旨の売買契約を締結した。当該売買契約では、約定の期日にA社のX営業所においてトラックの引渡しと引換えに代金が支払われる約定となっている。この場合に関する次の①～④の記述のうち、民法の規定に照らし、その内容が最も適切なものを1つだけ選び、解答用紙の所定欄にその番号をマークしなさい。(第45回第6問ウ)

① 売買契約の解除に関する事項は、A社とB社が契約を締結する際に定めておかなければならず、契約締結後に両者の間で売買契約を解除する旨の合意をしたとしても、当該合意は無効である。

② A社とB社との間の売買契約において、「B社は、B社の帰責事由により、約定の期日にトラックをA社に引き渡せなかったときは、トラックの売買代価の5%を違約金としてA社に支払う」旨の特約がなされていたとしても、当該特約は公序良俗に反するため無効である。

③ B社は、約定の期日にトラックをA社に引き渡すことなく、A社に対しトラックの代金の支払いを請求した。この場合、A社は、B社がトラックの引渡しについて弁済の提供をするまでは、同時履行の抗弁権を主張して代金の支払いを拒むことができる。

④ B社の従業員甲がトラックをA社に引き渡すため、トラックを運転してX営業所に向かっていたところ、甲の不注意で交通事故が発生して、トラックが破損し、B社は、約定の期日にA社にトラックを引き渡すことができなかった。この場合、A社に対して債務不履行責任を負うのは、B社ではなく、甲である。

解答欄

第17問 解答 → ③

解説

① **適切でない。** 民法上規定されている解除事由又は契約で定められている解除事由に該当しない場合であっても、契約当事者の合意により、契約を解除することは可能である。したがって、売買契約の解除に関する事項について、A社とB社が契約を締結する際に定めておかなかったとしても、契約締結後に両者の間で売買契約を解除する旨の合意をしたときは、当該合意は有効であるから、本肢は適切でない。

② **適切でない。** 当事者は、債務の不履行について損害賠償の額を予定することができる（民法420条1項）から、契約当事者は、原則として、協議により違約金の額を定めることができる。もっとも、公の秩序又は善良の風俗に反する法律行為は、無効であり（同法90条）、違約金の金額が公序良俗に反する金額とされたときは、当該違約金の合意は無効となる。どの程度の金額が公序良俗に反するといえるかは、具体的事由によるものの、売買代価の5％が公序良俗に反する金額とはいえない。したがって、A社とB社との間の売買契約において、「B社は、B社の帰責事由により、約定の期日にトラックをA社に引き渡せなかったときは、トラックの売買代価の5％を違約金としてA社に支払う」旨の特約がなされていたときは、当該特約は公序良俗に反するとはいえず有効であるから、本肢は適切でない。

③ **最も適切である。** 双務契約の当事者の一方は、相手方がその債務の履行を提供するまでは、原則として、自己の債務の履行を拒むことができる（民法533条）。これを同時履行の抗弁権といい、公平の見地から認められる。したがって、B社が、約定の期日にトラックをA社に引き渡すことなく、A社に対しトラックの代金の支払を請求した場合、A社は、B社がトラックの引渡しについて弁済の提供をするまでは、同時履行の抗弁権を主張して代金の支払を拒むことができるから、本肢は適切である。

④ **適切でない。** 債務不履行責任は、契約当事者である債務者に生じる責任である。A社とB社との間の契約では、契約当事者はA社又はB社であり、甲は契約当事者ではない。

　また、債務者がその債務の本旨に従った履行をしないとき又は債務の履行が不能であるときは、債務者の責めに帰することができない事由によるものであるときを除き、債権者は、これによって生じた損害の賠償を請求することができる（民法415条1項）。債務者の帰責事由とは、一般に債務者の故意・過失又は信義則上これと同視すべき事由をいう。債務者の従業員のように、債務者の手足となって債務の履行に当たる者を履行補助者といい、履行補助者の故意又は過失は、債務者の故意又は過失と同一視される。したがって、B社の従業員甲がトラックをA社に引き渡すため、トラックを運転してX営業所に向かっていたところ、甲の不注意で交通事故が発生して、トラックが破損し、B社は、約定の期日にA社にトラックを引き渡すことができなかった場合、A社に対して債務不履行責任を負うのは、甲ではなく、B社であるから、本肢は適切でない。

80　第2章　企業取引の法務

第18問 請負契約

難易度 → ★★☆

2
企業取引の法務

　洋品店を営むA社は、Bからオーダーメイドのスーツ1着を仕立てる旨の注文を受け、Bとの間で請負契約を締結しようとしている。この場合に関する次の①〜④の記述のうち、民法の規定に照らし、その内容が最も適切なものを1つだけ選び、解答用紙の所定欄にその番号をマークしなさい。（第45回第3問イ）

① 　A社とBとの間の請負契約は、A社とBとの間における意思表示の合致だけでは成立せず、その内容を契約書等の書面にすることにより有効に成立する。

② 　A社とBとの間で本件請負契約が締結された場合、A社とBとの間で特段の約定をしない限り、A社がBから請負代金の支払いを受けることができるのは、完成したスーツをBに引き渡した時である。

③ 　A社とBとの間で本件請負契約が締結された場合、A社は、Bの承諾を受けなければ、スーツの縫製作業の一部を下請業者であるC社に請け負わせることができない。

④ 　A社とBとの間で本件請負契約が締結された場合、Bは、A社がスーツを完成させる前は、本件請負契約を解除することができない。

解答欄

第18問 解答 → ②

解説

① 適切でない。民法上、請負は、当事者の一方がある仕事を完成することを約し、相手方がその仕事の結果に対してその報酬を支払うことを約することによって、その効力を生ずる（民法632条）。したがって、A社とBとの間の請負契約は、A社とBとの間における意思表示の合致だけで成立し、法律上、必ずしも契約書等の書面にする必要はないから、本肢は適切でない。

② 最も適切である。報酬は、原則として、仕事の目的物の引渡しと同時に、支払わなければならない（民法633条）。したがって、A社とBとの間で本件請負契約が締結された場合、A社とBとの間で特段の約定をしない限り、A社がBから請負代金の支払を受けることができるのは、完成したスーツをBに引き渡した時であるから、本肢は適切である。

③ 適切でない。請負契約においては、誰が仕事をするかということよりも、仕事を完成させることが目的であるから、請負人が、さらに第三者に仕事を請け負わせること（いわゆる下請け）は、一般的には禁止されていない。したがって、A社とBとの間で本件請負契約が締結された場合、A社は、Bの承諾なく、スーツの縫製作業の一部を下請業者であるC社に請け負わせることができるから、本肢は適切でない。

④ 適切でない。請負人が仕事を完成しない間は、注文者は、いつでも損害を賠償して契約の解除をすることができる（民法641条）。注文者が望まない仕事を完成させる意味はないためである。したがって、A社とBとの間で本件請負契約が締結された場合、Bは、A社がスーツを完成させる前は、A社に生じる損害を賠償して、本件請負契約を解除することができるから、本肢は適切でない。

82　第2章　企業取引の法務

請負・寄託・委任

第19問 難易度 → ★★☆

2
企業取引の法務

契約に関する次のa〜dの記述のうち、民法または商法の規定に照らし、その内容が適切なものの組み合わせを①〜④の中から1つだけ選び、解答用紙の所定欄にその番号をマークしなさい。（第48回第6問ア）

a．A社は、B社との間で、A社を貸主、B社を借主とする金銭消費貸借契約を締結し、B社に貸付金を交付した。その後、B社は、不可抗力により、A社に対して、約定の期日に返済をすることができなかった。この場合、B社は、A社から履行遅滞を理由とする損害賠償の請求を受けたときは、不可抗力をもって抗弁とすることができない。

b．A社は、自社の営業所として使用する建物を建築するため、建設会社であるB社との間で請負契約を締結した。この場合、A社およびB社は、ともにいつでも請負契約を解除することができる。

c．倉庫業者であるA社は、B社との間で、B社の商品をA社の倉庫に保管する旨の寄託契約を締結しその商品の引渡しを受けた。この場合、A社は、善良な管理者の注意をもってB社から預かった商品を保管する義務を負う。

d．Aは、B社との間で、Aの指定する価格でCから絵画甲を購入することをB社に依頼する旨の委任契約を締結した。この場合、B社は、Aとの間に報酬の支払いを受ける旨の特約があるときは、Cから甲を購入するにあたり善良な管理者の注意義務を負うが、その旨の特約がないときは、Cから甲を購入するにあたり自己の財産に対するのと同一の注意義務を負う。

① a c ② a d ③ b c ④ b d

解答欄

83

第19問 解答 → ①

解説

a．適切である。 金銭の給付を目的とする債務の不履行に基づく損害賠償について、債務者は、不可抗力をもって抗弁とすることができない（民法419条3項）。したがって、A社が、B社との間で、A社を貸主、B社を借主とする金銭消費貸借契約を締結し、B社に貸付金を交付した後、B社が、不可抗力により、A社に対して、約定の期日に返済をすることができなかった場合、B社は、A社から履行遅滞を理由とする損害賠償の請求を受けたときは、不可抗力をもって抗弁とすることができないから、本肢は適切である。

b．適切でない。 請負人が仕事を完成しない間は、注文者は、いつでも損害を賠償して契約の解除をすることができる（民法641条）。注文者が不要と考える仕事を継続させることは無意味だからである。もっとも、解除できるのは、請負人が仕事を完成しない間であって、解除できる当事者は、注文者であって、請負人ではない。したがって、A社が、自社の営業所として使用する建物を建築するため、建設会社であるB社との間で請負契約を締結した場合、A社は、B社が建物の建築を完成するまでは、請負契約を解除することができるが、B社から解除することはできないから、本肢は適切でない。

c．適切である。 会社がその事業としてする行為及びその事業のためにする行為は、商行為となる（会社法5条）。そして、自己の名をもって商行為をすることを業とする者は商人に当たる（商法4条1項）。商人がその営業の範囲内において寄託を受けた場合には、報酬を受けないときであっても、善良な管理者の注意をもって、寄託物を保管しなければならない（同法595条）。なお、民法上は、無報酬で寄託を受けた場合、自己の財産に対するのと同一の注意をもって、寄託物を保管すれば足りる（民法659条）。したがって、倉庫業者であるA社が、B社との間で、B社の商品をA社の倉庫に保管する旨の寄託契約を締結しその商品の引渡しを受けた場合、A社は、善良な管理者の注意をもってB社から預かった商品を保管する義務を負うから、本肢は適切である。

d．適切でない。 受任者は、委任の本旨に従い、善良な管理者の注意をもって、委任事務を処理する義務を負う（民法644条）。寄託の場合と異なり、報酬の有無によって、注意義務の程度に差はない。したがって、Aが、B社との間で、Aの指定する価格でCから絵画甲を購入することをB社に依頼する旨の委任契約を締結した場合、B社は、Aとの間に報酬の支払を受ける旨の特約の有無にかかわらず、Cから甲を購入するに当たり善良な管理者の注意義務を負うから、本肢は適切でない。

84　第2章　企業取引の法務

第20問 請負・寄託・消費貸借・委任

難易度 → ★★☆

A社とB社との間の契約に関する次のa〜dの記述のうち、その内容が適切なものを○、適切でないものを×とした場合の組み合わせを①〜④の中から1つだけ選び、解答用紙の所定欄にその番号をマークしなさい。（第40回第6問エ）

a．A社は、印刷会社であるB社との間で、自社の案内用のパンフレットの印刷をB社に依頼する旨の請負契約を締結した。当該契約に基づきB社が完成させA社に引き渡したパンフレットには、瑕疵が存在した。この場合、A社は、民法上、当該瑕疵の発生につきB社に帰責事由がなければ、B社に対して損害賠償を請求することができない。

b．A社は、B社との間で、自社の倉庫にB社の商品を保管してB社から保管料を受領する旨の寄託契約を締結し、B社からその商品の引渡しを受けた。この場合、A社は、民法上、善良な管理者の注意をもってB社から預かった商品を保管しなければならない。

c．A社は、B社との間で、B社に1000万円を貸し付ける旨の消費貸借契約を締結し、1000万円を貸し付けた。この場合、A社は、商法上、B社との間で利息に関する約定をしていなければ、B社に利息を請求することができない。

d．A社は、B社との間で、B社の保有するデータの管理に関する事務を受託する旨の準委任契約を締結した。この場合、A社は、民法上、善良な管理者の注意をもってB社から委託を受けた事務を処理しなければならない。

① a－○　　b－○　　c－×　　d－○
② a－○　　b－×　　c－×　　d－○
③ a－×　　b－○　　c－○　　d－×
④ a－×　　b－○　　c－×　　d－○

＊法改正により、選択肢を変更しています。

第20問 解答 → ①

解説

a．**適切である。** 債務者がその債務の本旨に従った履行をしないとき又は債務の履行が不能であるときは、債権者は、これによって生じた損害の賠償を請求することができる。ただし、その債務の不履行が契約その他の債務の発生原因及び取引上の社会通念に照らして債務者の責めに帰することができない事由によるものであるときは、この限りでない（民法415条1項）。従前は、瑕疵担保責任に基づく損害賠償請求について、請負人の帰責事由は不要とされていたが、民法改正により、契約不適合責任に基づく損害賠償請求については、債務不履行に基づく損害賠償請求として整理され、請負人の帰責事由が必要となった。したがって、A社との請負契約に基づきB社が完成させA社に引き渡したパンフレットに瑕疵が存在した場合、A社は、民法上、当該瑕疵の発生につきB社に帰責事由がなければ、B社に対して損害賠償を請求することができないから、本肢は適切である。
※民法改正により、正解なし、となった。

b．**適切である。** 民法上、債権の目的が特定物の引渡しであるときは、債務者は、その引渡しをするまで、契約その他の債権の発生原因及び取引上の社会通念に照らして定まる善良な管理者の注意をもって、その物を保存しなければならないから（民法400条）、有償の寄託契約において、受寄者は、善良な管理者の注意をもって預かった物を保管しなければならない。一方、無報酬で寄託を受けた者は、自己の財産に対するのと同一の注意をもって、寄託物を保管する義務を負う（同法659条）。したがって、A社が、B社との間で、自社の倉庫にB社の商品を保管してB社から保管料を受領する旨の寄託契約を締結し、B社からその商品の引渡しを受けた場合、A社は、民法上、善良な管理者の注意をもってB社から預かった商品を保管しなければならないから、本肢は適切である。

c．**適切でない。** 商人間において金銭の消費貸借をしたときは、貸主は、法定利息を請求することができる（商法513条1項）。民法上の消費貸借は、無利息が原則であり、利息を請求するためには、利息の約定が必要であるが、商法は、その特則を定めている。したがって、A社が、B社との間で、B社に1000万円を貸し付ける旨の消費貸借契約を締結し、1000万円を貸し付けた場合、A社は、商法上、B社との間で利息に関する約定をしていなくとも、B社に利息を請求することができるから、本肢は適切でない。

d．**適切である。** 準委任契約とは、法律行為でない事務を委託する契約をいい（民法656条参照）、委任契約の規定が準用される。委任契約において、受任者は、委任の本旨に従い、善良な管理者の注意をもって、委任事務を処理する義務を負う（同法644条）。したがって、A社が、B社との間で、B社の保有するデータの管理に関する事務を受託する旨の準委任契約を締結した場合、A社は、民法上、善良な管理者の注意をもってB社から委託を受けた事務を処理しなければならないから、本肢は適切である。

第21問 消費貸借

難易度 → ★★☆

消費貸借契約に関する次のa〜dの記述のうち、その内容が適切なものの組み合わせを①〜④の中から1つだけ選び、解答用紙の所定欄にその番号をマークしなさい。(第42回第6問エ)

a．消費貸借契約は、民法上、当事者の合意のほかに物の引渡しがなければ成立しない要物契約とされる。

b．金銭の消費貸借契約においては、借り受けた金銭の返済期限を定めなければならず、返済期限の定めがない金銭消費貸借契約は無効である。

c．消費貸借契約においては、借主は、貸主から受け取った物と種類、品質および数量の同じ物を貸主に返還する義務を負う。

d．金銭の消費貸借契約においては、貸主と借主との間でいかなる利率の約定をしたとしても、法律上、利息付金銭消費貸借の利率の上限は規制されていないため、貸主は、借主に対して、当事者間で約定した利率により計算した利息を請求することができる。

① a b ② a c ③ b d ④ c d

解答欄

第21問 解答 → ②

解説

a．**適切である。消費貸借は、当事者の一方が種類、品質及び数量の同じ物をもって返還をすることを約して相手方から金銭その他の物を受け取ることによって、その効力を生ずる**（民法587条）。したがって、消費貸借契約は、民法上、当事者の合意のほかに物の引渡しがなければ成立しない要物契約とされるから、本肢は適切である。

b．**適切でない。**民法上、消費貸借契約において、必ず返還期限を定めなければならないわけではない。**当事者が返還の時期を定めなかったときは、貸主は、相当の期間を定めて返還の催告をすることができる**（民法591条1項）。したがって、金銭の消費貸借契約においては、必ずしも借り受けた金銭の返済期限を定めなければならないわけではなく、返済期限の定めがない金銭消費貸借契約も有効であるから、本肢は適切でない。

c．**適切である。消費貸借契約においては、借主は、貸主から受け取った物と種類、品質及び数量の同じ物を貸主に返還する義務を負う**（民法587条参照）。借りた物そのものではなく、借りた物と種類、品質及び数量の同じ物を返還する点に、消費貸借契約の特徴がある。したがって、本肢は適切である。

d．**適切でない。金銭を目的とする消費貸借における利息の契約は、所定の利率**（例えば、元本の額が10万円未満の場合は年20％）**により計算した金額を超えるときは、その超過部分について、無効となる**（利息制限法1条各号）。したがって、金銭の消費貸借契約において、法律上、利息付金銭消費貸借の利率の上限は一定限度に規制されており、貸主は、借主に対して、当該上限を超えた利息を請求することができないから、本肢は適切でない。

第22問 不法行為

難易度 → ★★☆

2 企業取引の法務

不法行為に関する次の①～④の記述のうち、その内容が最も適切でないものを１つだけ選び、解答用紙の所定欄にその番号をマークしなさい。（第41回第3問オ）

① Aは、Bに暴行を加えて負傷させた。この場合、Bは、Aに対し、Bが現実に支出した治療費などの財産的損害のほか、精神的苦痛などの非財産的損害についても、賠償を請求することができる。

② 3歳児のAが親権者Bと公園で遊んでいたところ、Aの投げた石がCに当たり、Cは負傷した。この場合、Aは、責任能力がないためCに対して不法行為に基づく損害賠償責任を負わないが、Bは、原則として、民法の監督義務者等の責任の規定に基づき、Cに対する損害賠償責任を負う。

③ Aは、Bに襲われた際に、自分の身を守るためにやむを得ず反撃し、Bを負傷させた。この場合、Aの行為に民法上の正当防衛が成立するときは、AはBに対して不法行為に基づく損害賠償責任を負わない。

④ Aが経営する飲食店において、Aは、自己の過失により、来店していたBに熱湯をかけ火傷を負わせた。Bは、火傷を負ったことにより、任意に加入していた傷害保険の保険金を受け取った。この場合、当該保険金は、BからAに対する不法行為に基づく損害賠償請求において、損益相殺の対象となる。

解答欄

89

第22問 解答 → ④

解説

① **適切である。** 故意又は過失によって他人の権利又は法律上保護される利益を侵害した者は、これによって生じた損害を賠償する責任を負う（民法709条）。**他人の身体、自由若しくは名誉を侵害した場合又は他人の財産権を侵害した場合のいずれであるかを問わず、不法行為の規定により損害賠償の責任を負う者は、財産以外の損害に対しても、その賠償をしなければならない**（同法710条）。したがって、Aが、Bに暴行を加えて負傷させた場合、Bは、Aに対し、Bが現実に支出した治療費などの財産的損害のほか、精神的苦痛などの非財産的損害についても、賠償を請求することができるから、本肢は適切である。

② **適切である。** 未成年者は、他人に損害を加えた場合において、自己の行為の責任を弁識するに足りる知能を備えていなかったときは、その行為について賠償の責任を負わない（民法712条）。不法行為責任が発生する要件の一つとして責任能力があり、**責任無能力者がその責任を負わない場合において、その責任無能力者を監督する法定の義務を負う者は、原則として、その責任無能力者が第三者に加えた損害を賠償する責任を負う**（同法714条）。したがって、3歳児のAが親権者Bと公園で遊んでいたところ、Aの投げた石がCに当たり、Cが負傷した場合、Aは、責任能力がないためCに対して不法行為に基づく損害賠償責任を負わないが、Bは、原則として、民法の監督義務者等の責任の規定に基づき、Cに対する損害賠償責任を負うから、本肢は適切である。

③ **適切である。** 他人の不法行為に対し、**自己又は第三者の権利又は法律上保護される利益を防衛するため、やむを得ず加害行為をした者は、損害賠償の責任を負わない**（民法720条1項）。これを**正当防衛**という。したがって、Aが、Bに襲われた際に、自分の身を守るためにやむを得ず反撃し、Bを負傷させた場合、Aの行為に民法上の正当防衛が成立するときは、AはBに対して不法行為に基づく損害賠償責任を負わないから、本肢は適切である。

④ **最も適切でない。** 損益相殺とは、損害を被った不法行為の被害者が、損害を被った事実と同じ原因により利益を得た場合、損害賠償額から得た利益の額を差し引くことをいい、公平の見地から認められるものである。もっとも、**傷害保険の保険金は、支払った保険料の対価であって、損益相殺の対象とはならないと一般に考えられている**。したがって、Aが、自己の過失により、来店していたBに熱湯をかけ火傷を負わせた事故について、Bが、火傷を負ったことにより、任意に加入していた傷害保険の保険金を受け取った場合であっても、当該保険金は、BからAに対する不法行為に基づく損害賠償請求において、損益相殺の対象とならないから、本肢は適切でない。

不法行為

第**23**問

難易度 → ★★☆

運送会社であるA社のトラック運転手Bが、運送業務中の不注意で、トラックを歩道に乗り上げてきたため、歩道を通行中のCは、やむを得ずDが所有する自宅建物に逃げ込んだ。このとき、Cは、Bの運転するトラックに接触して負傷したほか、D宅に逃げ込む際に、D宅の垣根を損壊させた。この場合に関する次の①～④の記述のうち、その内容が最も<u>適切でない</u>ものを1つだけ選び、解答用紙の所定欄にその番号をマークしなさい。(第43回第6問オ)

① Cは、D宅の垣根を損壊させた行為が民法上の正当防衛に当たる場合、Dに対して不法行為に基づく損害賠償責任を負わない。

② Cが本件負傷につきA社に対して使用者責任を追及するには、Bに民法上の一般の不法行為が成立することが必要である。

③ Cに対する使用者責任がA社に成立する場合であっても、CがA社に対し使用者責任に基づく損害賠償を請求することができるのは、Cが現実に支出した治療費に限られる。したがって、Cが本件負傷のため休業せざるを得なくなったことにより得られるはずであった収入のうち、仕事を休んだために得られなかった額については、Cは、A社に対し使用者責任に基づく損害賠償を請求することはできない。

④ A社は、原則として、Cに対し、自動車損害賠償保障法上の運行供用者責任に基づく損害賠償責任を負う。

解答欄

第23問　解答 → ③

解説

① 適切である。他人の不法行為に対し、自己又は第三者の権利又は法律上保護される利益を防衛するため、やむを得ず加害行為をした者は、損害賠償の責任を負わない（民法720条1項）。これを正当防衛という。したがって、Cが、D宅の垣根を損壊させた行為が民法上の正当防衛に当たる場合、Dに対して不法行為に基づく損害賠償責任を負わないから、本肢は適切である。

② 適切である。ある事業のために他人を使用する者は、原則として、被用者がその事業の執行について第三者に加えた損害を賠償する責任を負う（民法715条1項）。これを使用者責任という。使用者責任は、被用者の行為により発生した不法行為責任について、被用者のみならず使用者にも追及することができるという制度であって、被用者に不法行為責任が成立することが前提である。したがって、Cが本件負傷につきA社に対して使用者責任を追及するには、Bに民法上の一般の不法行為が成立することが必要であるから、本肢は適切である。

③ 最も適切でない。使用者責任を含む不法行為において、賠償の対象となる損害には、不法行為によって支出せざるを得なくなった積極的損害のほか、不法行為がなかったならば得られたであろう消極的損害も含まれる。したがって、Cに対する使用者責任がA社に成立する場合、Cが現実に支出した治療費のみならず、Cが本件負傷のため休業せざるを得なくなったことにより得られるはずであった収入のうち、仕事を休んだために得られなかった額についても、Cは、A社に対し使用者責任に基づく損害賠償を請求することができるから、本肢は適切でない。

④ 適切である。自動車損害賠償保障法上の運行供用者責任とは、自己のために自動車を運行の用に供する者が、その運行によって他人の生命又は身体を害したとき、これによって生じた損害を賠償する責任である（自動車損害賠償保障法3条本文）。運行供用者責任は、故意を要件としておらず、加害者が、自己及び運転者が自動車の運行に関し注意を怠らなかったこと、被害者又は運転者以外の第三者に故意又は過失があったこと並びに自動車に構造上の欠陥又は機能の障害がなかったことを証明したときに免責されるにすぎない（同条ただし書）。したがって、運送会社は、トラックの運行について運行供用者に当たるため、A社は、原則として、Cに対し、自動車損害賠償保障法上の運行供用者責任に基づく損害賠償責任を負うから、本肢は適切である。

92　第2章　企業取引の法務

重要ポイントの整理

ここでは、試験で間違えやすい基本的な項目をまとめています。

2
企業取引の法務

●制限行為能力者

- **未成年者** ····· 例外として、営業の許可を受けた場合
- **成年被後見人** •**被保佐人** •**（補助人の同意を要する旨の審判を受けた）被補助人**

制限行為能力者の法律行為は取り消すことができるが、取消しができない行為もある。

- 日用品の購入など日常生活に関する行為
- 15歳以上の者による遺言
- 制限行為能力者が詐術を用いて、行為能力者であると信じさせてした行為
- 法定代理人や成年後見人による行為はもちろん取消不可

●代理

任意代理	委任契約などによって代理権が発生する代理
法定代理	親権者による代理など、法律上当然に代理権が発生する代理
無権代理	代理権を有しない者による代理。本人の追認により、代理行為は有効となる
表見代理	代理権は存在しないものの代理人に代理権があるかのような外観が存在し、相手方に代理権があると信じた正当な理由があれば、代理行為は有効となる

●民法上の代理の成立要件

- 代理権があること
- **顕名**をすること
- 代理権の範囲内での代理行為であること

●売買契約

- 申込みの意思表示（「売ります」）と承諾の意思表示（「買います」）の合致により成立する。
- 商取引の場合は、契約申込みに対する諾否の通知を遅滞なく発する必要があり（**諾否通知義務**）、これを怠ったときは契約の申込みを承諾したものとみなされる。
- 期限や条件の設定が可能。債務者は期限までは弁済の必要がない（**期限の利益**）。

確定期限	日時の到来のように、将来の発生が確実な期限。例：○月○日までに～
不確定期限	到来することは確実だが、いつ到来するかは分からない期限。例：自分が死んだら～

93

停止条件	条件成就によって意思表示の効力が生じる条件。例：合格したら〜してあげる
解除条件	条件成就によって意思表示の効力が失われる条件。例：契約は有効だが、来年の試験に不合格だったら、この契約は失効する

●請負契約

- 請負契約は、民法上、両者の合意のみで成立する。建設工事の請負契約は、建設業法上、書面の交付、又は、契約の相手方の承諾を得た上で電子情報処理組織を使用する方法等の措置を講ずることを必要とする。
- 請負契約の場合、請負人が仕事を完成しない間は、注文者はいつでも損害を賠償して契約を解除できる。

●契約の意思表示が無効又は取消可能となる場合

心裡留保	意思表示に対応する真意が存在しないことを知りながら意思表示した場合（冗談を言った場合など）でも有効だが、意思表示をした者の真意を相手方が知っていた、又は知ることができたときは、その意思表示は無効
虚偽表示	相手方と通じてした虚偽の意思表示は無効。ただし、善意の第三者には対抗できない
錯誤	法律行為の要素に錯誤があった場合、意思表示は取消可能。ただし、表意者に重大な過失があるときは、原則として、錯誤を主張できない
詐欺	だまされてした意思表示は取消可能。ただし、善意無過失の第三者には対抗できない
強迫	脅されてした意思表示は取消可能。第三者にも対抗できる

●同時履行の抗弁権

双務契約の場合、相手方が債務の履行（債務の履行に代わる損害賠償の債務の履行を含む。）を提供するまでは、自己の債務の履行を拒否できる（民法533条）。

●債務の不履行

履行遅滞	履行がいまだなされておらず、債務者が履行しようと思えば履行が可能な場合。契約を解除するには、まず履行の催告が必要
履行不能	債務者が履行しようと思ってもできない場合。契約解除に催告は不要

● 賃貸借契約

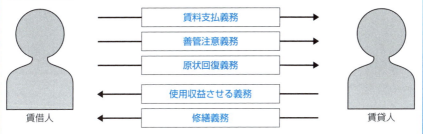

賃借権の第三者対抗要件（借地借家法10条1項、31条）
- 土地の場合 ..... 土地上の建物の登記
- 建物の場合 ..... 引渡し（＝居住していればよい）

● 民法上の善管注意義務
- 寄託契約の場合、有償の受寄者に限り、善管注意義務を負う。
- 委任契約の場合、受任者は、報酬の有無にかかわらず善管注意義務を負う。

● 手付

解約手付	買主は手付を放棄、売主は手付の倍額を償還することで契約を解除できる
違約手付	債務不履行があった場合に、違約罰として没収することを定めて交付された手付

債権の管理と回収

学習のポイント

　この章では、債権の管理・債権の担保・債権の実現（債権回収）について学習します。

　この分野からは、時効や相殺などの債権の消滅原因、保証、抵当権などについて、今後も出題が予想されます。各担保物権の性質についても、十分に理解してください。また、手形、小切手については、経理担当者以外の方も知っておくべき内容について学習します。

　債権回収については、日常の業務においても、取引先の状況に応じた対応が求められることがありますので、留意してください。

 本章のキーワード

- 担保物権
- 優先弁済的効力
- 質権
- 抵当権
- 物上代位性
- 債権者平等の原則
- 自力救済の禁止
- 債務名義
- 連帯保証
- 催告の抗弁権
- 検索の抗弁権
- 代物弁済
- 相殺
- 免除
- 取得時効
- 消滅時効
- 約束手形
- 不渡り
- 設権証券性
- 無因証券性
- 文言証券性
- 要式証券性
- 一覧払い
- 先日付小切手

第1問 債権の実現・担保・消滅

難易度 → ★★☆

次の事項のうち、その内容が正しいものには①を、誤っているものには②を、解答用紙の所定欄にその番号をマークしなさい。

ア．X社は、Y社に対し貸金債権を有しているが、弁済期日が到来しても、Y社から弁済を受けていない。債権者がいわゆる自力救済によって自らの債権を回収することは禁止されているため、X社は、法律で定められた強制執行手続により、国家機関の力で債権の満足を得るのが原則である。（第48回第1問イ）

イ．A社およびB社が、C社に対し、100万円の連帯債務を負っている場合、A社は、C社に対し、債務の全額を履行する責任を負う。（第43回第8問オ）

ウ．Aは、父親Bから30万円を借り入れた。その後、Bが死亡し、Aがその唯一の相続人としてBを相続した。この場合であっても、AのBに対する借入金債務は消滅しない。（第44回第4問ケ）

エ．持参債務の場合、債務者は、債務の本旨に従い、約定の期日に目的物を所定の引渡場所に持参して債権者に提供すれば、債権者が目的物を現実に受領しなくても、債務不履行の責任を免れる。（第46回第1問ウ）

オ．A社、B社およびC社は、いずれも、D社に対し金銭債権を有しているが、担保権は有していない。この場合において、D社の有する財産では、A社、B社およびC社の有する債権全額の弁済をすることができないときは、債権の種類、内容、履行期には関係なく、債権の発生の先後により債権者間の優劣が決せられるため、A社、B社およびC社のうち、債権の発生時期の最も早い者が、他の債権者に優先してD社の財産から弁済を受けることができる。（第45回第8問コ）

第1問 解答 → ア ① イ ① ウ ② エ ① オ ②

解説

ア．**正しい。自力救済**とは、権利侵害を受けた者が、裁判所等の国家機関の助力を得ることなく、自らの実力で権利の実現を図る行為をいう。我が国のような**法治国家では、自力救済は禁止されており、権利を実現するためには、裁判所における法的手続による必要がある。**したがって、X社が、Y社に対し貸金債権を有しているが、弁済期日が到来しても、Y社から弁済を受けていない場合、債権者がいわゆる自力救済によって自らの債権を回収することは禁止されているため、X社は、法律で定められた強制執行手続により、国家機関の力で債権の満足を得るのが原則であるから、本項は正しい。

イ．**正しい。連帯債務とは、複数の債務者全員が、債務の全額について履行義務のある同一内容の債務を負い、そのうちの1名が履行すれば、他の債務者の債務も消滅するという関係にある債務をいう。**したがって、A社及びB社が、C社に対し、100万円の連帯債務を負っている場合、A社は、C社に対し、債務の全額を履行する責任を負うから、本項は正しい。

ウ．**誤っている。債権及び債務が同一人に帰属したときは、その債権は、原則として、消滅する。**ただし、その債権が第三者の権利の目的であるときは、この限りでない（民法520条）。これを**混同**という。債務者が債権者を相続すると、債権と債務が同一人に帰属することとなる。したがって、Aが、父親Bから30万円を借り入れた後、Bが死亡し、Aがその唯一の相続人としてBを相続した場合、Aは、Bに対する関係で債務者でありながら、Bの債権を相続することとなり、混同が生じ、AのBに対する借入金債務は消滅するから、本項は誤っている。

エ．**正しい。**弁済の提供は、債務の本旨に従って現実にしなければならない（民法493条）。**債権者が受領しようと思えば受領できるようにすることが、現実の提供と評価される。**そして、**債務者は、弁済の提供の時から、債務の不履行によって生ずべき責任を免れる**（同法492条）。したがって、持参債務の場合、債務者は、債務の本旨に従い、約定の期日に目的物を所定の引渡場所に持参して債権者に提供すれば、債権者が目的物を現実に受領しなくても、債務不履行の責任を免れるから、本項は正しい。

オ．**誤っている。**担保権を有しない債権者が複数存在し、債務者の有する財産では全ての債権者が債権全額の弁済を受けることができない場合、**債権者平等の原則により、債権の種類、内容、履行期、また、債権の発生の先後に関係なく、債権額に応じて按分された額が分配される**にすぎない。したがって、A社、B社及びC社は、いずれも、D社に対し金銭債権を有しているが、担保権は有していない場合において、D社の有する財産では、A社、B社及びC社の有する債権全額の弁済をすることができないときは、債権の種類、内容、履行期のほか、債権の発生の先後にも関係なく、A社、B社及びC社がD社の財産から、債権額に応じて按分された額の分配を受けるにすぎないから、本項は誤っている。

第2問 債権の担保・消滅

難易度 → ★★☆

次の事項のうち、その内容が正しいものには①を、誤っているものには②を、解答用紙の所定欄にその番号をマークしなさい。

ア．時効の援用とは、時効の成立により利益を受けようとする者がその旨の意思を表示することをいう。（第46回第8問キ）

イ．民法上、留置権は、他人の物を占有している者が、その物に関して生じた債権を有している場合に、その債権の弁済期が到来しているときは、弁済を受けるまでその物を留置することにより、債務者の弁済を促す権利である。（第45回第4問ウ）

ウ．民法上、先取特権は、債権者と債務者が設定契約を締結することにより発生し、当該債権者が他の債権者に優先して当該債務者の財産から弁済を受けることができる担保物権である。（第46回第1問オ）

エ．支払督促は、簡易裁判所の裁判所書記官に支払督促の申立てを行い、支払督促を債務者に発する手続であるが、支払督促が確定判決と同じ効力を持つことはない。（第46回第8問イ）

オ．即決和解は、裁判所の関与を受けることなく、紛争当事者間における法的な紛争の解決に向けた合意を前提に和解を行う手続である。（第48回第8問ケ）

第2問 解答 → ア ① イ ① ウ ② エ ② オ ②

解説

ア．正しい。時効は、当事者（消滅時効にあっては、保証人、物上保証人、第三取得者その他権利の消滅について正当な利益を有する者を含む。）が援用しなければ、裁判所がこれによって裁判をすることができない（民法145条）。時効によって利益を受ける者の意思を尊重するため、時効期間が経過しても、時効の援用がなければ、時効の効果は生じない。したがって、時効の援用とは、時効の成立により利益を受けようとする者がその旨の意思を表示することをいうから、本項は正しい。

イ．正しい。他人の物の占有者は、その物に関して生じた債権を有するときは、原則として、その債権の弁済を受けるまで、その物を留置することができる（民法295条1項）。これを留置権という。したがって、民法上、留置権は、他人の物を占有している者が、その物に関して生じた債権を有している場合に、その債権の弁済期が到来しているときは、弁済を受けるまでその物を留置することにより、債務者の弁済を促す権利であるから、本項は正しい。

ウ．誤っている。先取特権は、法定担保物権であって、一定の種類の債権が発生すると当然に先取特権が成立する。なお、先取特権は担保物権であるから、先取特権を有する債権者は、債務者の財産から他の債権者に優先して弁済を受けることができる。したがって、民法上、先取特権は、法定担保物権であって、債権者と債務者が設定契約によらず、一定の債権が発生すると当然に成立する担保物権であるから、本項は誤っている。

エ．誤っている。金銭その他の代替物又は有価証券の一定の数量の給付を目的とする請求については、裁判所書記官は、債権者の申立てにより、支払督促を発することができる（民事訴訟法382条）。支払督促は、簡易迅速な手続であって、債権者の申立てに基づき、簡易裁判所の書記官が債務者に対して支払督促を発して、債務者が異議を述べない限り債権が存在するものとして扱う手続である。仮執行の宣言を付した支払督促に対し督促異議の申立てがないとき、又は督促異議の申立てを却下する決定が確定したときは、支払督促は、確定判決と同一の効力を有する（同法396条）。したがって、支払督促は、簡易裁判所の裁判所書記官に支払督促の申立てを行い、支払督促を債務者に発する手続であるところ、仮執行宣言を付した支払督促に対し督促異議の申立てがないときなどには、支払督促は確定判決と同じ効力を持つから、本項は誤っている。

オ．誤っている。民事上の争いについては、当事者は、請求の趣旨及び原因並びに争いの実情を表示して、相手方の普通裁判籍の所在地を管轄する簡易裁判所に和解の申立てをすることができる（民事訴訟法275条1項）。即決和解とは、訴え提起前の和解であり、簡易裁判所における手続である。したがって、即決和解は、裁判所の関与のもと、紛争当事者間における法的な紛争の解決に向けた合意を前提に和解を行う手続であるから、本項は誤っている。

債権の担保

第3問　難易度 → ★★☆

次の文中の[　]の部分に、後記の語群から最も適切な語句を選び、解答用紙の所定欄にその番号をマークしなさい。(第46回第5問5-1)

担保は、大きく人的担保と物的担保とに分けることができる。人的担保の典型は、保証である。物的担保は、担保物権とも呼ばれ、その代表的なものとして抵当権や質権がある。

担保物権には、一般に、担保物権を有しない他の債権者に先んじて弁済を受けることができる効力である[ア]が認められている。ただし、担保物権のうち留置権には、目的物を留置することによって債務者の弁済を促す留置的効力は認められるが、[ア]は認められない。

担保物権には、一般に、その通有性として、[イ]、[ウ]、[エ]および[オ]が認められる。[イ]とは、債権が存在してはじめて担保物権も存在し、弁済等により債権が消滅すれば担保物権も当然に消滅するという性質をいう。[ウ]とは、債権が他人に移転すると、担保物権もそれに伴って移転するという性質をいう。[エ]とは、担保物権を有する者は、被担保債権全部の弁済を受けるまで、担保目的物の全部の上にその権利を行使することができ、債務の一部が弁済されたからといって担保物権もそれに応じて一部が消滅するわけではないという性質をいう。[オ]とは、担保物権を有する者は、担保目的物の売却や滅失などにより債務者等が受けるべき金銭等に対しても権利を行使することができるという性質をいう。

[語群]
① 有効性　　② 物上代位性　　③ 承継性
④ 対抗力　　⑤ 要物性　　　　⑥ 随伴性
⑦ 権利移転的効力　⑧ 併存性　　⑨ 不可分性
⑩ 附従性　　⑪ 非容易性　　　⑫ 連帯性
⑬ 補充性　　⑭ 優先弁済的効力　⑮ 無因性

第3問 解答 → ア ⑭ イ ⑩ ウ ⑥ エ ⑨ オ ②

解説

債務者の財産では全ての債権を弁済できないとき、債権者は、債権の成立の順序や債権額にかかわらず、債権額に応じて按分された額の分配を受ける。これを**債権者平等の原則**という。

そこで、債権者は債権の回収を確実にするために、担保の設定を受けることとなる。担保には、人的担保と物的担保がある。

物的担保である担保物権には、留置権、先取特権、質権、抵当権などがある。このうち留置権を除く担保物権には、債務者が任意に弁済しないときは、担保の目的物を競売に付して、競売代金から弁済を受けることができるという［ア］⑭**優先弁済的効力**が認められる。

ところで、担保物権に共通する性質を通有性といい、［イ］⑩**附従性**、［ウ］⑥**随伴性**、［エ］⑨**不可分性**、［オ］②**物上代位性**などがある。

担保物権は、特定の債権（これを「被担保債権」という。）を担保するために存在しており、被担保債権が発生・変更・消滅すれば、担保物権も発生・変更・消滅する。このような性質を［イ］⑩**附従性**という。

また、被担保債権が移転すると、担保物権も被担保債権とともに移転する。このような性質を［ウ］⑥**随伴性**という。

さらに、留置権者は、債権の全部の弁済を受けるまでは、留置物の全部についてその権利を行使することができる（民法296条）。このような性質を［エ］⑨**不可分性**という。住宅ローンを組んだ場合、当該不動産に抵当権が設定されることが一般的であるが、ローンの一部を毎月返済した場合でも、抵当権の一部が消滅するわけではなく、完済するまで、不動産の全部について抵当権は存続する。これは、不可分性の表れである。

さらに、例えば、抵当権は、その目的物の売却、賃貸、滅失又は損傷によって債務者が受けるべき金銭その他の物に対しても、行使することができる（同法304条1項、372条）。これは、抵当権の目的物の価値が変形した物に対しても、抵当権の効力を及ぼすという性質であって、このような性質を［オ］②**物上代位性**という。

104 第3章 債権の管理と回収

第4問 小切手

難易度 → ★★★

次の文中の[ ]の部分に、後記の語群から最も適切な語句を選び、解答用紙の所定欄にその番号をマークしなさい。(第45回第9問9-2)

小切手は、振出人が支払人に対して、一定期日に一定金額を受取人に支払うよう委託した証券であり、その主な経済的役割は[ア]である。

小切手は、手形と同様の法律的特徴を有する。例えば、小切手は、その記載事項が法律で定められているという性質、すなわち[イ]を有する。ただし、小切手は、手形とは異なり、支払方法として、振出後支払人に呈示して直ちに支払いを受けることができる[ウ]のみが認められており、小切手に支払期日(満期日)を記載しても、記載していないものとみなされる。

小切手には、様々な用途で用いられる、特殊な小切手がある。例えば、小切手には、銀行などが自らを支払人として振り出すものがあり、このような小切手は、一般に[エ]と呼ばれる。[エ]は、預金小切手(預手)とも呼ばれ、支払人となっている銀行などに資金がないとは考えにくいことから、不渡りになるおそれが少なく、一般の小切手より信用力が高いといわれている。

また、小切手の支払方法は[ウ]のみであるが、実際に小切手を振り出す日よりも後の日付を振出日として記載することで、取立てがその日以降となるように意図した小切手が作成されることがある。このような小切手は、一般に[オ]と呼ばれる。[オ]も小切手として有効であるが、[ウ]の趣旨を貫徹するために、小切手法では、振出しの日付として記載された日より前に支払呈示がされた小切手はその呈示の日に支払うべきものと定められている。

[語群]
① 預金の手段　　　　② 自己宛小切手　　　③ 設権証券性
④ 一覧払い　　　　　⑤ 信用創造の手段　　⑥ 譲渡禁止小切手
⑦ 除権小切手　　　　⑧ 日付後定期払い　　⑨ 要式証券性
⑩ 現金取引の代替手段　⑪ 指図式小切手　　　⑫ 確定日払い
⑬ 線引小切手　　　　⑭ 無因証券性　　　　⑮ 先日付小切手

第4問 解答➡ ア ⑩ イ ⑨ ウ ④ エ ② オ ⑮

解説

　小切手は、振出人が支払人に対して、一定の期日に一定の金額の支払を委託する支払委託証券である。小切手は、約束手形などとともに有価証券の一種である。小切手は、専ら[ア]⑩現金取引の代替手段として利用され、金額に限度なく利用できる小切手が支払手段として有する意義は大きい。

　有価証券である小切手の性質上、小切手は、法律上は、どのような紙でもよいから、法律で決められた文言を紙に記載して振り出せば、それだけで権利が発生する。このような性質を設権証券性という。もっとも、実務上は、小切手を利用する場合、銀行と当座勘定契約を締結して当座預金口座を開設し、銀行が発行する統一小切手用紙で構成された小切手帳を利用することとなる。また、例えば、売買契約の買主が代金の支払のために小切手を交付した場合の、その売買契約など、小切手の振り出しの原因となった取引を原因関係という。そして、小切手上の債権は、原因関係の影響を受けず、原因関係とは切り離され独立した別個の債権となる。このような性質を無因証券性という。さらに、小切手は原因関係から切り離されるから、小切手上の権利の内容は、小切手上の記載のみによって決定される。このような性質を文言証券性という。小切手上の権利の内容が小切手上の記載のみによって決定されることから、誰が見ても小切手上の記載から権利の内容が読み取れるようにしなければならない。そのために、手形に記載すべき事項は厳格に法定されている。このような性質を[イ]⑨要式証券性という。

　小切手は、あくまで支払の手段であって、手形のように信用を得る手段とはなり得ない。小切手法では、全ての小切手は[ウ]④一覧払いのものとされている。これに反する記載は、記載されなかったものとみなされるから、支払期日（満期）を小切手に記載しても無意味である（小切手法28条1項）。

　小切手は、支払手段であって信用供与の手段ではなく、小切手の受取人は、受け取った小切手を直ちに銀行に持ち込んで支払を受けることが通常である。それでも、振出人の当座預金口座に残高がなければ、小切手金は支払われない。そこで、確実に支払が受けられる小切手として利用されるのが[エ]②自己宛小切手である。これは、例えば○○銀行××支店が振出人かつ支払人となる小切手である。自己宛小切手は、銀行に現金を持ち込んで作成する。小切手を売買するようなイメージである。この場合、確実に支払が受けられるから、実務上、自己宛小切手は現金と同様に扱われる。

　また、実務上、実際の振出日よりも将来の日付を振出日として記載した小切手を[オ]⑮先日付小切手という。先日付小切手であっても、小切手は支払の手段であることから、一覧払であって、小切手に記載された振出日よりも前に小切手が支払のために呈示されれば、呈示された時点で支払われなければならない（同条2項）。

担保物権

次の文中の[　]の部分に、後記の語群から最も適切な語句を選び、解答用紙の所定欄にその番号をマークしなさい。(第44回第7問7-2)

　民法の定める担保物権には、留置権、先取特権、[ア]、[イ]がある。これらの担保物権のうち、[ア]は、債権者がその債権の担保として債務者などから受け取った物を、債務が弁済されるまで債権者の手元に留め置き、弁済がないときはその物を競売して売却代金から他の債権者に優先して弁済を受ける担保物権である。また、[イ]は、債権者がその債権を担保するために、債務者または第三者(物上保証人)が占有を移さずに自ら使用したままで不動産等を債務の担保に供し、債務者が弁済をしない場合に、その目的物を競売に付し、その代金から優先弁済を受けることのできる担保物権である。

　担保物権に認められる一般的な効力として、[ウ]と[エ]が挙げられる。[ウ]は、担保権者が、担保目的物から他の債権者に優先して弁済を受けられるという効力であり、留置権以外の担保物権すべてに共通する効力である。また、[エ]は、目的物を留置することによって事実上債務者の弁済を促す効力であり、留置権や[ア]にはこの効力が認められる。

　担保物権に共通する性質として、附従性や[オ]などが挙げられる。これらの性質のうち、附従性は、担保物権が存在するためには被担保債権が存在していなければならず、被担保債権が消滅すれば担保物権も消滅するという性質である。また、[オ]は、被担保債権が他人に移転すれば担保物権もそれに伴って移転するという性質である。附従性および[オ]のいずれも、担保物権が債権を担保する目的のものであることに由来する。

[語群]
① 随伴性　　　　② 優先弁済的効力　③ 地上権
④ 譲渡担保　　　⑤ 抵当権　　　　　⑥ 所有権留保
⑦ 債権者平等効　⑧ 仮登記担保　　　⑨ 権利移転的効力
⑩ 追及効　　　　⑪ 債権的効力　　　⑫ 留置的効力
⑬ 質権　　　　　⑭ 不可分性　　　　⑮ 物上代位性

第5問 解答 → ア ⑬ イ ⑤ ウ ② エ ⑫ オ ①

解説

　複数の債権に対して、債務者の財産では全ての債権を弁済できないときは、債権者は、債権の成立の順序にかかわりなく、また、債権額の多少にかかわらず、債務者の一般財産から、各債権者が有する債権額に応じて按分された額の分配を受ける。これを債権者平等の原則という。

　債権者は債権の回収に充てるために、担保の設定を受けることができるが、民法上の担保物権には、留置権、先取特権、[ア]⑬質権、[イ]⑤抵当権などがある。

　[ア]⑬質権は、その債権の担保として債務者又は第三者から受け取った物を占有し、かつ、その物について他の債権者に先立って自己の債権の弁済を受ける権利である（民法342条参照）。また、[イ]⑤抵当権は、債務者又は第三者が占有を移転しないで債務の担保に供した不動産について、他の債権者に先立って自己の債権の弁済を受ける権利である（同法369条1項参照）。

　担保物権に認められる一般的効力として、[ウ]②優先弁済的効力と[エ]⑫留置的効力がある。[ウ]②優先弁済的効力とは、債務者が任意に弁済しない場合に、目的物を競売に付して、競売代金から他の債権者に優先して弁済を受けられるという効力である。留置権には、優先弁済的効力は認められない。また、[エ]⑫留置的効力は、留置権や[ア]⑬質権には認められるが、抵当権には認められない。

　担保物権に共通する性質を通有性といい、附従性、[オ]①随伴性、不可分性、物上代位性などがある。

　附従性は、被担保債権が発生・変更・消滅すれば、担保物権も発生・変更・消滅する性質をいう。[オ]①随伴性とは、被担保債権が移転すると、担保物権も被担保債権とともに移転する性質をいう。

　さらに、債権の全部の弁済を受けるまでは、担保物の全部についてその権利を行使することができる性質を不可分性という。その目的物の売却、賃貸、滅失又は損傷によって債務者が受けるべき金銭その他の物など、担保物の価値変形物に対しても行使することができるという性質を物上代位性という。

第6問 抵当権

難易度 → ★★☆

次の文中の[ ]の部分に、後記の語群から最も適切な語句を選び、解答用紙の所定欄にその番号をマークしなさい。(第42回第2問2-1)

抵当権は、債務者または第三者が所有する不動産等を、占有を移転せず自ら使用したままで債務の担保とし、債務者等が債務の弁済をしないときは、抵当権者がその不動産等から他の債権者に先立って自己の債権の弁済を受ける権利である。この場合における第三者のように、自己の財産を担保の目的物として供した者を[ア]という。

抵当権には、抵当権が実行されると、その代金から担保物権を有しない他の債権者に先立って弁済を受けることができる効力である[イ]が認められる。これに対し、抵当権には、債務が弁済されるまで目的物を抵当権者の手元に留め置くことによって債務者の弁済を促すことができるという効力、すなわち、[ウ]は認められない。

抵当権の目的物が滅失または毀損した場合、保険金請求権や損害賠償請求権のように、その滅失または毀損によって債務者等が受けるべき金銭その他の物に抵当権の効力が及ぶ。このような性質は、[エ]と呼ばれる。

抵当権のうち、被担保債権について一定の極度額を定め、その極度額の範囲内で、一定の範囲に属する不特定の債権を担保する抵当権を[オ]という。[オ]は、通常の抵当権と異なって、債権の1つ1つについて抵当権設定契約を締結する必要がないことから、継続的な取引を行っている場合等に用いられている。

[語群]
① 優先弁済的効力　② 物上代位性　③ 法定代理人
④ 共同抵当権　⑤ 資格授与的効力　⑥ 根抵当権
⑦ 規範的効力　⑧ 確定的効力　⑨ 留置的効力
⑩ 連帯保証人　⑪ 物上保証人　⑫ 積極的公示力
⑬ 附従性　⑭ 二番抵当権　⑮ 不可分性

第 6 問 解答 → | ア ⑪ | イ ① | ウ ⑨ | エ ② | オ ⑥ |

解説

　抵当権は当事者の意思に基づき設定される約定担保物権である。抵当権は、[ア]⑪物上保証人が、不動産等の占有を債権者に移転することなく、自ら使用し続けながら担保に供することができる担保物権である。住宅ローンがその典型である。住宅ローンの場合、債務者と物上保証人が一致する場合が多いが、法律上、第三者が債務者のために不動産等を担保に供することもでき、この場合、債務者と物上保証人は別となる。

　抵当権者(債権者)は、債務者が任意に弁済しないときは、目的物を競売に付して、競売代金から弁済を受けることができる。このような性質を[イ]①優先弁済的効力という。

　抵当権は、目的物の占有を債権者に移転しない非占有担保物権である。一方、質権者は、原則として、被担保債権の弁済を受けるまでは、質物を留置することができる(民法347条)。このような性質を[ウ]⑨留置的効力という。

　抵当権は、目的物の価値を把握する担保物権であって、抵当権の効力は、その目的物の売却、賃貸、滅失又は損傷によって債務者が受けるべき金銭その他の物に対しても及ぶ(同法372条、304条1項)。これを[エ]②物上代位性という。もっとも、抵当権者は、金銭その他の物の払渡し又は引渡しの前に差押えをしなければならない。

　[オ]⑥根抵当権は、一定の範囲に属する不特定の債権を極度額の限度において担保するために設定される抵当権である(同法398条の2第1項)。抵当権は、特定の債権を担保するために設定されるのに対し、根抵当権は、極度額という一定の枠の範囲で、ある範囲の複数の債権を担保する。根抵当権の場合、複数の債権を担保する枠が設定されているため、個別の被担保債権が弁済されたからといって、当然に消滅することはない。

第7問 強制執行

難易度 → ★★☆

次の文中の[ ]の部分に、後記の語群から最も適切な語句を選び、解答用紙の所定欄にその番号をマークしなさい。(第43回第2問2-1)

商品の売買契約に基づき、売主が商品を引き渡したにもかかわらず、買主が代金を支払わないなど、債務者がその債務の履行をしない場合であっても、債権者が自らの実力を行使して権利の実現を図ること、すなわち[ア]は、日本では原則として禁止されている。そのため、債権者が、債権を強制的に回収するには、原則として、裁判所の手続を経て行う必要がある。その手段として、裁判所に訴状を提出し、当事者である原告と被告が法廷で口頭弁論を行い、判決の言渡しを受ける、[イ]がある。

このほか、債権者が、金銭債権を強制的に回収するための簡易迅速な手続として[ウ]がある。この手続では、債権者は、簡易裁判所の書記官から債務者に対して[ウ]を発するよう、簡易裁判所の書記官に申立てを行う。ただし、簡易裁判所の書記官の発した[ウ]に対して債務者が異議を申し立てれば、通常の[イ]に移行する。

こうした手続を経て債務者に対する債権が確定してもなお、債務者がその履行をしない場合には、債権者は、強制執行手続をとることができる。

強制執行の申立てをするには、[エ]が必要である。[エ]は、債権の存在および内容を公的に証明する文書であり、[エ]に基づいて法律上強制執行することが認められる。[エ]には、例えば、[イ]において下された確定判決が該当する。また、[ウ]に対して債務者が異議を申し立てず、所定の手続を経たときにも、[ウ]に確定判決と同一の効力が認められる。

強制執行の手続では、例えば、債務者が有する不動産を換価して債権を回収する場合、裁判所が当該不動産を差し押さえ、所定の手続を経て当該不動産を[オ]に付し、その代金から債権を回収することとなる。

[語群]
① 公示催告　② 強制競売　③ 債権証書
④ 自助努力　⑤ 執行命令　⑥ 支払督促
⑦ 正当防衛　⑧ 自力救済　⑨ 即時強制
⑩ 起訴前の和解　⑪ 公正証書　⑫ 強制徴収
⑬ 債務名義　⑭ 仲裁　⑮ 民事訴訟

第7問 解答 → ア ⑧ イ ⑮ ウ ⑥ エ ⑬ オ ②

解説

　法治国家では、原則として、自らの実力を行使して権利の実現を図る[ア]⑧自力救済は禁止されている。自力救済が許されてしまうと、強いものが、意のままに弱いものを利用するという理不尽が生じかねない。

　権利を実現するためには、国家機関である裁判所の手続を経由しなければならない。権利を実現する手続には、権利（売買契約に基づく代金支払請求権のような人に対する権利の場合は、特に債権という。）の存否を確認する段階と、強制力を用いて権利を実現する段階がある。

　[イ]⑮民事訴訟は、権利の存否を確認する段階の手続である。裁判所によって、権利が存在すると認められると、判決により権利の存在が宣言される。

　また、[ウ]⑥支払督促も権利の存否を確認する段階の手続である。支払督促は、簡易迅速な手続であって、当事者が主張を交換することなく、債権者の申立てに基づき、簡易裁判所の書記官が債務者に対して支払督促を発して、債務者が異議を述べない限り債権が存在するものとして扱う手続である。支払督促に対して債務者が異議を申し立てれば、通常の民事訴訟に移行する（民事訴訟法390条、395条参照）。支払督促は、民事訴訟と異なり、金銭その他の代替物又は有価証券の一定の数量の給付を目的とする請求についてのみ認められている（同法382条）。

　権利を実現する段階の手続を強制執行手続という。強制執行は、権利が存在することが前提の手続であって、強制執行手続において権利が存在することは、[エ]⑬債務名義によって確認されるから、強制執行は、債務名義により行う（民事執行法22条柱書）。

　債務名義には、民事訴訟において下された確定判決のほか、仮執行の宣言を付した支払督促、金銭の一定の額の支払又はその他の代替物若しくは有価証券の一定の数量の給付を目的とする請求について公証人が作成した公正証書で、債務者が直ちに強制執行に服する旨の陳述が記載されているもの（これを「執行証書」という。）などがある（同条各号）。

　不動産に対する強制執行には、目的となる不動産を競売して代金を配当する[オ]②強制競売のほか、不動産の賃料を配当に充てる強制管理がある。不動産のほか、動産、債権も強制執行の対象となる。

112　第3章　債権の管理と回収

債権の消滅

債権の消滅に関する次の①~④の記述のうち、その内容が最も適切でないものを1つだけ選び、解答用紙の所定欄にその番号をマークしなさい。(第41回第6問ア)

① Xは、Yから50万円を借り入れた。この場合、Xは、Yとの間で特段の合意をしなくても、自らの一方的意思表示によって、50万円の弁済に代えて自己所有の50万円相当の貴金属をYに引き渡し、XのYに対する借入金債務を免れることができる。

② Xは、Yから50万円を借り入れた。その後、Yは、Xに対し、「50万円のうち、20万円は支払わなくてよい」との意思表示をした。この場合、XのYに対する借入金債務は20万円の限度で消滅する。

③ Xは、Yから50万円を借り入れた。その後、Xは、返済期日に50万円をYに弁済しようとしたが、返済期日よりも前にYは死亡しており、相続人が不明であった。この場合、Xは、供託をすることにより、XのYに対する借入金債務を免れることができる。

④ Xは、父親Yから50万円を借り入れた。その後、Yが死亡し、Xが単独でYを相続した。この場合、XのYに対する借入金債務は、原則として混同により消滅する。

第 8 問 解答 → ①

解説

① **最も適切でない。**弁済をすることができる者が、債権者との間で、債務者の負担した給付に代えて他の給付をすることにより債務を消滅させる旨の契約をした場合において、その弁済者が当該他の給付をしたときは、その給付は、弁済と同一の効力を有する（民法482条）。これを代物弁済という。代物弁済は、債権者と債務者との新たな契約であって、両者の合意が必要である。したがって、Xが、Yから50万円を借り入れた場合、Xは、Yとの間で特段の合意がなければ、50万円の弁済に代えて自己所有の50万円相当の貴金属をYに引き渡し、XのYに対する借入金債務を免れることはできないから、本肢は適切でない。

② **適切である。**債権者が債務者に対して債務を免除する意思を表示したときは、その債権は、消滅する（民法519条）。免除は、債権者が一方的な意思表示により、債務者の同意なく債権を消滅させるものである。したがって、Xが、Yから50万円を借り入れた後、Yが、Xに対し、「50万円のうち、20万円は支払わなくてよい」との意思表示をした場合、XのYに対する借入金債務は20万円の限度で消滅するから、本肢は適切である。

③ **適切である。**弁済者が債権者を確知することができないときは、弁済者は、債権者のために弁済の目的物を供託することができる。この場合において、弁済者が供託をしたときに、その債権は消滅する（民法494条1項、2項）。供託は、法務局を通じて行う。したがって、Xが、Yから50万円を借り入れた後、返済期日に50万円をYに弁済しようとしたが、返済期日よりも前にYは死亡しており、相続人が不明であった場合、Xは、供託をすることにより、XのYに対する借入金債務を免れることができるから、本肢は適切である。

④ **適切である。**債権及び債務が同一人に帰属したときは、その債権は、原則として、消滅する（民法520条）。これを混同という。相続は、混同が生じる典型的な場合である。したがって、Xが、父親Yから50万円を借り入れた後、Yが死亡し、Xが単独でYを相続した場合、XのYに対する借入金債務は、原則として混同により消滅するから、本肢は適切である。

相殺

第 **9** 問

難易度 → ★★☆

　民法上の相殺に関する次の①〜④の記述のうち、その内容が最も適切でないものを１つだけ選び、解答用紙の所定欄にその番号をマークしなさい。なお、本問の各債権には相殺に関する特約は付されていないものとする。（第48回第10問オ）

①　A社はB社に対して建物の引渡請求権を有し、B社はA社に対して2000万円の貸金債権を有している。両債権の履行期が到来している場合、A社は、両債権を相殺することができない。

②　A社はB社に対して100万円の賃料債権を有し、B社はA社に対して120万円の貸金債権を有している。両債権の履行期が到来している場合、A社は、両債権を対当額で相殺することができる。

③　A社はB社に対して履行期の到来していない50万円の賃料債権を有し、B社はA社に対して履行期の到来した50万円の貸金債権を有している。この場合、A社は、両債権を相殺することができない。

④　A社はB社に対して履行期の到来した200万円の賃料債権を有し、B社はA社に対して履行期が到来していない200万円の貸金債権を有している。この場合、A社は、両債権を相殺することができない。

解答欄

第9問 解答 → ④

解説

① **適切である。**二人が互いに同種の目的を有する債務を負担する場合において、双方の債務が弁済期にあるときは、各債務者は、原則として、その対当額について相殺によってその債務を免れることができる（民法505条1項）。**相殺が可能となる要件は、(1)対立する債権の存在、(2)両債権が同種の目的を有すること、(3)相殺が許されること、(4)両債権の弁済期の到来である。**本肢では、A社はB社に対して建物の引渡請求権を有し、B社はA社に対して2000万円の貸金債権を有している。**両債権の目的は、建物の引渡しと金銭の支払であって、(2)両債権が同種の目的を有することという要件を欠く。**したがって、A社がB社に対して建物の引渡請求権を有し、B社がA社に対して2000万円の貸金債権を有しているときは、両債権の履行期が到来している場合であっても、A社は、両債権を相殺することができないから、本肢は適切である。

② **適切である。**相殺が可能となる要件は、(1)対立する債権の存在、(2)両債権が同種の目的を有すること、(3)相殺が許されること、**(4)両債権の弁済期の到来である。**したがって、A社がB社に対して100万円の賃料債権を有し、B社がA社に対して120万円の貸金債権を有していて、両債権の履行期が到来している場合、A社は、両債権を対当額で相殺することができるから、本肢は適切である。

なお、対当額でとは、100万円の範囲でという意味である。

③ **適切である。**(4)両債権の弁済期の到来は相殺の要件である。A社はB社に対して履行期の到来していない賃料債権を有し、B社はA社に対して履行期の到来した貸金債権を有している場合、**(4)両債権の弁済期の到来という相殺の要件を欠く。期限の利益は、放棄することができるが（民法136条2項）、この場合、期限の利益を有しているのは、B社であるから、④のように、A社が期限の利益を放棄することはできない。**したがって、A社がB社に対して履行期の到来していない50万円の賃料債権を有し、B社がA社に対して履行期の到来した50万円の貸金債権を有している場合、A社は、両債権を相殺することができないから、本肢は適切である。

④ **最も適切でない。**(4)両債権の弁済期の到来は相殺の要件である。もっとも、期限の利益は、放棄することができるから（民法136条2項）、**自ら負っている債務の期限が未到来の場合には、期限の利益を放棄することで、弁済期が到来したものとして、相殺することができる。**したがって、A社がB社に対して履行期の到来した200万円の賃料債権を有し、B社がA社に対して履行期が到来していない200万円の貸金債権を有している場合、A社は、B社がA社に対して有する債権の期限の利益を放棄して、両債権を相殺することができるから、本肢は適切でない。

第10問 留置権

難易度 → ★★★

　自動車修理業者であるA社は、運送会社であるB社から、B社が所有する甲トラックを修理する旨の依頼を受け、その修理を完了し、保管している。B社は、修理代金の支払期日を経過した後も、その支払いを遅滞している。この場合に関する次のa〜dの記述のうち、その内容が適切なものの組み合わせを①〜④の中から1つだけ選び、解答用紙の所定欄にその番号をマークしなさい。なお、A社とB社との間には留置権に関する特段の合意はないものとする。（第48回第6問オ）

a．A社は、B社から修理代金の支払いを受ける前であっても、B社から甲トラックの返還請求を受けたときは、直ちに甲トラックをB社に返還しなければならない。

b．A社は、B社から修理代金が支払われる前に、任意に甲トラックをB社に引き渡した。この場合、甲トラックに成立していた留置権は、消滅する。

c．B社が修理代金を支払わない場合、A社は、裁判所の競売手続を経ずに留置権を実行して、甲トラックの所有権を取得することができる。

d．B社は、A社に修理代金を支払うことなく、第三者であるC社に甲トラックを譲渡した。この場合、A社は、C社から甲トラックの引渡しを請求されても、修理代金の弁済を受けるまでは、留置権を行使して甲トラックの引渡しを拒むことができる。

①　a b　　②　a c　　③　b d　　④　c d

解答欄

第10問 解答 → ③

解説

a．**適切でない。他人の物の占有者は、原則として、その物に関して生じた債権を有するときは、その債権の弁済を受けるまで、その物を留置することができる**（民法295条1項）。これを留置権という。留置権は、物を留め置くことによって、支払を事実上強制させる機能をもつ。したがって、A社が、B社から修理代金の支払を受ける前であれば、B社から甲トラックの返還請求を受けたときであっても、甲トラックをB社に返還する必要はないから、本肢は適切でない。

b．**適切である。留置権は、原則として、留置権者が留置物の占有を失うことによって、消滅する**（民法302条）。したがって、A社が、B社から修理代金が支払われる前に、任意に甲トラックをB社に引き渡した場合、甲トラックに成立していた留置権は、消滅するから、本肢は適切である。

c．**適切でない。留置権には、優先弁済的効力はない。**なお、形式的競売が認められているものの、形式的競売とは、留置権者の留置物保存義務を免れるための競売であり、優先弁済に充てるための競売ではない（民事執行法195条参照）。したがって、B社が修理代金を支払わない場合であっても、A社は、裁判所の競売手続を経ずに留置権を実行して、甲トラックの所有権を取得することはできないから、本肢は適切でない。

d．**適切である。留置権は担保物権であり、物権としての性質上、誰に対しても主張することができる。**したがって、B社が、A社に修理代金を支払うことなく、第三者であるC社に甲トラックを譲渡した場合、A社は、C社から甲トラックの引渡しを請求されても、修理代金の弁済を受けるまでは、留置権を行使して甲トラックの引渡しを拒むことができるから、本肢は適切である。

118　第3章　債権の管理と回収

第11問 質権

X社は、取引先であるY社に対して有する売掛金債権の担保として、Y社の所有する財産に質権の設定を受けることとした。この場合に関する次の①～④の記述のうち、民法の規定に照らし、その内容が最も適切なものを1つだけ選び、解答用紙の所定欄にその番号をマークしなさい。（第45回第10問ウ）

① X社がY社の所有する絵画に質権の設定を受ける場合、X社とY社との間の質権設定契約が有効に成立するためには、X社とY社との間で質権を設定する旨の合意が成立すれば足り、当該絵画の引渡しは不要である。
② X社は、Y社の所有する絵画に質権の設定を受けた場合において、Y社が売掛金を支払わないときは、裁判所の手続を経ることなく、当然に当該絵画の所有権を取得する。
③ X社は、Y社がZ社に対して有する請負代金債権に質権の設定を受けた場合において、Y社が売掛金を支払わないときは、当該請負代金債権をZ社から直接取り立てることができる。
④ 不動産は質権の目的物とすることができないため、X社は、Y社が土地を所有していても、当該土地に質権の設定を受けることはできない。

第 11 問 解答 → ③

解説

① **適切でない。質権の設定は、債権者にその目的物を引き渡すことによって、その効力を生ずる**（民法344条）。したがって、X社がY社の所有する絵画に質権の設定を受ける場合、X社とY社との間の質権設定契約が有効に成立するためには、X社とY社との間で質権を設定する旨の合意が成立するほか、当該絵画の引渡しが必要であるから、本肢は適切でない。

② **適切でない。質権設定者は、設定行為又は債務の弁済期前の契約において、質権者に弁済として質物の所有権を取得させ、その他法律に定める方法によらないで質物を処分させることを約することができない**（民法349条）。これを**流質契約の禁止**という。したがって、X社が、Y社の所有する絵画に質権の設定を受けた場合において、Y社が売掛金を支払わないときであっても、裁判所の手続を経ることなく、当然に当該絵画の所有権を取得することはできないから、本肢は適切でない。

③ **最も適切である。**債権に質権を設定した場合、**質権者は、質権の目的である債権を直接に取り立てることができる**（民法366条1項）。したがって、X社が、Y社がZ社に対して有する請負代金債権に質権の設定を受けた場合において、Y社が売掛金を支払わないときは、当該請負代金債権をZ社から直接取り立てることができるから、本肢は適切である。

④ **適切でない。民法上、不動産を目的として質権を設定することができる。**不動産質権者は、質権の目的である不動産の用法に従い、その使用及び収益をすることができる（民法356条）。したがって、不動産を質権の目的物とすることができるため、X社は、Y社が土地を所有しているときは、当該土地に質権の設定を受けることができるから、本肢は適切でない。

120 第3章 債権の管理と回収

抵当権

難易度 → ★★☆

　A社は、B社に対して有する貸金債権を担保するために、B社が所有する甲土地に抵当権の設定を受けた。この場合に関する次のa～dの記述のうち、その内容が適切なものの個数を①～④の中から１つだけ選び、解答用紙の所定欄にその番号をマークしなさい。（第40回第６問ア）

a．B社は、民法上、A社との間で甲土地について抵当権設定契約を締結すると同時に、A社に甲土地を引き渡さなければならない。
b．A社は、抵当権の設定登記を経なければ、甲土地に設定を受けた抵当権を第三者に対抗することができない。
c．B社はA社に対して負う借入金債務をすべて弁済し、A社のB社に対する貸金債権が消滅した。この場合、甲土地に設定された抵当権は、当該貸金債権が消滅した時ではなく、当該抵当権の登記を抹消した時に消滅する。
d．A社は、B社に対して有する貸金債権を第三者であるC社に譲渡した。この場合、甲土地に設定された抵当権もC社に移転する。

① 1個　　② 2個　　③ 3個　　④ 4個

第12問 解答 → ②

解説

a．**適切でない。抵当権は、債務者又は第三者が占有を移転しないで**債務の担保に供した不動産について、他の債権者に先立って自己の債権の弁済を受ける権利である（民法369条1項参照）。したがって、抵当権設定者であるB社は、民法上、A社との間で甲土地について抵当権設定契約を締結した場合でも、A社に甲土地を引き渡す必要はないから、本肢は適切でない。

b．**適切である。**不動産に関する物権の得喪及び変更は、不動産登記法その他の登記に関する法律の定めるところに従いその登記をしなければ、第三者に対抗することができない（民法177条）。すなわち、**不動産物権変動の対抗要件は登記である。抵当権の設定も不動産物権変動に当たるから、第三者に対抗するためには登記が必要である。**したがって、A社は、抵当権の設定登記を経なければ、甲土地に設定を受けた抵当権を第三者に対抗することができないから、本肢は適切である。

c．**適切でない。抵当権などの担保物権は、被担保債権を担保するために存在しており、被担保債権が消滅すれば、担保物権も消滅する。**このような性質を**附従性**という。本肢では、貸金債権が消滅すれば抵当権は当然に消滅し、登記の抹消は抵当権が消滅したことを前提に行われる。したがって、B社がA社に対して負う借入金債務を全て弁済し、A社のB社に対する貸金債権が消滅した場合、甲土地に設定された抵当権は、当該貸金債権が消滅した時に消滅するのであって、当該抵当権の登記を抹消した時に消滅するものではないから、本肢は適切でない。

d．**適切である。被担保債権が移転すると、担保物権も被担保債権とともに移転する。**このような性質を**随伴性**という。したがって、A社が、B社に対して有する貸金債権を第三者であるC社に譲渡した場合、甲土地に設定された抵当権もC社に移転するから、本肢は適切である。

抵当権

　A社は、Bに金銭を貸し付けるにあたり、Bが所有する建物に抵当権の設定を受けることを検討している。この場合に関する次の①～④の記述のうち、その内容が最も適切なものを1つだけ選び、解答用紙の所定欄にその番号をマークしなさい。（第48回第3問エ）

① 抵当権設定契約の効力が発生するのは、A社とBが抵当権設定契約を締結した時ではなく、抵当権の設定登記がなされた時である。
② A社が本件建物に抵当権の設定を受けた場合、その抵当権の被担保債権は、民法上、A社がBに貸し付けた金銭の元本の請求権のみであり、利息の請求権を抵当権で担保することはできない。
③ A社が本件建物に抵当権の設定を受け、その旨の登記を経た後、本件建物は火災で焼失した。Bが本件建物に火災保険を付していた場合、A社は、Bの火災保険金請求権をその払渡しの前に自ら差し押さえて、物上代位権を行使し、Bが受け取るべき火災保険金から自己の債権を回収することができる。
④ BがすでにC社のために本件建物に抵当権を設定している場合、A社は、本件建物に抵当権の設定を受けることはできない。

第13問 解答 → ③

解説

① **適切でない。** 抵当権設定契約は、債権者と抵当権設定者（通常は、債務者）との間の、抵当権を設定するという旨の合意であって、その効力は、抵当権設定契約締結時に発生する。したがって、抵当権設定契約の効力が発生するのは、A社とBが抵当権設定契約を締結した時であるから、本肢は適切でない。

② **適切でない。** 抵当権者は、利息その他の定期金を請求する権利を有するときは、その満期となった最後の2年分についてのみ、その抵当権を行使することができる（民法375条1項）。したがって、A社が本件建物に抵当権の設定を受けた場合、その抵当権の被担保債権は、民法上、A社がBに貸し付けた金銭の元本の請求権に限られず、一定の範囲で、利息の請求権も抵当権で担保することができるから、本肢は適切でない。

③ **最も適切である。** 抵当権は、目的物の価値を把握する担保物権であって、抵当権の効力は、その目的物の売却、賃貸、滅失又は損傷によって債務者が受けるべき金銭その他の物に対しても及ぶ（民法372条、304条1項）。これを抵当権の物上代位性という。したがって、A社が本件建物に抵当権の設定を受け、その旨の登記を経た後、本件建物が火災で焼失したときは、Bが本件建物に火災保険を付していた場合、A社は、Bの火災保険金請求権をその払渡しの前に自ら差し押さえて、物上代位権を行使し、Bが受け取るべき火災保険金から自己の債権を回収することができるから、本肢は適切である。

④ **適切でない。** 同一の不動産について、順位を付して、複数の抵当権を設定することができる。この場合、その抵当権の順位は、登記の前後による（民法373条）。後順位の抵当権者は、目的物の競売代金から先順位の抵当権者が配当を受けた価額を差し引いた残りの部分から配当を受けることができる。したがって、Bが既にC社のために本件建物に抵当権を設定している場合であっても、A社は、本件建物に抵当権の設定を受けることができるから、本肢は適切でない。

保証

第**14**問

難易度 → ★★☆

X社は、Y社から事業資金を借り入れるにあたり、X社がY社に対して負う借入金債務を主たる債務として、Z社に連帯保証人となることを委託することとした。この場合に関する次の①〜④の記述のうち、その内容が最も<u>適切でない</u>ものを1つだけ選び、解答用紙の所定欄にその番号をマークしなさい。（第44回第6問ア）

① 民法上、Z社が連帯保証人となって保証債務を負うには、X社、Y社およびZ社の三者が当事者となって保証契約を締結する必要がある。

② Z社がX社の連帯保証人となった場合であっても、Y社は、Z社に対し債権を有する他の債権者に優先して、Z社から弁済を受けることはできない。

③ Z社がX社の連帯保証人となった場合において、Y社が、X社に債務の履行を請求することなく、Z社に保証債務の履行を請求した。この場合、Z社は、Y社に対し、まずX社に催告をすべき旨を請求することができない。

④ Z社がX社の連帯保証人となった場合において、X社からY社への弁済により、主たる債務である本件借入金債務が消滅したときは、Z社の負う保証債務も消滅する。

解答欄

第14問 解答 → ①

解説

① **最も適切でない。** 保証契約（連帯保証契約も同じ）は、債権者と保証人との間の契約であって、債務者が当事者となって三者契約とすることも、債務者の同意を得ることも必要ない。債務者の意思に反しても保証契約を締結することができる。したがって、民法上、Z社が連帯保証人となって保証債務を負うには、Y社とZ社との間の契約で足り、X社、Y社及びZ社の三者が当事者となって保証契約を締結する必要はないから、本肢は適切でない。

② **適切である。** 債権者が複数存在し、債務者の有する財産では全ての債権者が債権全額の弁済を受けることができない場合、**債権者平等の原則**により、債権の種類、内容、履行期、また、債権の発生の先後に関係なく、債権額に応じて按分された額が分配されるにすぎない。したがって、Z社がX社の連帯保証人となった場合であっても、Y社は、Z社に対し債権を有する他の債権者に優先して、Z社から弁済を受けることはできないから、本肢は適切である。

③ **適切である。** 連帯保証人には、通常の保証人に認められる**催告の抗弁**（保証人は、まず主たる債務者に催告をすべき旨を請求することができるという抗弁（民法452条））**が認められず**（同法454条）、債務者が弁済しない場合、債権者は直ちに連帯保証人に請求することができる。また、連帯保証人には、**検索の抗弁**（債権者が主たる債務者に催告をした後であっても、保証人が主たる債務者に弁済をする資力があり、かつ、執行が容易であることを証明したときは、債権者は、まず主たる債務者の財産について執行をしなければならないという抗弁（同法453条））**も認められない**（同法454条）。したがって、Z社がX社の連帯保証人となった場合において、Y社が、X社に債務の履行を請求することなく、Z社に保証債務の履行を請求した場合であっても、Z社は、Y社に対し、まずX社に催告をすべき旨を請求することができないから、本肢は適切である。

④ **適切である。** 保証債務（連帯保証債務も同じ）は、主たる債務を担保するために存在しており、**主たる債務が消滅すれば、保証債務も消滅する**。このような性質を**附従性**という。したがって、Z社がX社の連帯保証人となった場合において、X社からY社への弁済により、主たる債務である本件借入金債務が消滅したときは、Z社の負う保証債務も消滅するから、本肢は適切である。

約束手形

約束手形に関する次の①~④の記述のうち、その内容が最も適切でないものを1つだけ選び、解答用紙の所定欄にその番号をマークしなさい。(第46回第10問ウ)

① 約束手形の振出の原因となった法律関係が無効となった場合、当該約束手形も無効となる。
② 白地手形は、手形要件を欠くため、そのままでは手形としての効力は生じないが、将来、手形要件が補充されれば有効な手形となる。
③ 裏書の連続した約束手形の所持人は、当該手形の正当な権利者と認められる。
④ 約束手形の不渡りを出した者が、その後6ヶ月以内に再度、約束手形の不渡りを出すと銀行取引停止処分を受ける。

第15問　解答→　　①

解説

① **最も適切でない。** 手形上に表象される権利等の法律関係を手形関係というが、**手形関係は、手形の振出の原因となった法律関係**（これを「原因関係」という。）**の影響を受けない。** 手形のこのような性質を**無因性**という。したがって、約束手形の振出の原因となった法律関係が無効となった場合でも、当該約束手形は無効とならないから、本肢は適切でない。

② **適切である。** 白地手形は、「商慣習上、手形行為者となろうとする者が、後日その取得者に手形要件の全部または一部を補充させる意思で、ことさらに手形要件の全部または一部を記載しないで」[*1]交付される手形のことである。手形要件を欠く手形は、通常、無効な手形である。これに対し**白地手形は、商慣習上の要請から、後日手形取得者が手形要件を補充すれば有効な手形として扱われている。** したがって、白地手形は、そのままでは手形としての効力は生じないが、将来、手形要件が補充されれば有効な手形となるから、本肢は適切である。

③ **適切である。手形の占有者が裏書の連続によってその権利を証明するときはこれを適法の所持人とみなす**（手形法77条1項1号、16条1項）。したがって、裏書の連続した約束手形の所持人は、正当な権利者と認められるから、本肢は適切である。

④ **適切である。約束手形の不渡りとは、約束手形が通常どおり決済されないこと**をいう。**6ヶ月間に手形不渡りを2度生じさせると、銀行取引停止処分を受け、**銀行との間で当座勘定取引（手形、小切手の発行等）と貸出取引ができなくなり、業務に重大な支障を来すこととなる。したがって、約束手形の不渡りを出した者が、その後6ヶ月以内に再度、約束手形の不渡りを出すと銀行取引停止処分を受けることとなるから、本肢は適切である。

＊1　弥永 真生『リーガルマインド手形法・小切手法〔第2版〕』有斐閣、2001年、242頁

手形・小切手

手形および小切手に関する次の①～④の記述のうち、その内容が最も適切でないものを1つだけ選び、解答用紙の所定欄にその番号をマークしなさい。（第42回第10問オ）

① 商品の買主がその代金を支払うために売主に対し約束手形を振り出した場合において、その後、当該商品の売買契約が無効となったとしても、約束手形上の債権はその影響を受けず、無効とならない。
② 白地手形は、手形要件を欠くため、そのままでは手形としての効力は生じないが、手形要件が補充されれば有効な手形となる。
③ 小切手は、もっぱら支払いのための手段であるため、支払いのための呈示がなされた日が満期とされている。
④ 実際に小切手を振り出す日よりも先の日付が振出日として記載されている先日付小切手は、小切手法上、無効である。

第16問 解答 → ④

解説

① **適切である。**手形の性質として無因証券性がある。例えば、売買契約の買主が代金の支払のために手形を交付した場合の、その売買契約など、手形の振り出しの原因となった取引を原因関係というところ、手形上の債権は、原因関係の影響を受けず、原因関係とは切り離され独立した別個の債権となるため、原因関係が無効であったとしても、手形上の債権は無効とならない。したがって、商品の買主がその代金を支払うために売主に対し約束手形を振り出した場合において、その後、当該商品の売買契約が無効となったとしても、約束手形上の債権はその影響を受けず、無効とならないから、本肢は適切である。

② **適切である。**白地手形とは、形式的には手形要件の全部又は一部を欠く無効な手形であるが、商慣習上の要請から、後日、手形取得者が手形要件を補充することで有効な手形として扱われる手形のことである。したがって、白地手形は、手形要件を欠くため、そのままでは手形としての効力は生じないが、手形要件が補充されれば有効な手形となるから、本肢は適切である。

③ **適切である。**支払のための呈示がなされた日を満期とすることを一覧払といい、小切手は一覧払とされており、これに反する一切の記載は記載されなかったものとみなされる（小切手法28条1項）。小切手は、専ら支払の手段であって、手形のように信用を得る手段とはなり得ない。したがって、小切手は、専ら支払のための手段であるため、支払のための呈示がなされた日が満期とされているから、本肢は適切である。

④ **最も適切でない。**先日付小切手であっても、小切手は一覧払であるから、小切手に記載された振出日よりも前に小切手が支払のために呈示されれば、呈示された時点で支払われなければならない（小切手法28条2項）。したがって、実際に小切手を振り出す日よりも先の日付が振出日として記載されている先日付小切手も、小切手法上、有効であるから本肢は適切でない。

重要ポイントの整理

ここでは、試験で間違えやすい基本的な項目をまとめています。

●担保物権

担保物権を有する債権者は、他の債権者に優先して弁済を受けることができる。

法定担保物権	法律上の要件を充足することにより当然に発生する。留置権、先取特権
約定担保物権	当事者の意思により設定される。質権、抵当権

●担保物権の性質

附従性	被担保債権が発生・変更・消滅すれば、担保物権も発生・変更・消滅する
随伴性	被担保債権が移転すると、担保物権も移転する
不可分性	被担保債権の一部が弁済されても、担保物権は目的物の全部について及ぶ

- 優先弁済的効力を持つ ⋯⋯ 先取特権、質権、抵当権
- 物上代位性を持つ（目的物の売却によって得られた金銭に対しても効力が及ぶ）⋯⋯ 先取特権、質権、抵当権
- 留置的効力を持つ（弁済を受けるまで目的物を占有できる）⋯⋯ 留置権、質権
- 質権は債権にも設定できる（権利質）
- 抵当権は、同一の不動産に対して複数設定できる。抵当権の順位は登記の前後による

●債務名義

強制執行の申立てに必要。執行証書（強制執行認諾文言が付された公正証書）や仮執行宣言を付した支払督促も債務名義となる。

●保証債務の補充性

催告の抗弁権 ⋯⋯ 保証債務の履行請求に対して、まず主たる債務者に催告すべきという抗弁権

検索の抗弁権 ⋯⋯ 主たる債務者に弁済する能力があり、執行が容易であるときは、まず主たる債務者の財産について執行しなければならないという抗弁権

●保証

- 保証契約は、債権者と保証人との契約であり、債務者の同意は不要
- 保証人は主たる債務者に対して求償権を有する
- 連帯保証人には催告の抗弁権も検索の抗弁権も認められない

3
債権の管理と回収

●債権の消滅原因

弁済	債務の本旨に従った履行
代物弁済	債権者の同意を得て、他の給付によって弁済すること
相殺	2人が互いに債務を負担する場合に、その対当額について相殺が可能。両債権が同種の目的を有し、いずれも弁済期が到来していること(又は期限の利益を有する方がその利益を放棄すること)、相殺が禁止されていないことが要件
免除	債権者による債務の免除

●時効

取得時効	権利者であるかのような事実状態を根拠として権利取得を認める時効
消滅時効	権利不行使の事実状態を根拠として権利消滅を認める時効

時効の要件

- 時効期間が経過すること
- 当事者が時効の援用の意思表示をすること

●約束手形の性質

設権証券性	どんな用紙でも(通常は統一手形用紙を用いる)、所定の事項を記載して振り出せば、記載された内容の権利が発生する
無因証券性	手形上の権利は原因関係の影響を受けず、原因関係と手形上の権利は切り離されている
文言証券性	手形上の権利の内容は手形の記載内容に基づいて決定される
要式証券性	誰が見ても手形上の権利の内容を理解することができるように、その記載事項が法律によって定められている

●小切手の種類

- 一覧払 ⋯⋯ 支払の呈示がなされた日を満期とする。
- 先日付小切手 ⋯⋯ 将来の日付を振出日として記載して振り出された小切手。ただし、振出日よりも前に呈示されれば、その時点で支払わなければならない。
- 線引小切手 ⋯⋯ 銀行が、他行の取立てがあった場合又は自行の取引先が小切手を持ち込んだ場合のみ、支払に応じる小切手。支払先を特定の銀行に限定した小切手は「特定線引小切手」という。

第4章

企業財産の管理と法律

学習のポイント

　この章では、法人財産の管理にかかわる法律関係と知的財産権について学習します。法人の財産の中でも、不動産は価値が高く、その管理はとても重要です。特に対抗要件についてしっかりと理解してください。知的財産権とは、種々の権利を総称した呼び方で、実際には、商標権や著作権、特許権などの権利があります。それぞれどのような権利であるかを把握することが重要です。

　著作権及び特許権については、今後も出題が予想されます。

本章のキーワード

- 所有権
- 即時取得
- 対抗要件
- 引渡し
- 登記
- 特許権
- 先願主義
- 専用実施権
- 通常実施権
- 実用新案権
- 商標権
- 意匠権
- 著作権
- 著作者人格権
- 営業秘密

財産の管理

次の事項のうち、その内容が正しいものには①を、誤っているものには②を、解答用紙の所定欄にその番号をマークしなさい。

ア．金融機関が、その窓口に届出印章とともに預金通帳を提示し預金の払戻しを請求した者を預金者であると過失なく信じて預金を払い戻した。この場合において、当該請求をした者が正当な権利者でないときは、民法上、その払戻しは無効とされ、金融機関は、正当な権利者から預金の払戻しを請求されたときは、これに応じなければならない。（第39回第4問キ）

イ．Aは、債権者からの差押えを免れるため、Bと通謀してA所有の甲土地をBに売却する旨の虚偽の意思表示をして売買契約を締結し、所有権移転登記を経た。その後、Bは、この事情を知らないCに甲土地を売却し、所有権移転登記を経た。この場合、Aは、Cに対し、AとBとの間の売買契約の無効を主張し、甲土地の所有権を主張することができる。（第40回第4問ア）

ウ．A社は、B社に対して有する債権をC社に譲渡し、債権の譲渡人であるA社がその旨をB社に通知した。この場合、C社は、自己が債権の譲受人である旨をB社に対抗することができる。（第42回第4問キ）

エ．著作物は、原則として、著作者が生存している間に限り、著作権法による保護を受け、著作者の死亡と同時に、その著作物の著作権（著作財産権）は消滅する。（第46回第1問ク）

オ．商標につき商標登録を受けるには、商標登録出願をしなければならないが、例えば、同一の商品に使用する同一の商標につき、異なった日に2以上の商標登録出願があったときは、最先の商標登録出願人のみがその商標について商標登録を受けることができる。（第45回第4問イ）

第 1 問 解答 → ア ② イ ② ウ ① エ ② オ ①

解説

ア. 誤っている。 受領権者以外の者であって取引上の社会通念に照らして受領権者としての外観を有するものに対してした弁済は、その弁済をした者が善意であり、かつ、過失がなかったときに限り、その効力を有する（民法478条）。正当な権利者ではないにもかかわらず金融機関の窓口に届出印章とともに預金通帳を提示し預金の払戻しを請求する場合が典型例である。したがって、金融機関が、その窓口に届出印章とともに預金通帳を提示し預金の払戻しを請求した者を預金者であると過失なく信じて預金を払い戻した場合において、当該請求をした者が正当な権利者でないときであっても、民法上、その払戻しは有効とされ、金融機関は、その後、正当な権利者から預金の払戻しを請求されたとしても、これに応じる必要はないから、本項は誤っている。

イ. 誤っている。 相手方と通じてした虚偽の意思表示は、無効である（民法94条1項）。これを通謀虚偽表示という。もっとも、通謀虚偽表示の無効は、善意の第三者に対抗することができない（同条2項）。善意の第三者とは、通謀虚偽表示であることを知らずに、通謀虚偽表示としてなされた意思表示を前提として、新たに法律上の利害関係を有するに至った者をいう。虚偽表示としてなされた意思表示を信頼して取引関係に入った者を保護するため、通謀虚偽表示の当事者は、虚偽表示であることを知らない者に対しその無効を主張することができない。したがって、Aが、債権者からの差押えを免れるため、Bと通謀してA所有の甲土地をBに売却する旨の虚偽の意思表示をして売買契約を締結し、所有権移転登記を経た後、Bが、この事情を知らないCに甲土地を売却し、所有権移転登記を経た場合、Aは、Cに対し、AとBとの間の売買契約の無効を主張し、甲土地の所有権を主張することはできないから、本項は誤っている。

ウ. 正しい。 債権の譲渡（現に発生していない債権の譲渡を含む。）は、譲渡人が債務者に通知をし、又は債務者が承諾をしなければ、債務者その他の第三者に対抗することができない（民法467条1項）。債権譲渡を債務者に対抗するための要件は、譲渡人から債務者に対する通知又は債務者による承諾である。したがって、A社が、B社に対して有する債権をC社に譲渡し、債権の譲渡人であるA社がその旨をB社に通知した場合、C社は、自己が債権の譲受人である旨をB社に対抗することができるから、本項は正しい。

エ. 誤っている。 著作権の存続期間は、著作物の創作の時に始まり、原則として、著作者の死後70年を経過するまでの間、存続する（著作権法51条1項、2項）。したがって、著作権は、原則として、著作者の死亡後も70年を経過するまでの間存続するから、本項は誤っている。

オ. 正しい。 同一又は類似の商品又は役務について使用をする同一又は類似の商標について異なった日に2以上の商標登録出願があったときは、最先の商標登録出願人のみがその商標について商標登録を受けることができる（商標法8条1項）。すなわち、先に商標登録出願をした者が優先して商標登録を受けることができる。したがって、商標につき商標登録を受けるには、商標登録出願をしなければならず、同一の商品に使用する同一の商標につき、異なった日に2以上の商標登録出願があったときは、最先の商標登録出願人のみがその商標について商標登録を受けることができるから、本項は正しい。

第2問 財産の管理（知的財産権など）

次の事項のうち、その内容が正しいものには①を、誤っているものには②を、解答用紙の所定欄にその番号をマークしなさい。

ア．意匠法上の意匠は、物品の形状、模様もしくは色彩もしくはこれらの結合（形状等）、建築物の形状等または一定の画像であって、視覚を通じて美感を起こさせるものである。(第48回第8問ア)

イ．企業は、その営業上の機密情報を第三者によって不正に利用されていても、当該情報を営業秘密として特許庁の登録を受けていなければ、当該第三者に対し、不正競争防止法に基づく差止めや損害賠償を請求することができない。(第46回第1問ア)

ウ．特許権の設定登録を受けるためには、設定登録を受けようとする発明が、当該発明の属する技術分野における通常の知識を有する者が、特許出願時の技術常識に基づいて容易に発明をすることができないものであることを要するが、当該発明がいまだ社会に知られていないものである必要はない。(第45回第1問ウ)

エ．特許権については、特許法上、存続期間は定められておらず、いったん成立した特許権が消滅することはない。(第45回第8問キ)

オ．特許法上の発明をした者が当該発明について特許出願をした後、第三者が当該発明と同じ内容の発明につき特許出願をした。この場合において、当該第三者が先に発明を完成させていたときは、特許法上、当該第三者のみがその発明について特許を受けることができる。(第44回第8問ア)

| 第2問 | 解答 → | ア | ① | イ | ② | ウ | ② | エ | ② | オ | ② |

解説

ア．**正しい。意匠法上の意匠とは、物品**（物品の部分を含む。）**の形状、模様若しくは色彩若しくはこれらの結合、建築物**（建築物の部分を含む。）**の形状等又は画像**（機器の操作の用に供されるもの又は機器がその機能を発揮した結果として表示されるものに限り、画像の部分を含む。）**であって、視覚を通じて美感を起こさせるものをいう**（意匠法2条1項）。したがって、本項は正しい。

イ．**誤っている。**不正競争防止法上、窃取、詐欺、強迫その他の不正の手段により営業秘密を取得する行為又はそのような不正取得行為により取得した営業秘密を使用し、若しくは開示する行為は、不正競争とされる（不正競争防止法2条1項4号）。そして、不正競争によって営業上の利益を侵害され、又は侵害されるおそれがある者は、その営業上の利益を侵害する者又は侵害するおそれがある者に対し、その侵害の停止又は予防を請求することができ（差止請求、同法3条1項）、故意又は過失により不正競争を行って他人の営業上の利益を侵害した者は、これによって生じた損害を賠償する責任を負う（同法4条）。この場合、**当該営業秘密が、不正競争防止法上の営業秘密の定義に当たれば足り、当該営業秘密が何らかの登録を受けている必要はない。**したがって、企業は、その営業上の機密情報を第三者によって不正に利用されていたときは、当該情報について何ら登録を受けることなく、当該第三者に対し、不正競争防止法に基づく差止めや損害賠償を請求することができるから、本項は誤っている。

ウ．**誤っている。特許法上、発明が特許を受けられる要件として、産業上の利用可能性・新規性・進歩性がある**（特許法29条1項、2項）。**新規性とは、当該発明がいまだ社会に知られていない**ものであることをいう。したがって、特許権の設定登録を受けるためには、設定登録を受けようとする発明が、当該発明の属する技術分野における通常の知識を有する者が、特許出願時の技術常識に基づいて容易に発明をすることができないものであることを要するとともに、当該発明がいまだ社会に知られていないものである必要があるから、本項は誤っている。

エ．**誤っている。特許法上、特許権の存続期間の定めがあり、原則として、特許出願の日から20年をもって終了する**（特許法67条1項）。したがって、特許権については、特許法上、存続期間が定められており、いったん成立した特許権であっても、所定の期間が経過すると消滅するから、本項は誤っている。

オ．**誤っている。**特許出願に係る発明が当該特許出願の日前の他の特許出願であって所定の発明と同一であるときは、その発明については、特許を受けることができない（特許法29条の2）。すなわち、複数の者が別個独立に同じ内容の発明を完成させた場合、特許権が認められるのは、最先の特許出願人であり、このように先に出願したか否かを基準とすることを**先願主義**という。したがって、特許法上の発明をした者が当該発明について特許出願をした後、第三者が当該発明と同じ内容の発明につき特許出願をした場合、当該第三者が先に発明を完成させていたときであっても、特許法上、特許を受けることができるのは、先に出願した特許出願人であるから、本項は誤っている。

138　第4章　企業財産の管理と法律

物権の設定・移転

次の文中の[　]の部分に、後記の語群から最も適切な語句を選び、解答用紙の所定欄にその番号をマークしなさい。(第48回第5問5-1)

民法上、物権が設定されたり、譲渡等により移転される場合、その効力は、原則として、当事者間の[ア]のみによって生じる。

そして、物権が譲渡された場合に、法律上、その譲渡の効力を当事者以外の第三者に主張するために備えなければならない要件を[イ]という。[イ]は、民法上、譲渡の目的物が動産か不動産かによって異なる。すなわち、民法上、動産の譲渡の[イ]は引渡しであるのに対し、不動産の譲渡の[イ]は登記である。

不動産の譲渡の[イ]である登記は、[ウ]という電磁データとして記録され、[ウ]を記録した磁気ディスクを登記簿という。

不動産登記簿は、土地および建物のそれぞれについて別個に備えられる。不動産登記簿における[ウ]は、土地または建物を特定するための事項が記録される[エ]と、所有権または所有権以外の権利に関する事項が記録される[オ]に区分されており、[オ]はさらに甲区と乙区に区分されている。

[語群]
① 登記記録　② 取引台帳　③ 対価の支払い
④ 現在事項部　⑤ 契約書の作成　⑥ 表題部
⑦ 取引部　⑧ 対抗要件　⑨ 全部事項部
⑩ 効力要件　⑪ 権利部　⑫ 共通部
⑬ 執行記録　⑭ 成立要件　⑮ 意思表示

解説

　民法上、物権の設定及び移転は、当事者の[ア]⑮意思表示のみによって、その効力を生ずる（民法176条）。もっとも、物権の取得や移転等の事実を当事者（契約の相手方のこと）以外の第三者に主張するためには、[イ]⑧対抗要件を備えることが必要となる。このように、民法では、物権の設定や移転等の原因となった契約の成立要件と、その契約によって取得・移転した物権を第三者に主張するための要件とを別に考えている。

　物権変動の対抗要件には、引渡しと登記があり、動産に関する物権の譲渡は、その動産の引渡しがなければ、第三者に対抗することができない（同法178条）。また、不動産に関する物権の得喪及び変更は、不動産登記法その他の登記に関する法律の定めるところに従いその登記をしなければ、第三者に対抗することができない（同法177条）。

　不動産登記法では、表示に関する登記又は権利に関する登記について、一筆の土地又は一個の建物ごとに作成される電磁的記録を[ウ]①登記記録という（不動産登記法2条5号）。登記記録が記録される帳簿であって、磁気ディスクをもって調製するものを登記簿という（同条9号）。

　不動産登記簿は、[エ]⑥表題部と[オ]⑪権利部で構成され、権利部はさらに甲区と乙区に分かれている。表題部は、土地・建物の所在や地番・家屋番号、地目・種類などが記載され、建物を新築した場合などに登記が義務付けられている（同法47条1項など）。権利部は通常、対抗要件とされる登記である。甲区には所有権に関する事項が、乙区にはそれ以外の事項が記載される。

知的財産権

次の文中の[ ]の部分に、後記の語群から最も適切な語句を選び、解答用紙の所定欄にその番号をマークしなさい。(第44回第5問5-2)

人や企業の知的な活動によって生み出される知的財産は、各種の法律により、その保護が図られている。

このうち、実用新案法に基づく実用新案制度は、[ア]、すなわち自然法則を利用した技術的思想の創作であって、物品の形状、構造または組み合わせに関するものを法的保護の対象としている。

また、意匠法上の意匠とは、物品の形状、模様もしくは色彩またはこれらの結合であって、[イ]を通じて美感を起こさせるものをいう。意匠権は、意匠の登録を受けることにより成立する。意匠登録を受けるための要件の1つとして、その意匠が出願前に公知となっていないこと、すなわち[ウ]が認められることが必要である。

これらのほか、[エ]を創作的に表現したものであって、文芸、学術、美術または音楽の範囲に属するものは、著作物として著作権法による保護の対象となる。著作物を創作した者は著作者と呼ばれ、著作者の有する権利は、著作権と著作者人格権に大別することができる。著作権および著作者人格権は、著作物を[オ]で成立する。

[語群]
① 産業上利用可能性　② 商品または役務　③ 味覚
④ 登録した時点　　　⑤ 思想または感情　⑥ 考案
⑦ 標章　　　　　　　⑧ 視覚　　　　　　⑨ 公表した時点
⑩ 新規性　　　　　　⑪ 文字または記号　⑫ 有用性
⑬ 聴覚　　　　　　　⑭ 創作した時点　　⑮ 発明

第4問 解答 → ア ⑥ イ ⑧ ウ ⑩ エ ⑤ オ ⑭

解説

いわゆる知的財産権には、特許権、商標権、著作権、実用新案権、意匠権などの権利のほか、不正競争防止法によって保護される営業秘密などがある。それぞれ、特別法により、保護の対象や要件、手続等が規定されている。

実用新案権とは、物品の形状、構造又は組合せに係る[ア]⑥考案を保護する権利であって、[ア]⑥考案とは、自然法則を利用した技術的思想の創作をいう(実用新案法1条、2条1項)。

また、意匠法によって保護される意匠とは、物品(物品の部分を含む。)の形状、模様若しくは色彩若しくはこれらの結合、建築物の形状等又は画像であって、[イ]⑧視覚を通じて美感を起こさせるものをいう(意匠法2条1項)。物品の全部ではなく、物品の一部であっても、保護される。また、同時に使用される2以上の物品であって、コーヒーカップとソーサーのセットのような一定の種類の物品については、それが組物全体として統一があるときは組物の意匠として保護の対象となる(同法8条参照)。

意匠権は、設定の登録により発生する(同法20条1項)。意匠登録出願前にその意匠の属する分野における通常の知識を有する者が日本国内又は外国において公然知られた形状、模様若しくは色彩又はこれらの結合に基づいて容易に意匠の創作をすることができたときは、その意匠については、意匠登録を受けることができないから(同法3条2項参照)、意匠登録のためには[ウ]⑩新規性が認められることが必要である。

著作権法の保護の対象となる著作物とは、[エ]⑤思想または感情を創作的に表現したものであって、文芸、学術、美術又は音楽の範囲に属するものをいう(著作権法2条1項1号)。著作権の享有には、いかなる方式の履行をも要しない(同法17条2項)のであって、著作物を[オ]⑭創作した時点で、何らの手続を経ることなく、著作権法による保護が認められる。

142　第4章　企業財産の管理と法律

知的財産権

次の文中の[ ]の部分に、後記の語群から最も適切な語句を選び、解答用紙の所定欄にその番号をマークしなさい。(第46回第2問2-2)

意匠法上の意匠とは、物品の形状、模様もしくは色彩またはこれらの結合であって、視覚を通じて美感を起こさせるものをいう。意匠権については、多様なデザインを保護するために、物品の全体ではなくその一部分のみを意匠登録の対象とする[ア]制度が採用されている。また、カフスボタンとネクタイピンのセットのように、同時に使用される2つ以上の物品の組合せについて、全体として統一性がある意匠、すなわち、[イ]も意匠登録の対象となる。なお、意匠登録を受けるためには、その意匠が工業的技術を用いて同一物を反復して多量に生産できるものであること、すなわち、[ウ]を備えることが必要である。

これに対し、商標法上の商標とは、人の知覚によって認識することができるもののうち、文字、図形、記号、立体的形状もしくは色彩またはこれらの結合、音その他政令で定める[エ]であって、業として商品を生産し、証明し、もしくは譲渡する者がその商品について使用するもの、または業として役務を提供し、もしくは証明する者がその役務について使用するものをいう。商標権の設定登録を受けた者は、商標登録出願に際して指定した商品・役務について登録商標を独占的に使用し、類似範囲における他人の使用を禁止することができる。

商標は、その使用が繰り返し継続されることにより、自他の商品または役務を識別する機能や出所表示機能などを発揮する。そして、経済面における価値に対する社会的信頼が蓄積することにより商標そのものに財産的な価値が生じる。商標法は、このような機能を有する商標を保護することにより、商標を使用する者に蓄積された[オ]の維持を図り、もって産業の発達に寄与し、あわせて需要者の利益を保護することを目的としている。

[語群]
① 著作者の権利　② 標章　③ 考案
④ 創作非容易性　⑤ 情報　⑥ 関連意匠
⑦ 部分意匠　⑧ 業務上の信用　⑨ 組物の意匠
⑩ 秘密意匠　⑪ 営業上の秘密　⑫ 公開性
⑬ 工業上の利用性　⑭ 動的意匠　⑮ 共同意匠

第 5 問 解答 → ア ⑦ イ ⑨ ウ ⑬ エ ② オ ⑧

解説

意匠とは一般にデザインのことであるが、意匠権によって保護される意匠とは、物品（物品の部分を含む。）の形状、模様若しくは色彩若しくはこれらの結合、建築物の形状等又は画像であって、視覚を通じて美感を起こさせるものをいう（意匠法2条1項）。物品の全部ではなく、物品の一部であっても、［ア］⑦部分意匠制度によって保護される。また、同時に使用される2以上の物品であって、コーヒーカップとソーサーのセットのような一定の種類の物品については、それが組物全体として統一があるときは［イ］⑨組物の意匠として保護の対象となる（同法8条参照）。組物としては、ほかに衣服セットや家具セットなどがある（意匠法施行規則別表）。

ところで、［ウ］⑬工業上の利用性を欠く意匠については意匠登録を受けることができない（意匠法3条1項）。例えば、不動産については工業上の利用性を欠くから、ビルのデザインは意匠法の保護の対象とならない。

次に、商標法上の商標とは、人の知覚によって認識することができるもののうち、文字、図形、記号、立体的形状若しくは色彩又はこれらの結合、音その他政令で定めるもの（これを［エ］②標章という。）であって、（1）業として商品を生産し、証明し、又は譲渡する者がその商品について使用をするもの（これをトレードマークという。）、（2）業として役務を提供し、又は証明する者がその役務について使用をするもの（これをサービスマークという。）をいう（商標法2条1項）。

商標には、出所表示機能、品質保証機能、広告機能等があり、消費者は、商品に付された商標によって、当該商品の製造者が誰であるかとか、当該商品がどの程度の品質を有するものであるかといった判断をすることができる。商標法は、商標を保護することにより、商標の使用をする者の［オ］⑧業務上の信用の維持を図り、もって産業の発達に寄与し、あわせて需要者の利益を保護することを目的とする（同法1条）。

144　第4章　企業財産の管理と法律

第6問 著作権法

難易度 → ★★☆

次の文中の[ ]の部分に、後記の語群から最も適切な語句を選び、解答用紙の所定欄にその番号をマークしなさい。(第45回第5問5-2)

著作権法による保護の対象となる著作物とは、[ア]であって、文芸、学術、美術または音楽の範囲に属するものと定義されている。したがって、[ア]に当たらない、事実の伝達にすぎない雑報および時事の報道は、著作権法上の著作物に該当しない。

著作物を創作する者を著作者という。著作者は、その著作物について、著作者人格権および著作権(著作財産権)を享有する。

著作者人格権は、著作者の人格的な利益の保護に関する権利であり、著作権法上、[イ]、[ウ]、および[エ]が規定されている。[イ]は、まだ公表されていない著作物等を公衆に提供し、または提示する権利である。[ウ]は、著作者がその著作物の原作品に、またはその著作物の公衆への提供・提示に際し、著作者名を表示するか否かを決定する権利である。そして、[エ]は、著作者が自己の意に反して著作物およびその題号の変更、切除その他の改変を受けないことを内容とする権利である。

また、著作権は、複製権や上演権等、複数の権利から構成される。

なお、実演家や放送事業者等は、自ら著作物を創作する者ではないが、他人の創作した著作物を利用することに伴い、保護に値する一定の固有の利益を有しているものと考えられることから、録音権や録画権、送信可能化権などの[オ]が認められている。

[語群]
① 専用実施権　② 法定著作権　③ 公表権
④ 二次的著作権　⑤ 禁止権　⑥ 同一性保持権
⑦ 職務著作権　⑧ 氏名表示権　⑨ 共有著作権
⑩ 著作隣接権　⑪ 業務著作権　⑫ 通常実施権
⑬ 事業活動に有用な情報で非公知のもの
⑭ 形状、模様もしくは色彩またはこれらが結合したもの
⑮ 思想または感情を創作的に表現したもの

第6問 解答 → ア ⑮ イ ③ ウ ⑧ エ ⑥ オ ⑩

解説

著作権法上の**著作物**とは、[ア]⑮**思想または感情を創作的に表現したもの**であって、文芸、学術、美術又は音楽の範囲に属するものをいう（著作権法2条1項1号）。著作権法の保護が及ぶか、著作権の侵害がないか検討するに当たっては、まずは当該表現が、著作権法上の著作物に当たるか否かを検討することが重要である。

また、著作権法上、著作物を創作する者を**著作者**という（同項2号）。これが原則であるが、法人その他使用者の発意に基づきその法人等の業務に従事する者が職務上作成する著作物で、その法人等が自己の著作の名義の下に公表するものがある。これを**職務著作**といい、職務著作の著作者は、その作成の時における契約、勤務規則その他に別段の定めがない限り、法人その他使用者となる（同法15条）。

著作者には、著作者人格権と財産権としての著作権が認められる（同法17条1項）。

著作者人格権は、著作者の人格的利益保護に関する権利である。具体的には、[イ]③**公表権**（同法18条）、[ウ]⑧**氏名表示権**（同法19条）、[エ]⑥**同一性保持権**（同法20条）がある。著作者人格権は、著作者の人格的利益を保護するものであるから、著作者の一身に専属し、譲渡することができない（同法59条）。著作者人格権は、譲渡ができない点で、財産権としての著作権と異なる。

財産権としての**著作権**として、複製権、上演権及び演奏権、上映権、公衆送信権等、口述権、展示権、頒布権、譲渡権、貸与権、翻訳権・翻案権等、二次的著作物の利用に関する原著作者の権利などがある（同法21条～28条）。財産権としての著作権とは、これらの権利を総称するものである。**複製権**とは、著作物を複製する権利であり、**上映権**とは、著作物を上映する権利である。著作者は、これらの権利を専有しているから、著作者の許諾なく著作物を複製、コピーすることは、原則として著作権侵害となる。

ところで、実演家、レコード製作者、放送事業者、有線放送事業者には、[オ]⑩**著作隣接権**が認められている（同法89条参照）。例えば、著作権が認められる歌謡曲を公衆に伝達するためには、歌手などの実演家やレコード製作者などの存在が欠かせない。そこで、これらの者に著作権法上一定の権利が認められており、それらの権利を総称して[オ]⑩**著作隣接権**という。

即時取得

即時取得に関する次の①～④の記述のうち、民法に照らし、その内容が最も適切なものを1つだけ選び、解答用紙の所定欄にその番号をマークしなさい。（第46回第6問ウ）

① Xは、Y所有の万年筆をYから借り受けていたところ、Xは死亡し、ZがXを単独で相続した。この場合、Zは、当該万年筆がXの所有物であると過失なく信じていたときは、当該万年筆を即時取得することができる。

② XとYはそれぞれ同機種の自転車を所有していたため、Xは、自転車置き場で、Yの自転車を自己の自転車と勘違いして、自宅まで乗って帰った。Xは、当該自転車に乗る際、当該自転車の所有者がYであることを知らず、かつ、知らないことについて過失がなかった場合、当該自転車を即時取得することができる。

③ Xは、Yが債権者からの追及を回避することに加担し、Yと通謀してYの所有する貴金属を譲り受ける旨の虚偽表示をし、当該貴金属の引渡しを受けた。この場合、Xは、当該貴金属を即時取得することができる。

④ Xは、Yから預かっていたY所有の書籍をZに売却した。Zは、当該書籍を購入する時点で、当該書籍がXの所有物であると信じ、かつ、そう信じるにつき過失はなかった。この場合、Zは、当該書籍を即時取得することができる。

第 7 問 [解答 →] ④

解説

① **適切でない。** 取引行為によって、平穏に、かつ、公然と動産の占有を始めた者は、善意であり、かつ、過失がないときは、即時にその動産について行使する権利を取得する（民法192条）。これを即時取得という。即時取得は、権利者ではない者を権利者であると信じて、それ自体有効な取引行為によって物権を取得した者を救済する機能を有している。**相続の場合、取引行為によって占有を開始したとはいえないため、即時取得は成立しない。** したがって、Xが、Y所有の万年筆をYから借り受けていたところ、Xは死亡し、ZがXを単独で相続した場合、Zが、当該万年筆がXの所有物であると過失なく信じていたときであっても、当該万年筆を即時取得することができないから、本肢は適切でない。

② **適切でない。自己の物と勘違いして占有を取得したとしても、取引行為によって占有を開始したとはいえないため、即時取得は成立しない。** したがって、XとYがそれぞれ同機種の自転車を所有していたため、Xが、自転車置き場で、Yの自転車を自己の自転車と勘違いして、自宅まで乗って帰ったときは、Xが、当該自転車に乗る際、当該自転車の所有者がYであることを知らず、かつ、知らないことについて過失がなかった場合であっても、当該自転車を即時取得することはできないから、本肢は適切でない。

③ **適切でない。即時取得は、** 権利者ではない者を権利者であると信じて、それ自体有効な取引行為によって物権を取得した者を保護する制度であるから、**取引行為自体は有効でなければならない。通謀虚偽表示による意思表示は、無効である**（民法94条1項）。したがって、Xが、Yが債権者からの追及を回避することに加担し、Yと通謀してYの所有する貴金属を譲り受ける旨の虚偽表示をし、当該貴金属の引渡しを受けた場合、Xは、当該貴金属を即時取得することができないから、本肢は適切でない。

④ **最も適切である。取引行為によって、平穏に、かつ、公然と動産の占有を始めた者は、善意であり、かつ、過失がないときは、即時にその動産について行使する権利を取得する**（民法192条）。Zは、有効な取引行為によって、当該書籍がXの所有物であると過失なく信じ（善意かつ無過失）、購入しているから、即時取得が成立する。したがって、Xが、Yから預かっていたY所有の書籍をZに売却し、Zが、当該書籍を購入する時点で、当該書籍がXの所有物であると信じ、かつ、そう信じるにつき過失はなかった場合、Zは、当該書籍を即時取得することができるから、本肢は適切である。

第8問 対抗要件

難易度 → ★★☆

対抗要件に関する次のa～dの記述のうち、その内容が適切なものの組み合わせを①～④の中から1つだけ選び、解答用紙の所定欄にその番号をマークしなさい。(第45回第6問オ)

a．Aは、自己の所有する腕時計をBに譲渡したが、Bに当該腕時計を引き渡す前に、当該腕時計を善意のCに譲渡し現実に引き渡した。この場合、Cが当該腕時計の現実の引渡しを受ける前に、BがAに当該腕時計の代金を支払っていれば、Bは、原則として、Cに対して当該腕時計の所有権の取得を対抗することができる。

b．A社は、自社の所有する建物をBに賃貸し、当該建物をBに引き渡した。その後、A社は、当該建物をC社に譲渡し、その旨の所有権移転登記を経た。この場合、Bは、原則として、C社に対して当該建物の賃借権を対抗することができる。

c．A社は、自社の所有する土地をB社に譲渡したが、B社が当該土地につき所有権移転登記を経る前に、当該土地を善意のC社に譲渡し、C社が当該土地につき所有権移転登記を経た。この場合、C社が当該土地につき所有権移転登記を経る前に、B社がA社から当該土地の引渡しを受けていても、B社は、原則として、C社に対して当該土地の所有権の取得を対抗することができない。

d．A社は、B社に対して負う債務を担保するため、自社の所有する土地に抵当権を設定した。B社が当該土地につき抵当権設定登記を経る前に、A社は、当該土地を善意のC社に譲渡し、C社が当該土地につき所有権移転登記を経た。この場合、B社は、原則として、C社に対して当該土地への抵当権の設定を対抗することができる。

①　ａｂ　　②　ａｄ　　③　ｂｃ　　④　ｃｄ

第 8 問 解答 → ③

解説

a．適切でない。動産に関する物権の譲渡は、その動産の引渡しがなければ、第三者に対抗することができない（民法178条）。このことを、動産物権変動の対抗要件は引渡しであると表現する。すなわち、動産について権利をお互いに争う者の間では、引渡しを基準として優劣を決し、先に引渡しを受けた者が優先する。したがって、Aは、自己の所有する腕時計をBに譲渡したが、Bに当該腕時計を引き渡す前に、当該腕時計を善意のCに譲渡し現実に引き渡した場合、Cが当該腕時計の現実の引渡しを受ける前に、BがAに当該腕時計の代金を支払っていたとしても、先に引渡しを受けたのではCであるため、Bは、原則として、Cに対して当該腕時計の所有権の取得を対抗することができないから、本肢は適切でない。

b．適切である。賃借権は、厳密には物権ではないが、物権と同じように、不動産の賃貸借は、これを登記したときは、その後その不動産について物権を取得した者に対しても、その効力を生ずる（民法605条）。もっとも、賃貸借について実際に登記がされることはまれであるから、賃借人の保護を図るべく、借地借家法で修正がされている。すなわち、**建物の賃貸借は、その登記がなくても、建物の引渡しがあったときは、その後その建物について物権を取得した者に対し、その効力を生ずる**（借地借家法31条）。したがって、A社が、自社の所有する建物をBに賃貸し、当該建物をBに引き渡した後、A社が、当該建物をC社に譲渡し、その旨の所有権移転登記を経た場合、Bは、原則として、C社に対して当該建物の賃借権を対抗することができるから、本肢は適切である。

c．適切である。不動産に関する物権の得喪及び変更は、不動産登記法その他の登記に関する法律の定めるところに従いその登記をしなければ、第三者に対抗することができない（民法177条）。**不動産物権変動の対抗要件は登記である。**不動産の場合、権利をお互いに争う者の間では、先に登記を経由した者が優先する。したがって、A社が、自社の所有する土地をB社に譲渡したが、B社が当該土地につき所有権移転登記を経る前に、当該土地を善意のC社に譲渡し、C社が当該土地につき所有権移転登記を経た場合、C社が当該土地につき所有権移転登記を経る前に、B社がA社から当該土地の引渡しを受けていても、B社は登記を経由していない以上、原則として、C社に対して当該土地の所有権の取得を対抗することができないから、本肢は適切である。

d．適切でない。所有権の移転のみならず、**抵当権の設定も不動産物権変動に当たり、先に登記を経由した者が優先する。**本肢では、B社の抵当権とC社の（抵当権の負担のない）所有権が互いに衝突しており、相互に争っているから、B社とC社で先に登記を経由した者が優先する。したがって、A社が、B社に対して負う債務を担保するため、自社の所有する土地に抵当権を設定し、B社が当該土地につき抵当権設定登記を経る前に、A社が、当該土地を善意のC社に譲渡し、C社が当該土地につき所有権移転登記を経た場合、登記に後れたB社は、原則として、C社に対して当該土地への抵当権の設定を対抗することができないから、本肢は適切でない。

150　第4章　企業財産の管理と法律

特許法

特許法に関する次の①～④の記述のうち、その内容が最も適切でないものを1つだけ選び、解答用紙の所定欄にその番号をマークしなさい。(第48回第6問イ)

① 同一の発明について異なる日に2以上の特許出願がなされた場合、最先の特許出願人のみがその発明について特許を受けることができる。
② 特許法上、特許権は、その設定登録によりその効力を生じ、その存続期間は、原則として特許出願の日から20年をもって終了する。
③ 特許権者は、自己の特許権が第三者に侵害された場合、当該第三者に対して、侵害行為の差止請求、損害賠償請求、信用回復措置請求、不当利得返還請求をすることができる。
④ 特許権者は、その有する特許権について第三者に専用実施権を設定し、その旨の登録をしても、専用実施権を設定した特許発明を自ら自由に実施することができる。

第9問 解答 → ④

解説

① **適切である。同一の発明について異なった日に2以上の特許出願があったときは、最先の特許出願人のみがその発明について特許を受けることができる**（特許法39条1項）。これを**先願主義**という。したがって、同一の発明について異なる日に2以上の特許出願がなされた場合、最先の特許出願人のみがその発明について特許を受けることができるから、本肢は適切である。

② **適切である。特許法上、特許権の存続期間の定めがあり、原則として、特許出願の日から20年をもって終了する**（特許法67条1項）。したがって、特許法上、特許権は、その設定登録によりその効力を生じ、その存続期間は、原則として特許出願の日から20年をもって終了するから、本肢は適切である。

③ **適切である**。特許権を故意又は過失により侵害している者に対しては、民法上の不法行為の規定に基づき、その被った損害の賠償を請求することができる（民法709条）。また、特許権者又は専用実施権者は、自己の特許権又は専用実施権を侵害する者又は侵害するおそれがある者に対し、その侵害の停止又は予防を請求することができる（特許法100条1項）。これを差止請求権という。さらに、特許権者又は専用実施権者は、故意又は過失により特許権又は専用実施権を侵害したことにより特許権者又は専用実施権者の業務上の信用を害した者に対しては、裁判所を通じて、損害の賠償に代え、又は損害の賠償とともに、業務上の信用を回復するのに必要な措置を求めることができる（同法106条）。民法の規定に基づき、不当利得返還請求が認められる場合もある（民法703条参照）。したがって、**特許権者は、自己の特許権が第三者に侵害された場合、当該第三者に対して、侵害行為の差止請求、損害賠償請求、信用回復措置請求、不当利得返還請求をすることができる**から、本肢は適切である。

④ **最も適切でない**。特許権者は、業として特許発明の実施をする権利を専有する（特許法68条）。もっとも、その特許権について専用実施権を設定したときは、専用実施権者がその特許発明の実施をする権利を専有する範囲については、この限りでない（同条ただし書）。なお、専用実施権の設定、移転（相続その他の一般承継によるものを除く。）、変更、消滅（混同又は特許権の消滅によるものを除く。）又は処分の制限は、登録しなければ、その効力を生じない（同法98条1項2号）。すなわち、**専用実施権が設定登録された場合には、特許権者であっても、当該発明を実施することはできなくなる**。したがって、特許権者は、その有する特許権について第三者に専用実施権を設定し、その旨の登録をしたときは、専用実施権を設定した特許発明を自ら実施することはできないから、本肢は適切でない。

152 第4章 企業財産の管理と法律

商標法

商標法に関する次の①〜④の記述のうち、その内容が最も適切でないものを1つだけ選び、解答用紙の所定欄にその番号をマークしなさい。（第44回第10問イ）

① 商標法上、事業者は、その提供する役務に使用する標章について商標登録を受けることができる。
② 商標登録を受けることができる標章には、人の知覚によって認識することができるもののうち、文字、図形、記号、立体的形状もしくは色彩またはこれらの結合のほか、音が含まれる。
③ 同一の商標について異なった日に2以上の商標登録出願があったときは、最先の商標登録出願人のみがその商標について商標登録を受けることができる。
④ 商標権は、存続期間の満了によって当然に消滅するため、商標権者は、商標登録を更新することはできない。

第10問 解答 → ④

解説

① **適切である。自己の業務に係る商品又は役務について使用をする商標については、原則として、商標登録を受けることができる**（商標法3条1項）。したがって、商標法上、事業者は、その提供する役務に使用する標章について商標登録を受けることができるから、本肢は適切である。

② **適切である。商標法によって保護される標章とは、人の知覚によって認識することができるもののうち、文字、図形、記号、立体的形状若しくは色彩又はこれらの結合、音等をいう**（商標法2条1項）。したがって、商標登録を受けることができる標章には、人の知覚によって認識することができるもののうち、文字、図形、記号、立体的形状若しくは色彩又はこれらの結合のほか、音が含まれるから、本肢は適切である。

③ **適切である。**当該商標登録出願の日前の商標登録出願に係る他人の登録商標又はこれに類似する商標であって、その商標登録に係る指定商品若しくは指定役務又はこれらに類似する商品若しくは役務について使用をするものは、商標登録を受けることができない（商標法4条1項11号）。すなわち、**商標登録について先願主義がとられている**。したがって、同一の商標について異なった日に2以上の商標登録出願があったときは、最先の商標登録出願人のみがその商標について商標登録を受けることができるから、本肢は適切である。

④ **最も適切でない。商標権の存続期間は、設定の登録の日から10年をもって終了するが、商標権者の更新登録の申請により更新することができる**（商標法19条1項、2項）。したがって、商標権は、存続期間の満了によって当然に消滅するわけではなく、商標権者は、商標登録を更新することができるから、本肢は適切でない。

154 第4章 企業財産の管理と法律

著作権法

著作権に関する次の①〜④の記述のうち、その内容が最も適切でないものを1つだけ選び、解答用紙の所定欄にその番号をマークしなさい。（第39回第3問イ）

① コンピュータプログラムは、著作権法によって保護される著作物に該当し得る。
② 会社の従業者が、会社の発意に基づいて職務上作成する思想または感情の創作的な表現は、著作権法によって保護される著作物に該当し得る。
③ 著作者は、著作者人格権の1つとして、その著作物の原作品に、またはその著作物の公衆への提供もしくは提示に際し、その実名または変名を著作者名として表示するか否かを決定する権利である氏名表示権を有する。
④ 著作者は、原則として、生存している間に限り、自己の著作物について著作権法による保護を受けることができ、死亡と同時に、その著作物の著作権（著作財産権）は消滅する。

第11問 解答 → ④

解説

① **適切である。** プログラムの著作物は、著作権法で保護される著作物の例として規定されている（著作権法10条1項9号）。したがって、コンピュータプログラムは、著作権法によって保護される著作物に該当し得るから、本肢は適切である。

② **適切である。** 職務上作成する場合であっても、思想又は感情を創作的に表現したものであって、文芸、学術、美術又は音楽の範囲に属するものであれば、著作権法上の著作物に当たる（著作権法2条1項1号）。なお、法人その他使用者の発意に基づきその法人等の業務に従事する者が職務上作成する著作物で、その法人等が自己の著作の名義の下に公表するものの著作者は、その作成の時における契約、勤務規則その他に別段の定めがない限り、その法人等となる（同法15条1項）。したがって、会社の従業者が、会社の発意に基づいて職務上作成する思想又は感情の創作的な表現は、著作権法によって保護される著作物に該当し得るから、本肢は適切である。

③ **適切である。** 著作者が有する公表権、氏名表示権、同一性保持権を著作者人格権という（著作権法18条〜20条）。氏名表示権とは、著作者が、その著作物の原作品に、又はその著作物の公衆への提供若しくは提示に際し、その実名若しくは変名を著作者名として表示し、又は著作者名を表示しないこととする権利をいう（同法19条1項）。したがって、著作者は、著作者人格権の1つとして、その著作物の原作品に、又はその著作物の公衆への提供若しくは提示に際し、その実名又は変名を著作者名として表示するか否かを決定する権利である氏名表示権を有するから、本肢は適切である。

④ **最も適切でない。** 著作権は、原則として著作者の死後70年を経過するまでの間、存続する（著作権法51条2項）。したがって、著作者は、原則として、死後70年を経過するまでの間、自己の著作物について著作権法による保護を受けることができ、死亡と同時に、その著作物の著作権（著作財産権）が消滅するわけではないから、本肢は適切でない。

重要ポイントの整理

ここでは、試験で間違えやすい基本的な項目をまとめています。

●所有権の移転

	所有権の移転の成立要件	第三者対抗要件
動産	当事者の意思表示（売買契約の成立）	引渡し
不動産	当事者の意思表示（売買契約の成立）	登記

●対抗要件

- 建物の賃借権の第三者対抗要件は、「引渡し」（借地借家法31条）
- 抵当権の第三者対抗要件は、「登記」

●債権譲渡の第三者対抗要件（民法467条）

- 旧債権者から債務者への確定日付のある証書による通知、又は、確定日付のある証書による債務者の承諾

●不動産登記記録（登記簿）

表題部 ⋯⋯ 土地又は建物を特定するための事項
権利部　甲区 ⋯⋯ 所有権に関する登記事項
　　　　乙区 ⋯⋯ 所有権以外の権利に関する登記事項

●知的財産として保護される権利

	保護の対象、性質等	保護の要件	保護期間
特許権	自然法則を利用した技術的思想の創作のうち高度のもの（特許法2条1項） ・産業上利用可能性・新規性・進歩性が要件 ・複数の者が同じ内容の発明をした場合は、先に出願した者が特許を受ける権利を有する（先願主義） ・通常実施権（複数の者に対して設定可。特許権者も実施権を持つ）、専用実施権（特定の者に排他的な実施権を設定。特許権者は実施不可）、独占的通常実施権（特定の者にのみ実施権を設定し、特許権者も実施権を持つ）が設定可	登録	出願日から20年（更新不可）

次ページへ続く

4
企業財産の管理と法律

	保護の対象、性質等	保護の要件	保護期間
実用新案権	物品の形状、構造又は組合せに係る考案（自然法則を利用した技術的思想の創作）（実用新案法1条、2条1項）	登録	出願日から10年（更新不可）
商標権	業として生産される商品や業として提供される役務に使用される標章（文字、図形、記号、立体的形状若しくは色彩又はこれらの結合、音など）（商標法2条）	登録	設定登録日から10年（更新可）
意匠権	物品の形状、模様若しくは色彩又はこれらの結合であって、視覚を通じて美感を起こさせるもの（意匠法2条1項）組物の意匠・部分意匠・動的意匠・関連意匠も対象	登録	出願日から25年（更新不可）
著作権	思想又は感情を創作的に表現したものであって、文芸、学術、美術又は音楽の範囲に属するもの（著作権法2条） • コンピュータプログラムやデータベースも対象 • 法人等の業務に従事する者が職務上著作する著作物は、原則としてその法人が著作者となる（職務著作） • 著作者人格権は、公表権、氏名表示権、同一性保持権 • 著作隣接権者は、実演家、レコード製作者、放送事業者、有線放送事業者	登録不要。創作と同時に権利発生	著作者の死後70年
営業秘密	秘密として管理されている生産方法、販売方法その他の事業活動に有用な技術上又は営業上の情報であって、公然と知られていないもの（不正競争防止法2条6項）	—	—

• 権利の侵害に対しては、差止請求と損害賠償請求が認められているほか、刑事罰が科される可能性もある。

企業活動に関する法規制

学習のポイント

　この章では、取引に関する各種規制と、ビジネスにかかわる犯罪について学習します。

　企業の公平な競争を促進するための独占禁止法、消費者を保護するための消費者契約法と特定商取引法は、試験においても実務においても重要です。特に、独占禁止法について、分野自体は多岐にわたっていますが、試験では繰り返し同じことが問われる傾向にありますので、複雑な法律ではありますが、この問題集でしっかり学習してください。

　ビジネスにかかわる犯罪では、刑法上の罪として窃盗・横領・背任などが、会社法上の罪として利益供与、違法配当が問われています。それぞれ、どのような犯罪か、イメージを持てるようにしてください。

 本章のキーワード

- 公正取引委員会
- 独占禁止法
- 私的独占
- 不当な取引制限
- 不公正な取引方法
- 消費者契約法
- 特定商取引法
- 訪問販売
- 割賦販売
- クーリング・オフ
- 個人情報保護法
- 営業秘密
- 製造物責任法
- 業務上横領罪
- 背任罪
- 利益供与罪
- 違法配当罪
- 両罰規定

企業活動に関する法規制

次の事項のうち、その内容が正しいものには①を、誤っているものには②を、解答用紙の所定欄にその番号をマークしなさい。

ア．独占禁止法を運用し執行するための行政機関として、公正取引委員会が設置されている。（第46回第1問エ）

イ．ある事業者が他の事業者の事業活動を排除しまたは支配することにより、公共の利益に反して一定の取引分野における競争を実質的に制限する行為は、私的独占として独占禁止法に違反する。（第46回第4問キ）

ウ．会社の従業員が独占禁止法に違反する行為をした場合、当該会社に刑事罰が科されることはあるが、当該従業員自身に刑事罰が科されることはない。（第44回第8問キ）

エ．販売業者が購入者から商品の代金を分割して受領することを条件とする商品の販売には、その代金の支払回数や支払期間の長短にかかわらず、割賦販売法が適用される。（第40回第4問エ）

オ．消費者契約法上、消費者と事業者との間の消費者契約において、事業者の債務不履行により消費者に生じた損害を賠償する責任の全部を免除する条項が定められた場合、当該消費者契約自体が無効となる。（第42回第1問ウ）

| 第 1 問 | 解答 → | ア | ① | イ | ① | ウ | ② | エ | ② | オ | ② |

解説

ア．**正しい。独占禁止法を運用し執行する行政機関として公正取引委員会**が設置されている（独占禁止法27条1項）。したがって、本項は正しい。

イ．**正しい。私的独占とは、事業者が、単独に、又は他の事業者と結合し、若しくは通謀し、その他いかなる方法をもってするかを問わず、他の事業者の事業活動を排除し、又は支配することにより、公共の利益に反して、一定の取引分野における競争を実質的に制限することをいい、独占禁止法上禁止される**（独占禁止法2条5項、3条）。したがって、ある事業者が他の事業者の事業活動を排除し又は支配することにより、公共の利益に反して一定の取引分野における競争を実質的に制限する行為は、私的独占として独占禁止法に違反するから、本項は正しい。

ウ．**誤っている。**独占禁止法に違反する行為があった場合、刑事罰が科されるのは、違反行為をした従業員である。もっとも、両罰規定により会社にも刑事罰が科される可能性がある。すなわち、法人の代表者又は法人若しくは人の代理人、使用人その他の従業者が、その法人又は人の業務又は財産に関して、**一定の違反行為をしたときは、行為者を罰するほか、その法人又は人に対しても、罰金刑が科される**（独占禁止法95条1項）。したがって、会社の従業員が独占禁止法に違反する行為をした場合、当該会社に刑事罰が科されることもあるが、第一次的に刑罰が科されるのは当該従業員自身であるから、本項は誤っている。

エ．**誤っている。**販売業者が購入者から商品の代金を分割して受領することを条件とする商品の販売の全てについて割賦販売法が適用されるのではなく、例えば、割賦販売法が適用される**割賦販売とは、購入者から商品の代金を、2ヶ月以上の期間にわたり、かつ、3回以上に分割して受領することを条件として指定商品等を販売することをいう**（割賦販売法2条1項1号）。したがって、販売業者が購入者から商品の代金を分割して受領することを条件とする商品の販売であっても、その代金の支払回数や支払期間の長短によって割賦販売法が適用されない場合もあるから、本項は誤っている。

オ．**誤っている。消費者契約法上、事業者の債務不履行により消費者に生じた損害を賠償する責任の全部を免除する消費者契約の条項は、無効となる**（消費者契約法8条1項1号）。もっとも、**無効となるのは、当該条項であって、契約自体が無効となるわけではない。**したがって、消費者契約法上、消費者と事業者との間の消費者契約において、事業者の債務不履行により消費者に生じた損害を賠償する責任の全部を免除する条項が定められた場合であっても、当該消費者契約自体が無効となるわけではないから、本項は誤っている。

162 第5章 企業活動に関する法規制

第2問 企業活動に関する法規制

難易度 → ★★★

次の事項のうち、その内容が正しいものには①を、誤っているものには②を、解答用紙の所定欄にその番号をマークしなさい。

ア．大規模小売店舗立地法（大店立地法）は、中小の小売店を大規模小売店舗から保護するため、大規模小売店舗の出店を制限することを目的とする法律である。（第43回第8問ウ）

イ．自動車損害賠償保障法上、運行供用者が負う損害賠償責任は、運行供用者が自ら自動車を運転していた場合に限り成立する。（第45回第4問キ）

ウ．製造物責任法に基づく損害賠償責任を負う「製造業者等」には、製造物の製造や加工を行った者のほか、製造物の流通に関与する流通業者や販売業者もすべて含まれる。（第48回第4問ア）

エ．公害を防止し、規制するための法律の中には、大気汚染防止法や水質汚濁防止法のように、公害により生じた損害について、事業者の無過失責任を定めているものがある。（第46回第1問キ）

オ．X社において手形の振出権限を有しない従業員Yは、振出権限を有する経理部長Zに無断で手形を作成して振り出し、自己の債務の弁済に充てた。この場合、Yには有価証券偽造罪、偽造有価証券行使罪および詐欺罪が成立し得る。（第45回第4問カ）

第 2 問 解答 → ア ② イ ② ウ ② エ ① オ ①

解説

ア．誤っている。大規模小売店舗立地法（大店立地法）は、大規模小売店舗の立地に関し、その周辺の地域の生活環境の保持のため、大規模小売店舗を設置する者によりその施設の配置及び運営方法について適正な配慮がなされることを確保することにより、小売業の健全な発達を図り、もって国民経済及び地域社会の健全な発展並びに国民生活の向上に寄与することを目的とする法律である（大規模小売店舗立地法1条）。もっとも、大規模小売店舗の出店を制限することまでは規定していない。したがって、大店立地法は、大規模小売店舗の出店を制限することを目的とする法律ではないから、本項は誤っている。

イ．誤っている。自己のために自動車を運行の用に供する者は、その運行によって他人の生命又は身体を害したときは、これによって生じた損害を賠償する責に任ずる（自動車損害賠償保障法3条）。これを運行供用者が負う自動車損害賠償責任という。「自己のために自動車を運行の用に供する」とは、自ら自動車を運転していた場合のほか、事業主が事業のために自動車を運行させる場合等も含まれる。したがって、自動車損害賠償保障法上、運行供用者が負う損害賠償責任は、運行供用者が自ら自動車を運転していた場合に限り成立するものではなく、自己のために自動車を運行の用に供する者について成立するから、本項は誤っている。

ウ．誤っている。製造物責任法上の「製造業者等」とは、当該製造物を業として製造、加工又は輸入した者、自ら当該製造物の製造業者として当該製造物にその氏名等の表示をした者又は当該製造物にその製造業者と誤認させるような氏名等の表示をした者、そのほか、当該製造物の製造、加工、輸入又は販売に係る形態その他の事情からみて、当該製造物にその実質的な製造業者と認めることができる氏名等の表示をした者をいう（製造物責任法2条3項）。したがって、製造物の流通に関与する流通業者や販売業者は、製造物責任法に基づく損害賠償責任を負う「製造業者等」には、含まれないから、本項は誤っている。

エ．正しい。大気汚染防止法上、無過失責任が規定されており、工場又は事業場における事業活動に伴う健康被害物質の大気中への排出により、人の生命又は身体を害したときは、当該排出に係る事業者は、これによって生じた損害を賠償する責任を負う（大気汚染防止法25条1項）。水質汚濁防止法上も同様に無過失責任が規定されており、工場又は事業場における事業活動に伴う有害物質の汚水又は廃液に含まれた状態での排出又は地下への浸透により、人の生命又は身体を害したときは、当該排出又は地下への浸透に係る事業者は、これによって生じた損害を賠償する責任を負う（水質汚濁防止法19条1項）。したがって、公害を防止し、規制するための法律の中には、大気汚染防止法や水質汚濁防止法のように、公害により生じた損害について、事業者の無過失責任を定めているものがあるから、本項は正しい。

オ．正しい。行使の目的で、有価証券を偽造した場合は、有価証券偽造罪が成立する（刑法162条1項）。手形の振出権限がない者が、振出権限を有する者に無断で手形を作成して振り出す行為は、有価証券である手形の偽造に当たる。また、偽造有価証券を行使した場合、偽造有価証券行使罪が成立する（同法163条1項参照）。さらに、人を欺いて、財物を交付させた場合、又は財産上不法の利益を得、若しくは他人にこれを得させた場合には、詐欺罪が成立する（同法246条1項、2項）。偽造された手形は本来無効なものであるから、これを有効な手形であるかのように人を欺いて、債務の弁済に充てたときは詐欺罪が成立し得る。したがって、X社において手形の振出権限を有しない従業員Yが、振出権限を有する経理部長Zに無断で手形を作成して振り出し、自己の債務の弁済に充てた場合、Yには有価証券偽造罪、偽造有価証券行使罪及び詐欺罪が成立し得るから、本項は正しい。

164　第5章　企業活動に関する法規制

独占禁止法

次の文中の[　]の部分に、後記の語群から最も適切な語句を選び、解答用紙の所定欄にその番号をマークしなさい。(第40回第2問2-1)

独占禁止法は、公正かつ自由な競争を促進することにより、一般消費者の利益を確保するとともに、国民経済の民主的で健全な発達を促進することを目的とする法律である。独占禁止法は、事業者が[ア]を行うこと、不当な取引制限を行うことおよび[イ]を用いることを禁止している。

[ア]とは、事業者が、他の事業者の事業活動を排除しまたは支配することにより、[ウ]に反して、一定の取引分野における競争を実質的に制限することをいう。[ア]に該当する行為の具体例としては、原価を下回るような価格で商品を販売し競合事業者から顧客を奪って撤退させる、いわゆるダンピングがある。

不当な取引制限とは、事業者が、他の事業者と共同して対価を決定し、維持し、もしくは引き上げまたは数量、技術、製品、設備もしくは取引の相手方を制限する等、相互にその事業活動を拘束しまたは遂行することにより、[ウ]に反して、一定の取引分野における競争を実質的に制限することをいう。不当な取引制限のうち、特に競争入札に際して相互に一定価格以下で入札しない旨等を合意することは、[エ]と呼ばれる。

[イ]とは、公正な競争を阻害するおそれの高い行為として、独占禁止法およびこれに基づく告示に列挙されている取引方法をいう。[イ]の例としては、事業者が、自己の供給する商品を購入する相手方に対し、相手方がその商品を消費者等に販売する際の販売価格を定めてこれを維持させることを条件にその商品を供給するという、再販売価格の拘束が挙げられる。

[ア]もしくは不当な取引制限が行われ、または[イ]が用いられているような場合には、公正取引委員会は、事業者に対して、そのような行為を行わないようにする旨を命じる[オ]を出すことができるほか、これらのうち一定の類型に属するものについては、課徴金納付命令を出すことができる。

[語群]
① 解散命令　② 談合　③ 自社の利益
④ 不正競争　⑤ 相当の利益　⑥ 信用回復措置命令
⑦ 公共の利益　⑧ 不服申立て　⑨ 企業結合
⑩ 団体交渉　⑪ 排除措置命令　⑫ 不公正な取引方法
⑬ 優越的地位の濫用　⑭ 預合い　⑮ 私的独占

第3問 解答 →

| ア | ⑮ | イ | ⑫ | ウ | ⑦ | エ | ② | オ | ⑪ |

解説

　独占禁止法は、市場における自由な競争を促進することによって経済成長を図るという考え方に基づき、競争を阻害する要因となるものを排除している。独占禁止法を運用し執行する行政機関として公正取引委員会が設置されている(独占禁止法27条1項参照)。

　独占禁止法が禁止している主要な行為として、[ア]⑮私的独占、不当な取引制限、[イ]⑫不公正な取引方法がある。

　[ア]⑮私的独占とは、事業者が、単独に、又は他の事業者と結合し、若しくは通謀し、その他いかなる方法をもってするかを問わず、他の事業者の事業活動を排除し、又は支配することにより、[ウ]⑦公共の利益に反して、一定の取引分野における競争を実質的に制限することをいう(同法2条5項)。

　不当な取引制限とは、事業者が、契約、協定その他何らの名義をもってするかを問わず、他の事業者と共同して対価を決定し、維持し、若しくは引き上げ、又は数量、技術、製品、設備若しくは取引の相手方を制限する等相互にその事業活動を拘束し、又は遂行することにより、[ウ]⑦公共の利益に反して、一定の取引分野における競争を実質的に制限することをいう(同条6項)。本来、各事業者が独自に決定する価格や生産量について、他の事業者と協議し決定することがその典型である。特に競争入札における価格協定を指して、[エ]②談合という。

　[イ]⑫不公正な取引方法とは、公正な競争を阻害するおそれがあるものとして独占禁止法又は公正取引委員会の告示によって指定されている行為をいう。不公正な取引方法には、抱き合わせ販売、再販売価格の拘束、優越的地位の濫用などがある(同条9項、昭和57年6月18日公正取引委員会告示第15号参照)。

　独占禁止法の規定に違反して、私的独占、不当な取引制限、不公正な取引方法などが行われた場合、公正取引委員会は、所定の手続に従い、事業者に対し、当該行為の差止め、事業の一部の譲渡、契約条項の削除その他当該行為を排除するために必要な措置を命ずることができる(独占禁止法7条1項、20条1項参照)。これを[オ]⑪排除措置命令という。

　さらに、公正取引委員会は、違反をした当該事業者に対し、所定の計算方法に基づき、事業者の売上額に応じた額の課徴金を国庫に納付することを命じることがある(同法7条の2、20条の2以下参照)。これを課徴金納付命令という。

166　第5章　企業活動に関する法規制

第4問 消費者保護に関する法律

難易度 → ★★☆

次の文中の［　］の部分に、後記の語群から最も適切な語句を選び、解答用紙の所定欄にその番号をマークしなさい。（第43回第9問9-1）

　取引が細分化・複雑化した現代社会においては、事業者との関係で、消費者を保護するための法律が多数制定されている。
　これらの法律を所管し、消費者保護行政を推進する官庁として、［ア］が設置されている。
　消費者保護関連法のうち、特定商取引法は、［イ］、［ウ］、電話勧誘販売といった特定の取引に限定して、その取引ごとの規制を定める法律である。特定商取引法上の［イ］としては、営業所等以外の場所で行われる商品もしくは権利の販売、または役務の有償提供等がある。そして、特定商取引法上の［ウ］には、インターネットのホームページ上に広告を表示し、その広告を見た消費者が商品を購入するといった取引がある。
　消費者が［イ］に該当する取引を行い、事業者との間で商品等の売買契約を締結した場合、当該消費者は、原則として、売買契約の解除に関する事項その他所定の事項を記載した書面*を受領した日から8日以内に、書面*により、無条件に当該契約を解除することができる。これを一般に［エ］という。なお、特定商取引法上、［ウ］には、［エ］とまったく同じ内容の制度は認められていない。
　このほか、購入した商品の代金等を分割して支払う取引であって、商品の代金等を2ヶ月以上の期間にわたり3回以上に分割して支払う取引等について規制をする法律に［オ］がある。［オ］では、販売業者に対し、契約締結時における書面の交付義務等が定められている。

［語群］
① 金融庁　　　　　② 不当顧客誘引　　　③ 通信販売
④ オプトアウト　　⑤ 消費者庁　　　　　⑥ 連鎖販売取引
⑦ 訪問販売　　　　⑧ 信用購入あっせん　⑨ クーリング・オフ
⑩ リコール　　　　⑪ 割賦販売法　　　　⑫ 法務省
⑬ 不正競争防止法　⑭ 消費者安全法　　　⑮ 特定継続的役務提供

*法改正により、点線下線部を「書面または電磁的記録」と読み替えてください。

第4問 解答 → ア ⑤　イ ⑦　ウ ③　エ ⑨　オ ⑪

解説

消費者を保護するための法律を総称して消費者法とか消費者保護法などという場合があるが、具体的な法律の名称として、消費者契約法、割賦販売法、特定商取引法などがある。

消費者保護行政を推進する官庁として、[ア]⑤消費者庁がある。消費者庁は、消費者の権利の尊重及びその自立の支援その他の基本理念にのっとり、消費者が安心して安全で豊かな消費生活を営むことができる社会の実現に向けて、消費者の利益の擁護及び増進、商品及び役務の消費者による自主的かつ合理的な選択の確保並びに消費生活に密接に関連する物資の品質に関する表示に関する事務を行うことを任務とする（消費者庁及び消費者委員会設置法3条1項）。

特定商取引法は、一定の取引形態に着目して消費者保護を図る法律である。特定商取引法が規制対象としている取引形態には、[イ]⑦訪問販売、[ウ]③通信販売、電話勧誘販売、連鎖販売取引、特定継続的役務提供、業務提供誘引販売取引がある。

[イ]⑦訪問販売においては、例えば、販売業者は、訪問販売をしようとするときは、その勧誘に先立って、その相手方に対し、販売業者の氏名又は名称、売買契約の締結について勧誘をする目的である旨及び当該勧誘に係る商品の種類を明らかにしなければならないなどの規制がある（特定商取引法3条）。また、販売業者が営業所等以外の場所において商品につき売買契約の申込みを受けた場合は、その申込みをした者は、所定の書面又は電磁的記録を受領した日から起算して8日を経過するまでは、書面又は電磁的記録により[エ]⑨クーリング・オフを行うことができる（同法9条1項）。クーリング・オフは、無条件で契約の解消を認めるものである。

通信販売においては、広告に表示する事項や誇大広告禁止等の規制があるが、訪問販売と同内容のクーリング・オフは認められていない。もっとも、通信販売においては、販売業者が特約として所定の事項を広告に表示していない場合に、売買契約の申込みをした者が、商品の引渡しを受けた日から起算して8日を経過するまでの間、その売買契約の申込みの撤回又はその売買契約の解除を行うことができる制度が定められている（同法15条の3第1項）。

また、販売業者が購入者から商品の代金を分割して受領する場合であって、一定の条件を充たす取引について[オ]⑪割賦販売法が適用される。例えば、購入者から商品の代金を2ヶ月以上の期間にわたり、かつ、3回以上に分割して受領することを条件として指定商品を販売する場合に、これを割賦販売といい、割賦販売法が適用される（割賦販売法2条1項1号）。割賦販売法が適用される場合には、商品の現金販売価格や割賦販売価格等の割賦販売条件の表示（同法3条）、また、契約締結時の書面の交付（同法4条）又は電磁的方法による提供（同法4条の2）など、通常の取引とは異なる規制に服することとなる。

製造物責任法

第5問　難易度 → ★★☆

次の文中の[　]の部分に、後記の語群から最も適切な語句を選び、解答用紙の所定欄にその番号をマークしなさい。(第44回第5問5-1)

製造物を購入した消費者が当該製造物に起因して被害を受けた場合には、損害賠償請求が認められる。例えば、消費者Aが、家電量販店で家電製品メーカーであるB社が製造した電子レンジを購入し、取扱説明書に従って使用していた場合に、当該電子レンジがその不具合により発火し、A宅の一部が損傷したとする。この事例のように、消費者と製造業者との間に直接の契約関係がないときは、被害者である消費者は、製造業者に対し、民法上の[ア]の規定を根拠として損害賠償を請求することができる。しかし、民事訴訟において、この民法上の[ア]に基づく損害賠償の請求をする場合には、被害者が製造業者の[イ]または過失を証明しなければならない。ここで[イ]とは、他人の権利や利益を侵害することを認識しながらあえて加害行為を行うことをいう。

被害者が、民事訴訟において製造業者の[イ]または過失を証明するのは、実際には困難なことがある。そのため、被害者を保護する観点から、製造物責任法が制定されている。

製造物責任法では、製造物に[ウ]があること、すなわち、製造物が通常有すべき安全性を欠いていることによって人の生命、身体または財産に[エ]が生じた場合、被害者は、原則として、製造業者の[イ]または過失を証明しなくても、[ウ]によって[エ]が生じたこと等を証明して、製造業者に損害賠償を請求することができる。ただし、[エ]が当該製造物についてのみ生じた場合には、製造物責任法は適用されない。

製造物責任法上、製造物とは、製造または加工された[オ]をいい、製造物に該当しないものについては、製造物責任法の適用対象とはならない。

[語群]
① 故意　　② 不当利得　③ 知的財産　④ 不法行為
⑤ 進歩性　⑥ 動産　　　⑦ 新規性　　⑧ 不動産
⑨ 善意　　⑩ 付加価値　⑪ 損害　　　⑫ 資力
⑬ 欠陥　　⑭ 利息　　　⑮ 債務不履行

第 5 問 解答 → ア ④ イ ① ウ ⑬ エ ⑪ オ ⑥

解説

製造物の不具合を原因として損害が生じた場合、製造業者に対する責任を追及するに当たっては、民法上の[ア]④**不法行為**の規定を根拠とする損害賠償請求がある。もっとも、民事訴訟において、製造業者に対して不法行為に基づく損害賠償請求をする場合、加害者である製造業者に[イ]①**故意**又は過失があることを被害者の側で立証しなければならない。**故意**とは、他人の権利や利益を侵害することを認識しながらあえて加害行為を行うことをいい、**過失**とは、他人の権利や利益を侵害しないように注意する義務を負う者が、その義務に違反し注意を怠ることをいう。

しかし、通常、専門的知識を有していない被害者としては、製造業者の故意又は過失を立証することは困難である。

そこで、製造物責任法は製造業者等に対する損害賠償請求の特則を定めて、被害者の立証の負担を軽減している。被害者が製造業者の故意又は過失を立証しなくても、製造物に[ウ]⑬**欠陥**があること、当該欠陥から[エ]⑪**損害**が発生したことを立証できれば、製造業者に損害賠償を求めることができる。

製造業者等は、その製造、加工、輸入等をした製造物であって、その引き渡したものの欠陥により他人の生命、身体又は財産を侵害したときは、これによって生じた損害を賠償する責任を負う(製造物責任法3条)。これを**製造物責任**という。なお、その損害が当該製造物についてのみ生じたときは、製造物責任は発生しない。

製造物責任法の対象となる**製造物**とは、製造又は加工された[オ]⑥**動産**をいい(同法2条1項)、製造又は加工されていない動産(水産物など)や不動産については製造物責任法の適用対象外となっている。

また、製造物責任法上の[ウ]⑬**欠陥**とは、当該製造物の特性、その通常予見される使用形態、その製造業者等が当該製造物を引き渡した時期その他の当該製造物に係る事情を考慮して、当該製造物が通常有すべき安全性を欠いていることをいう(同条2項)。**製造業者等**には、当該製造物を業として製造、加工又は輸入した者のほか、自ら当該製造物の製造業者として当該製造物にその氏名、商号、商標その他の表示をした者又は当該製造物にその製造業者と誤認させるような氏名等の表示をした者等も含まれる(同条3項)。

170　第5章　企業活動に関する法規制

第6問 個人情報の管理

難易度 → ★★☆

次の文中の[　]の部分に、後記の語群から最も適切な語句を選び、解答用紙の所定欄にその番号をマークしなさい。(第48回第2問2-1)

　X社は、家電製品を中心に通信販売事業を行っており、顧客の氏名、住所、電話番号等の情報を体系的に構成し、特定の部署に集約して一元的に管理をしている。この場合の顧客情報は、様々な法令に基づき保護されている。

　まず、顧客情報は、個人情報保護法上の個人情報として保護される。個人情報とは、[ア]に関する情報であって、当該情報に含まれる氏名、生年月日その他の記述等により特定の個人を識別することができるものまたは個人識別符号が含まれるものをいう。X社の顧客情報は、氏名や住所等によって顧客を識別できるものと考えられるため、個人情報に該当する。したがって、X社が個人情報取扱事業者である場合、X社は、個人情報を取り扱うにあたっては[イ]をできる限り特定し、また、個人情報の取得時には、一定の場合、本人に[イ]を通知しなければならない。

　次に、顧客情報は、[ウ]上の営業秘密としても保護され得る。[ウ]は、企業の保有する情報のうち、[エ]、[オ]、非公知性の3つの要件を充たしたものを営業秘密として保護し、その不正取得等を処罰することとしている。これらの要件のうち、X社の顧客情報が[エ]を備えているとされるためには、X社が文書管理規程を作成して情報の保管方法を定めたり、取扱者を限定したりして、情報の漏えいを防止する措置を講じている必要がある。また、X社の顧客が通信販売を利用して家電製品等を購入している顧客層であり、その顧客情報はX社の事業に活用することができる情報であることから、[オ]の要件も充足する。X社の顧客情報が、[エ]、[オ]、非公知性の要件をすべて充たす場合には、営業秘密に該当し、[ウ]による法的保護を受けることができる。

[語群]
① 独占禁止法　　② 収集方法　　③ 生存する個人
④ 公益性　　　　⑤ 破棄方法　　⑥ 不正競争防止法
⑦ 有用性　　　　⑧ 非公開性　　⑨ 隣接性
⑩ 新規性　　　　⑪ 利用目的　　⑫ 死者を含むすべての個人
⑬ 消費者契約法　⑭ 秘密管理性　⑮ 個人および法人

第 6 問 解答 → ア ③ イ ⑪ ウ ⑥ エ ⑭ オ ⑦

解説

個人情報保護法上の個人情報とは、[ア]③生存する個人に関する情報であって、当該情報に含まれる氏名、生年月日その他の記述等により特定の個人を識別することができるもの(他の情報と容易に照合することができ、それにより特定の個人を識別することができることとなるものを含む)をいう(個人情報保護法2条1項)。

個人情報保護法は、個人情報取扱事業者に様々な義務を課している。例えば、個人情報取扱事業者は、個人情報の[イ]⑪利用目的を特定する義務を負っており、個人情報取扱事業者は、個人情報を取り扱うに当たっては、利用目的をできる限り特定しなければならない(同法17条1項)。個人情報の取得に際しては、個人情報取扱事業者は、個人情報を取得した場合は、あらかじめその利用目的を公表している場合を除き、速やかに、その利用目的を、本人に通知し、又は公表しなければならない(同法21条1項)。また、利用目的による制限として、個人情報取扱事業者は、あらかじめ本人の同意を得ないで、特定された利用目的の達成に必要な範囲を超えて、個人情報を取り扱ってはならない(同法18条1項)。

ところで、顧客情報は同時に一定の要件を充たすことで[ウ]⑥不正競争防止法によっても保護される。すなわち、個人情報が、秘密として管理されており、事業活動に有用な営業上の情報であって、公然と知られていないものであれば不正競争防止法上の営業秘密として保護される(不正競争防止法2条6項)。すなわち、営業秘密といえるためには、[エ]⑭秘密管理性、[オ]⑦有用性、非公知性が認められなければならない。

窃取、詐欺、強迫その他の不正の手段により営業秘密を取得する行為又は不正取得行為により取得した営業秘密を使用し、若しくは開示する行為は、不正競争防止法上の不正競争に当たり(同法2条1項4号)、不正の利益を得る目的で、又はその保有者に損害を加える目的で、詐欺等行為又は管理侵害行為により、営業秘密を取得した者には、刑事罰が科せられる(同法21条1項1号)。

経済産業省が発行する営業秘密管理指針によれば、秘密管理性の要件を備えているとされるためには、「営業秘密保有企業の秘密管理意思(特定の情報を秘密として管理しようとする意思)が、具体的状況に応じた経済合理的な秘密管理措置によって、従業員に明確に示され、結果として、従業員が当該秘密管理意思を容易に認識できる(換言すれば、認識可能性が確保される)必要がある。」とされている。

172　第5章　企業活動に関する法規制

第7問 ビジネスにかかわる犯罪

難易度 → ★★☆

次の文中の[　]の部分に、後記の語群から最も適切な語句を選び、解答用紙の所定欄にその番号をマークしなさい。(第41回第9問9-1)

ビジネスに関連して、企業が犯罪の被害者となることもあれば、取締役等の役員が犯罪を犯したり、企業が犯罪を理由に刑罰を科されることもあり得る。また、企業やその役員等には、会社法によって特に禁止される類型の犯罪もあるので注意しなければならない。

会社法上の犯罪としては、例えば、粉飾決算により架空の利益を計上して株主に剰余金を配当することは、[ア]に当たり、5年以下の懲役*もしくは500万円以下の罰金またはこれらの併科となる。また、例えば、金融機関の融資担当役員が不良貸付を行った場合のように、取締役が、自己または第三者の利益を図りまたは株式会社に損害を加える目的で、自己の任務に背く行為をし、これにより会社に損害を与えた場合には、[イ]として10年以下の懲役*もしくは1000万円以下の罰金またはこれらの併科となる。なお、取締役が会社法上の犯罪を行ったことは、取締役の[ウ]となる。

刑法上の犯罪としては、例えば、企業の従業員や役員が業務上保管している企業の商品の横流しや集金した金銭の使い込み等をした場合には[エ]が成立し、また、企業の秘密を他社に漏らした場合などには背任罪が成立する可能性がある。

さらに、企業の従業員や役員が、官公庁との契約の締結や許認可の取得などについて有利な取扱いを受けるために、公務員に対して社交儀礼の範囲を超えて金品を交付した場合には、当該従業員や役員に[オ]が成立することとなる。

[語群]
① 収賄罪
② 有価証券偽造罪
③ 恐喝罪
④ 見せ金
⑤ 欠格事由
⑥ 利益供与罪
⑦ 業務上横領罪
⑧ 贈賄罪
⑨ 違法配当罪
⑩ 信用毀損罪
⑪ 違法性阻却事由
⑫ 取消事由
⑬ 特別背任罪
⑭ 偽造有価証券行使罪
⑮ 強要罪

*法改正により「拘禁刑」となります。

| 第7問 | 解答 → | ア | ⑨ | イ | ⑬ | ウ | ⑤ | エ | ⑦ | オ | ⑧ |

解説

　ビジネスに関連する犯罪は、刑法だけではなく、会社法、独占禁止法、不正競争防止法など様々な法律に刑罰規定が定められているので注意が必要である。

　会社法上の犯罪には、[ア]⑨違法配当罪、[イ]⑬特別背任罪のほか、利益供与罪などがある。

　取締役等が法令又は定款の規定に違反して、剰余金の配当をしたときは、会社法上の犯罪である違法配当罪が成立する（会社法963条5項2号）。配当することができる剰余金の額は、会社法で厳密に規定されているから（同法461条）、取締役が、粉飾決算をして架空の利益を計上し株主に剰余金の配当を行うことは、法令の規定に違反した剰余金の配当となる。

　株式会社の取締役などが、自己若しくは第三者の利益を図り又は株式会社に損害を加える目的で、その任務に背く行為をし、当該株式会社に財産上の損害を加えたときは、会社法上の特別背任罪が成立し得る（同法960条1項3号）。金融機関の融資担当役員が融資をする場合には、十分な担保の設定を受けて融資をする義務があるといえ、回収の見込みがないのに、そのことを認識しながら、十分な担保の設定を受けることなく顧客に融資を実施することは、その任務に背く行為に当たる。

　会社法、金融商品取引法、民事再生法、破産法等に規定されている所定の罪を犯し、刑に処せられ、その執行を終わり、又はその執行を受けることがなくなった日から2年を経過しない者は、会社法上、取締役の[ウ]⑤欠格事由に当たり、取締役となることができない（同法331条1項3号）。

　刑法上の犯罪には、[エ]⑦業務上横領罪、背任罪、[オ]⑧贈賄罪のほか、有価証券偽造罪、窃盗罪などがある。

　業務上自己の占有する他人の物を横領した場合、業務上横領罪が成立する（刑法253条）。横領するとは、所有者でなければ絶対にできないような処分をすることをいう。

　公務員が、その職務に関し、賄賂を収受し、又はその要求若しくは約束をしたときは、収賄罪が成立し（同法197条1項）、賄賂を供与し、又はその申込み若しくは約束をした者には贈賄罪が成立する（同法198条）。

独占禁止法

独占禁止法に関する次の①〜④の記述のうち、その内容が最も適切なものを1つだけ選び、解答用紙の所定欄にその番号をマークしなさい。（第48回第3問ア）

① 独占禁止法上、事業者は、商業、工業、金融業その他の営利事業を行う者をいい、営利を目的としない公益法人や公共団体は事業者に該当しない。
② 不当な取引制限に当たる行為は、公正取引委員会による課徴金納付命令の対象とはならないが、排除措置命令の対象とはなる。
③ 事業者が、他の事業者との間で、製品の出荷量を制限する協定を締結し、その協定に基づいて、制限された量の製品のみを出荷する行為は、不当な取引制限に該当しない。
④ 事業者が、市場シェアを拡大するため、正当な理由がないのに、製造原価を大幅に下回る価格で自社製品の販売を継続した結果、競合他社の販売活動が困難となった。この場合、当該事業者の行為は、公正な競争を阻害するおそれがあるときは、不当廉売として不公正な取引方法に当たる。

第 8 問 解答 → ④

解説

① **適切でない。独占禁止法上、「事業者」とは、**商業、工業、金融業その他の**事業を行う者をいう**(独占禁止法2条1項)。したがって、営利を目的としない公益法人や公共団体であっても、事業を行う者であれば、独占禁止法上の事業者に該当するから、本肢は適切でない。

② **適切でない。**不当な取引制限について、その典型は談合、カルテルである。不当な取引制限は、排除措置命令や課徴金納付命令の対象となる(独占禁止法7条、7条の2参照)。したがって、**不当な取引制限に当たる行為は、公正取引委員会による排除措置命令の対象のみならず、課徴金納付命令の対象ともなる**から、本肢は適切でない。

③ **適切でない。不当な取引制限とは、事業者が、契約、協定その他何らの名義をもってするかを問わず、他の事業者と共同して対価を決定し、維持し、若しくは引き上げ、又は数量、技術、製品、設備若しくは取引の相手方を制限する等相互にその事業活動を拘束し、又は遂行することにより、公共の利益に反して、一定の取引分野における競争を実質的に制限することをいう**(独占禁止法2条6項)。したがって、事業者が、他の事業者との間で、製品の出荷量を制限する協定を締結し、その協定に基づいて、制限された量の製品のみを出荷する行為は、不当な取引制限に該当するから、本肢は適切でない。

④ **最も適切である。正当な理由がないのに、商品又は役務をその供給に要する費用を著しく下回る対価で継続して供給することであって、他の事業者の事業活動を困難にさせるおそれがあるものを不当廉売といい、独占禁止法上の不公正な取引方法に当たる**(独占禁止法2条9項3号)。したがって、事業者が、市場シェアを拡大するため、正当な理由がないのに、製造原価を大幅に下回る価格で自社製品の販売を継続した結果、競合他社の販売活動が困難となった場合、当該事業者の行為は、公正な競争を阻害するおそれがあるときは、不当廉売として不公正な取引方法に当たるから、本肢は適切である。

176　第5章　企業活動に関する法規制

独占禁止法

独占禁止法により禁止される行為に関する次のa～dの記述のうち、その内容が適切なものの組み合わせを①～④の中から1つだけ選び、解答用紙の所定欄にその番号をマークしなさい。(第45回第3問ア)

a．清涼飲料水メーカーであるX社は、X社から購入したX社製品を消費者に販売している小売店Yに対し、正当な理由がないのに、消費者に対するX社製品の販売価格を指定しその価格で販売することをYに強制した。この場合のX社の行為は、再販売価格の拘束には該当せず、独占禁止法に違反することはない。

b．衣料品の卸売業者であるX社は、小売店Yに対し、取引を行う際の条件として、不当に、X社の競争事業者であるZ社と取引をしないことを定めることにより、Z社の取引の機会を減少させた。この場合のX社の行為は、排他条件付取引に該当し、独占禁止法に違反する。

c．建材メーカーであるX社およびY社は、原材料費や物流費の高騰に伴い、両社間で協議等をすることなく、両社の独自の判断で、ほぼ同時期に建材の販売価格を値上げした結果、両社における同種の建材の販売価格は同一となった。この場合の両社の行為は、不当な取引制限に該当し、独占禁止法に違反する。

d．関東地方でスーパーマーケットチェーンを営むX社、Y社およびZ社は、協定により、同一の取扱商品についてその価格を値引きして消費者に販売する場合には値引き額を絶えず同一の額とすることを取り決め、この協定に従ったことにより、公共の利益に反して、当該商品の市場における競争を実質的に制限した。この場合の三社の行為は、不当な取引制限に該当し、独占禁止法に違反する。

① a c ② a d ③ b c ④ b d

第9問 解答 → ④

解説

a． 適切でない。 自己の供給する商品を購入する相手方に、正当な理由がないのに、相手方に対しその販売する当該商品の販売価格を定めてこれを維持させることその他相手方の当該商品の販売価格の自由な決定を拘束することを**再販売価格の拘束**といい、独占禁止法上禁止される**不公正な取引方法**に当たる（独占禁止法2条9項4号イ）。したがって、X社が、X社から購入したX社製品を消費者に販売している小売店Yに対し、正当な理由がないのに、消費者に対するX社製品の販売価格を指定しその価格で販売することをYに強制した場合のX社の行為は、再販売価格の拘束に該当し、独占禁止法に違反するから、本肢は適切でない。

b． 適切である。 不当に、相手方が競争者と取引しないことを条件として当該相手方と取引し、競争者の取引の機会を減少させるおそれがあることを**排他条件付取引**といい、独占禁止法で禁止される**不公正な取引方法**に当たる（独占禁止法19条、昭和57年6月18日公正取引委員会告示第15号第11項）。したがって、X社が、小売店Yに対し、取引を行う際の条件として、不当に、X社の競争事業者であるZ社と取引をしないことを定めることにより、Z社の取引の機会を減少させた場合のX社の行為は、排他条件付取引に該当し、独占禁止法に違反するから、本肢は適切である。

c． 適切でない。不当な取引制限とは、事業者が、契約、協定その他何らの名義をもってするかを問わず、他の事業者と共同して対価を決定し、維持し、若しくは引き上げ、又は数量、技術、製品、設備若しくは取引の相手方を制限する等相互にその事業活動を拘束し、又は遂行することにより、公共の利益に反して、一定の取引分野における競争を実質的に制限することをいう（独占禁止法2条6項）。**「他の事業者と共同して」といえるためには、事業者間に何らかの意思の連絡が必要であると解されている。** したがって、X社及びY社が、両社間で協議等をすることなく、両社の独自の判断で、ほぼ同時期に建材の販売価格を値上げした結果、両社における同種の建材の販売価格が同一となった場合、両社の行為は、不当な取引制限に該当しないから、本肢は適切でない。

d． 適切である。協定により価格を取り決める行為は、不当な取引制限の典型的な行為である。 したがって、X社、Y社及びZ社が、協定により、同一の取扱商品についてその価格を値引きして消費者に販売する場合には値引き額を絶えず同一の額とすることを取り決め、この協定に従ったことにより、公共の利益に反して、当該商品の市場における競争を実質的に制限した場合、三社の行為は、不当な取引制限に該当し、独占禁止法に違反するから、本肢は適切である。

消費者保護に関する法律

消費者保護を目的とする法律に関する次のa～dの記述のうち、その内容が適切なものを○、適切でないものを×とした場合の組み合わせを①～④の中から1つだけ選び、解答用紙の所定欄にその番号をマークしなさい。(第46回第3問エ)

a. 事業者が、特定商取引法上の訪問販売に該当する取引を行い、消費者との間で商品の売買契約を締結した。この場合、当該消費者は、原則として、クーリング・オフを行使し、売買契約の解除に関する事項その他所定の事項を記載した書面*を受領した日から起算して8日以内に、書面*により、無条件で当該契約を解除することができる。

b. 割賦販売法は、事業者が消費者から代金を分割して受領することを条件とする、あらゆる商品、役務、権利に関する取引に例外なく適用される。

c. 消費者契約法は、事業者が消費者に商品を販売する契約には適用されるが、事業者が消費者に役務を提供する契約には適用されない。

d. 消費者契約法上の適格消費者団体は、不特定多数の消費者の利益を保護するため、一定の場合には、消費者契約法に違反する事業者を相手方として、差止請求訴訟を提起することができる。

① a－○ b－○ c－× d－○
② a－○ b－× c－× d－○
③ a－× b－○ c－○ d－×
④ a－× b－× c－○ d－×

*法改正により、点線下線部を「書面または電磁的記録」と読み替えてください。

第10問 解答 → ②

解説

a．適切である。訪問販売においては、クーリング・オフが認められており、訪問販売にかかる売買契約の申込み又は締結をした場合、書面又は電磁的記録によりその売買契約等の申込みの撤回又はその売買契約の解除を行うことができる（特定商取引法9条1項参照）。もっとも、申込者等が所定の書面又は電磁的記録を受領した日から起算して8日を経過した場合、原則として、クーリング・オフをすることができない（同項ただし書）。クーリング・オフは、不意打ち的な取引から消費者を保護するため、無条件で契約の解除を認める制度である。したがって、事業者が、特定商取引法上の訪問販売に該当する取引を行い、消費者との間で商品の売買契約を締結した場合、当該消費者は、原則として、クーリング・オフを行使し、売買契約の解除に関する事項その他所定の事項を記載した書面又は電磁的記録を受領した日から起算して8日以内に、書面又は電磁的記録により、無条件で当該契約を解除することができるから、本肢は適切である。

b．適切でない。割賦販売法が適用される割賦販売とは、購入者から商品若しくは権利の代金を、又は役務の提供を受ける者から役務の対価を2ヶ月以上の期間にわたり、かつ、3回以上に分割して受領することを条件として指定商品若しくは指定権利を販売し、又は指定役務を提供すること等をいう（割賦販売法2条1項1号）。したがって、割賦販売法は、事業者が消費者から代金を分割して受領することを条件とする、あらゆる商品、役務、権利に関する取引に例外なく適用されるわけではなく、2ヶ月以上の期間にわたり、かつ、3回以上に分割して代金を受領すること等を条件とする取引に適用されるから、本肢は適切でない。

c．適切でない。消費者契約法が適用される消費者契約とは、消費者と事業者との間で締結される契約をいう（消費者契約法2条3項）。消費者契約法は、労働契約を除く消費者と事業者との間の契約に適用され、事業者が消費者に役務を提供する契約にも適用される。したがって、消費者契約法は、事業者が消費者に商品を販売する契約とともに、事業者が消費者に役務を提供する契約にも適用されるから、本肢は適切でない。

d．適切である。適格消費者団体は、事業者等が、消費者契約の締結について勧誘をするに際し、不特定かつ多数の消費者に対して所定の行為を現に行い又は行うおそれがあるときは、その事業者等に対し、当該行為の停止若しくは予防又は当該行為に供した物の廃棄若しくは除去その他の当該行為の停止若しくは予防に必要な措置をとることを請求することができる（消費者契約法12条1項）。したがって、消費者契約法上の適格消費者団体は、不特定多数の消費者の利益を保護するため、一定の場合には、消費者契約法に違反する事業者を相手方として、差止請求訴訟を提起することができるから、本肢は適切である。

消費者契約法

消費者契約法に関する次のa～dの記述のうち、その内容が適切なものを○、適切でないものを×とした場合の組み合わせを①～④の中から１つだけ選び、解答用紙の所定欄にその番号をマークしなさい。(第39回第３問オ)

a．消費者契約法上の事業者には、法人その他の団体のほか、個人事業主のように、事業としてまたは事業のために契約の当事者となる個人も含まれる。
b．消費者契約法は、事業者が消費者に商品を販売する契約のみに適用され、事業者が消費者に役務を提供する契約には適用されない。
c．消費者契約において、事業者の債務不履行により消費者に生じた損害を賠償する責任の全部を免除する条項が定められている場合、当該条項は無効である。
d．消費者が消費者契約法に基づき事業者との間の売買契約を取り消した場合、事業者は当該売買契約に基づきすでに消費者から受領していた売買代金を返還する必要はない。

① a－○　　b－○　　c－×　　d－×
② a－○　　b－×　　c－○　　d－×
③ a－×　　b－○　　c－×　　d－○
④ a－×　　b－×　　c－○　　d－○

第11問 解答 → ②

解説

a．**適切である。**消費者契約法が適用される消費者契約とは、消費者と事業者との間で締結される契約をいう（消費者契約法2条3項）。そして、**事業者とは、法人その他の団体及び事業として又は事業のために契約の当事者となる場合における個人**をいう（同条2項）。したがって、消費者契約法上の事業者には、法人その他の団体のほか、個人事業主のように、事業として又は事業のために契約の当事者となる個人も含まれるから、本肢は適切である。

b．**適切でない。**消費者契約法が適用される消費者契約とは、消費者と事業者との間で締結される契約と定義され、**消費者契約法は、適用対象とする契約の内容を限定していない**（消費者契約法2条3項参照）。したがって、消費者契約法は、事業者が消費者に商品を販売する契約のみならず、事業者が消費者に役務を提供する契約にも適用されるから、本肢は適切でない。

c．**適切である。**消費者保護のため、消費者契約法は、消費者契約における一定の条項は無効と定めている。その一つとして、**事業者の債務不履行により消費者に生じた損害を賠償する責任の全部を免除する消費者契約の条項は、無効**である（消費者契約法8条1項1号）。したがって、消費者契約において、事業者の債務不履行により消費者に生じた損害を賠償する責任の全部を免除する条項が定められている場合、当該条項は無効であるから、本肢は適切である。

d．**適切でない。**消費者契約の申込み又はその承諾の意思表示の取消し及び消費者契約の条項の効力については、消費者契約法の規定のほか、民法及び商法の規定も適用される（消費者契約法11条1項参照）。そして、民法上、**取り消された行為は、初めから無効であったものとみなされ、当事者は原則として相互に原状回復義務を負う**（民法121条、121条の2）。したがって、消費者が消費者契約法に基づき事業者との間の売買契約を取り消した場合、事業者は原状回復義務を負い、当該売買契約に基づきすでに消費者から受領していた売買代金を返還しなければならないから、本肢は適切でない。

182　第5章　企業活動に関する法規制

特定商取引法

難易度 → ★★☆

宝飾品類の販売業者であるA社が指輪甲を消費者Bに販売する場合における特定商取引法の規制に関する次のa〜dの記述のうち、その内容が適切なものの組み合わせを①〜④の中から1つだけ選び、解答用紙の所定欄にその番号をマークしなさい。なお、Bは、甲の売買契約締結に関し、A社に自宅への訪問等の要請をしていないものとする。(第45回第6問エ)

a．A社の従業員Cは、消費者Bに甲の販売の勧誘をするため、Bの自宅を訪問した。この場合、Cは、販売の勧誘に先立って、A社の名称、売買契約の締結について勧誘する目的である旨等の一定の事項をBに明らかにしなければならない。

b．A社の従業員Cは、消費者Bの自宅を訪問し、A社とBとの間の甲の売買契約を締結した。この場合において、Bがクーリング・オフを行うためには、所定の期間内に解約等の通知を発することが必要であるが、その通知は書面*によるか否かを問わない。

c．A社の従業員Cは、消費者Bの自宅を訪問し、A社とBとの間の甲の売買契約を締結した。その後、Bは、所定の期間内にクーリング・オフを行った。この場合、Bは、甲をA社に返還する義務を負うが、その返還に要する費用はA社が負担しなければならない。

d．A社の従業員Cは、路上で消費者Bを呼び止め、A社の営業所に同行させ、当該営業所において、A社とBとの間の甲の売買契約を締結した。この場合、Bは、特定商取引法に基づきクーリング・オフを行うことができない。

①　ac　　②　ad　　③　bc　　④　bd

*法改正により、点線下線部を「書面または電磁的記録」と読み替えてください。

第12問 解答 → ①

解説

a. **適切である。**販売業者は、訪問販売をしようとするときは、その勧誘に先立って、その相手方に対し、販売業者の氏名又は名称、売買契約の締結について勧誘をする目的である旨及び当該勧誘に係る商品の種類を明らかにしなければならない（特定商取引法3条）。したがって、A社の従業員Cが、消費者Bに甲の販売の勧誘をするため、Bの自宅を訪問した場合、Cは、販売の勧誘に先立って、A社の名称、売買契約の締結について勧誘する目的である旨等の一定の事項をBに明らかにしなければならないから、本肢は適切である。

b. **適切でない。**販売業者が営業所等以外の場所において商品につき売買契約の申込みを受けた場合は、その申込みをした者は、所定の書面又は電磁的記録を受領した日から起算して8日を経過するまでは、書面又は電磁的記録によりクーリング・オフを行うことができる（特定商取引法9条1項）。したがって、A社の従業員Cが、消費者Bの自宅を訪問し、A社とBとの間の甲の売買契約を締結した場合において、Bがクーリング・オフを行うためには、所定の期間内に解約等の通知を発することが必要であり、その通知は書面又は電磁的記録によらなければならないから、本肢は適切でない。

c. **適切である。**クーリング・オフがあった場合において、その売買契約に係る商品の引渡しが既にされているときは、その引取り又は返還に要する費用は、販売業者の負担となる（特定商取引法9条4項）。したがって、A社の従業員Cが、消費者Bの自宅を訪問し、A社とBとの間の甲の売買契約を締結した後、Bが、所定の期間内にクーリング・オフを行った場合、Bは、甲をA社に返還する義務を負い、その返還に要する費用はA社が負担しなければならないから、本肢は適切である。

d. **適切でない。**販売業者が、営業所等において、営業所等以外の場所において呼び止めて営業所等に同行させた者等から売買契約の申込みを受け、若しくは売買契約を締結して行う商品の販売（例えば、いわゆるキャッチセールスの場合）は、特定商取引法上の訪問販売に当たる（特定商取引法2条1項2号）。そして、訪問販売の場合、すなわち、販売業者が営業所等において特定顧客から商品につき売買契約の申込みを受けた場合におけるその申込みをした者は、所定の書面又は電磁的記録を受領した日から起算して8日を経過するまでは、書面又は電磁的記録によりクーリング・オフを行うことができる（特定商取引法9条1項）。したがって、A社の従業員Cが、路上で消費者Bを呼び止め、A社の営業所に同行させ、当該営業所において、A社とBとの間の甲の売買契約を締結した場合、Bは、特定商取引法に基づきクーリング・オフを行うことができるから、本肢は適切でない。

184　第5章　企業活動に関する法規制

個人情報保護法

第13問　難易度 → ★★☆

　個人情報保護法に関する次のa〜dの記述のうち、その内容が適切なものの組み合わせを①〜④の中から1つだけ選び、解答用紙の所定欄にその番号をマークしなさい。（第46回第3問イ）

a．外国人に関する情報は、個人情報保護法上の個人情報に当たらない。
b．個人情報保護法上、個人情報取扱事業者が個人データを第三者に提供するためには、原則として、あらかじめ本人の同意を得ることを要する。
c．個人情報保護法上、個人情報取扱事業者は、個人データの安全管理のための措置を講じることを義務付けられていない。
d．個人情報保護法上、個人情報取扱事業者は、偽りその他不正の手段により個人情報を取得してはならない。

①　a b　　②　a c　　③　b d　　④　c d

解答欄

第13問　解答 → ③

解説

a．適切でない。個人情報保護法上の個人情報とは、生存する個人に関する情報であって、当該情報に含まれる氏名、生年月日その他の記述等により特定の個人を識別することができるもの（他の情報と容易に照合することができ、それにより特定の個人を識別することができることとなるものを含む。）をいう（個人情報保護法2条1項）。したがって、外国人に関する情報も、個人情報保護法上の個人情報に当たるから、本肢は適切でない。

b．適切である。個人情報取扱事業者は、法令に基づく場合等の所定の場合を除き、あらかじめ本人の同意を得ないで、個人データを第三者に提供してはならない（個人情報保護法27条1項）。したがって、個人情報保護法上、個人情報取扱事業者が個人データを第三者に提供するためには、原則として、あらかじめ本人の同意を得ることを要するから、本肢は適切である。

c．適切でない。個人情報取扱事業者は、その取り扱う個人データの漏えい、滅失又は毀損の防止その他の個人データの安全管理のために必要かつ適切な措置を講じなければならない（個人情報保護法23条）。したがって、個人情報保護法上、個人情報取扱事業者は、個人データの安全管理のための措置を講じることを義務付けられているから、本肢は適切でない。

d．適切である。個人情報取扱事業者は、偽りその他不正の手段により個人情報を取得してはならない（個人情報保護法20条1項）。したがって、個人情報保護法上、個人情報取扱事業者は、偽りその他不正の手段により個人情報を取得してはならないから、本肢は適切である。

第14問 ビジネスにかかわる犯罪

難易度 → ★☆☆

ビジネスにかかわる犯罪に関する次の①〜④の記述のうち、その内容が最も適切でないものを1つだけ選び、解答用紙の所定欄にその番号をマークしなさい。(第40回第6問オ)

① 株式会社の取締役が、粉飾決算をして架空の利益を計上し株主に剰余金の配当を行った場合、当該取締役には違法配当罪が成立し、刑事罰を科され得る。

② 会社の秘密文書の管理権限を有しない従業員がその秘密文書を会社に無断で社外に持ち出した場合、当該従業員には窃盗罪が成立し、刑事罰を科され得る。

③ 会社の従業員が不正な手段を用いて他社から取得した営業秘密を、当該会社は不正取得されたものであることを知りながら使用した。この場合、当該会社は営業秘密の侵害に関し刑事罰を科されることはないが、当該従業員には営業秘密の侵害に関する罪が成立し、刑事罰を科され得る。

④ 株式会社における支配人等の使用人が、株主総会での議決権の行使に関し、いわゆる総会屋に不正の利益を提供した場合、当該使用人には利益供与罪が成立し、刑事罰を科され得る。

解答欄

第14問　解答 → ③

解説

① 適切である。取締役等が法令又は定款の規定に違反して、剰余金の配当をしたときは、会社法上の犯罪である違法配当罪が成立し、5年以下の懲役*若しくは500万円以下の罰金に処せられ、又はこれを併科される可能性がある（会社法963条5項2号）。配当することができる剰余金の額は、会社法に規定されているから（同法461条参照）、取締役が、粉飾決算をして架空の利益を計上し株主に剰余金の配当を行うことは、法令の規定に違反した剰余金の配当となる。したがって、株式会社の取締役が、粉飾決算をして架空の利益を計上し株主に剰余金の配当を行った場合、当該取締役には違法配当罪が成立し、刑事罰を科され得るから、本肢は適切である。

② 適切である。他人の財物を窃取すると窃盗罪が成立する（刑法235条）。窃取とは、占有者の意思に反して、物の占有を取得し、又は第三者に占有を移すことをいう。会社の秘密文書の管理権限を有しない従業員がその秘密文書を無断で社外へ持ち出す行為は、秘密文書の正当な管理権限を有する者の意思に反して、秘密文書の占有を取得したといえ、窃取に当たる。したがって、会社の秘密文書の管理権限を有しない従業員がその秘密文書を会社に無断で社外に持ち出した場合、当該従業員には窃盗罪が成立し、刑事罰を科され得るから、本肢は適切である。

③ 最も適切でない。不正の利益を得る目的で、又はその営業秘密保有者に損害を加える目的で、所定の不正な手段により、営業秘密を取得した者のみならず、所定の不正な手段により取得した営業秘密を、不正の利益を得る目的で、又はその保有者に損害を加える目的で、使用し、又は開示した者にも、不正競争防止法上の営業秘密の侵害に関する罪が成立し得る（不正競争防止法21条1項1号、2号）。また、法人の代表者又は法人の代理人、使用人その他の従業者が、その法人業務に関し、当該行為をしたときは、両罰規定により、その法人に対して5億円以下の罰金刑が科される可能性がある（同法22条1項2号）。したがって、会社の従業員が不正な手段を用いて他社から取得した営業秘密を、当該会社が不正取得されたものであることを知りながら使用した場合、当該従業員には営業秘密の侵害に関する罪が成立し、刑事罰を科され得るほか、両罰規定により当該会社にも営業秘密の侵害に関し刑事罰を科され得るから、本肢は適切でない。

④ 適切である。株式会社の取締役、会計参与、監査役又は執行役、支配人等又はその他の株式会社の使用人が、株主の権利、当該株式会社に係る適格旧株主の権利又は当該株式会社の最終完全親会社等の株主の権利の行使に関し、当該株式会社又はその子会社の計算において財産上の利益を供与したときは、会社法上の犯罪である利益供与罪が成立し、3年以下の懲役*又は300万円以下の罰金に処せられる可能性がある（会社法970条1項）。したがって、株式会社における支配人等の使用人が、株主総会での議決権の行使に関し、いわゆる総会屋に不正の利益を提供した場合、当該使用人には利益供与罪が成立し、刑事罰を科され得るから、本肢は適切である。

＊法改正により「拘禁刑」となります。

188　第5章　企業活動に関する法規制

第15問 ビジネスにかかわる犯罪

難易度 → ★★☆

ビジネスにかかわる犯罪に関する次のa～dの記述のうち、その内容が適切なものを○、適切でないものを×とした場合の組み合わせを①～④の中から1つだけ選び、解答用紙の所定欄にその番号をマークしなさい。(第43回第10問イ)

a．X株式会社の従業員Aは、取引先から集金し、自己が管理する売上金を自己のために使い込んだ。この場合、Aの行為には、業務上横領罪が成立し得る。

b．X株式会社の機密情報の管理責任者である従業員Aが、自己の利益を図るためにX社の機密情報をX社の競合会社であるY社に漏えいし、それによりX社に財産上の損害を与えた。この場合、Aには、背任罪が成立し得る。

c．個人情報取扱事業者であるX株式会社の従業員として、個人情報データベース等を取り扱う事務に従事していたAは、X社を退職した後、不正な利益を得る目的で、当該個人情報データベース等を第三者に提供した。この場合、個人情報保護法上、Aには、刑事罰が科され得る。

d．X株式会社の取締役Aが、粉飾決算をして架空の利益を計上しX社の株主に剰余金の配当を行った。この場合、Aには、違法配当罪が成立し得る。

① a －○　　b －○　　c －○　　d －○
② a －○　　b －×　　c －○　　d －×
③ a －×　　b －○　　c －×　　d －○
④ a －×　　b －×　　c －×　　d －×

解答欄

第15問 解答 → ①

解説

a．適切である。業務上自己の占有する他人の物を横領した者には、業務上横領罪が成立し、10年以下の懲役*に処せられる可能性がある（刑法253条）。横領とは、自己の占有する他人の物について、所有者でなければできない処分をすることをいう。したがって、X株式会社の従業員Aが、取引先から集金し、自己が管理する売上金を自己のために使い込んだ場合、Aの行為には、業務上横領罪が成立し得るから、本肢は適切である。

b．適切である。他人のためにその事務を処理する者が、自己若しくは第三者の利益を図り又は本人に損害を加える目的で、その任務に背く行為をし、本人に財産上の損害を加えたときは、背任罪が成立し、5年以下の懲役*又は50万円以下の罰金に処せられる可能性がある（刑法247条）。したがって、X株式会社の機密情報の管理責任者である従業員Aが、自己の利益を図るためにX社の機密情報をX社の競合会社であるY社に漏えいし、それによりX社に財産上の損害を与えた場合、Aには、背任罪が成立し得るから、本肢は適切である。

c．適切である。個人情報保護法上、刑事罰の規定があり、個人情報取扱事業者若しくはその従業者又はこれらであった者が、その業務に関して取り扱った個人情報データベース等（その全部又は一部を複製し、又は加工したものを含む。）を自己若しくは第三者の不正な利益を図る目的で提供し、又は盗用したときは、1年以下の懲役*又は50万円以下の罰金に処せられる可能性がある（個人情報保護法179条）。したがって、個人情報取扱事業者であるX株式会社の従業員として、個人情報データベース等を取り扱う事務に従事していたAが、X社を退職した後、不正な利益を得る目的で、当該個人情報データベース等を第三者に提供した場合、個人情報保護法上、Aには、刑事罰が科され得るから、本肢は適切である。

d．適切である。取締役等が法令又は定款の規定に違反して、剰余金の配当をしたときは、会社法上の犯罪である違法配当罪が成立する（会社法963条5項2号）。配当することができる剰余金の額は、会社法で厳密に規定されているから（同法461条）、取締役が、粉飾決算をして架空の利益を計上し株主に剰余金の配当を行うことは、法令の規定に違反した剰余金の配当となる。したがって、X株式会社の取締役Aが、粉飾決算をして架空の利益を計上しX社の株主に剰余金の配当を行った場合、Aには、違法配当罪が成立し得るから、本肢は適切である。

＊法改正により「拘禁刑」となります。

190　第5章　企業活動に関する法規制

重要ポイントの整理

ここでは、試験で間違えやすい基本的な項目をまとめています。

●独占禁止法

- 公正取引委員会が運用し執行。
- 違反行為をした従業員に刑事罰が科される（事業者にも科されることがある。両罰規定）。
- 一定の違反行為をした事業者には、次の措置がとられる。

排除措置命令	当該行為の差止め、事業の一部譲渡、契約条項の削除などが命じられる
課徴金納付命令	課徴金の納付が命じられる

- 独占禁止法が制限する行為

私的独占	他の事業者を支配又は市場から排除すること
不当な取引制限	カルテル、談合など
不公正な取引方法	不当廉売、抱き合わせ販売、再販売価格の拘束、優越的地位の濫用など

●個人情報保護

個人情報とは、生存する個人に関する情報で、特定の個人を識別することができるもの。

個人情報取扱事業者の主な義務

- 個人情報の利用目的を特定すること
- 利用目的を変更する場合は、変更前の利用目的と関連性のある範囲を超えないこと
- 特定された利用目的の達成に必要な範囲を超えて、個人情報を取り扱わないこと
- 個人情報の取得に際して、利用目的を本人に通知又は公表すること（あらかじめ公表している場合を除く）
- 利用目的の達成に必要な範囲内で、個人データを正確かつ最新の内容に保つこと
- 個人データの漏えい・滅失・毀損を防止するために必要かつ適切な安全管理措置をとること
- 個人データの取扱いを委託する場合は、委託を受けた者に対して必要かつ適切な監督を行うこと

●営業秘密

営業秘密は不正競争防止法によって保護される。営業秘密の要件は次のとおり。

秘密管理性	秘密として管理されていること
有用性	事業活動に有用なものであること
非公知性	公然と知られていないこと

5
企業活動に関する法規制

●消費者保護

消費者契約法 ····· 事業者の行為に基づく誤認や困惑による契約は取消しが可能。取り消された契約は無効となり、相互に原状回復義務が発生する。

特定商取引法 ····· 通信販売や訪問販売（営業所以外の場所で行われる取引。**キャッチセールス**も含む）等を規制。訪問販売では、**クーリング・オフ**が認められる。クーリング・オフは**8日以内**に**書面又は電磁的記録**により行う。返還・引取り費用は販売業者の負担となる。

割賦販売法 ····· 割賦販売（**2ヶ月以上**の期間、**3回以上**に分割して代金を受領する一定の販売形式）を規制。

製造物責任法

- 製造業者等は、製造・加工・輸入した製造物の欠陥により他人の生命・身体・財産を侵害したときは損害賠償責任を負う。
- 製造又は加工された動産が対象（製造・加工されていない水産物や不動産は対象外）。
- 被害者は製造物に欠陥がありそれにより損害を受けたことを立証できればよく、製造業者の故意や過失を立証する必要はない（民法上の不法行為による損害賠償請求とは異なる）。
- 損害が当該製造物についてのみ生じたときは、製造物責任は発生しない。

●押さえておくべきビジネスにかかわる犯罪

刑法上の罪

窃盗罪 （刑法235条）	会社の秘密文書の管理権限を有しない者が、会社に無断でその秘密文書を持ち出す行為など
背任罪 （刑法247条）	他人のためにその事務を管理する者が、任務に背く行為によりその他人に財産上の損害を加えること

会社法上の罪

特別背任罪 （会社法960条1項）	取締役、会計参与、監査役、執行役、支配人等が任務に背く行為により会社に財産上の損害を加えること
違法配当罪 （会社法963条5項2号）	取締役、会計参与、監査役、執行役、支配人等が法令や定款の規定に違反して剰余金の配当をする行為

企業と会社のしくみ

学習のポイント

　この章では、取引の主体と会社のしくみについて学習します。この分野の出題の傾向として、過去に出題された問題と同じ内容の問題が出題されることが多くあります。特に商業登記、株式会社の機関については、今後も出題されることが予想され、過去問の練習は必須といえます。株式会社に関する事項は、社会人として基本的かつ重要な事項ですから、よく注意して学習を進めてください。

 本章のキーワード

- 商号
- 絶対的商行為
- 営業的商行為
- 附属的商行為
- 留置権
- 牽連性
- 株主平等の原則
- 間接有限責任
- 株式譲渡自由の原則
- 所有と経営の分離
- 株主総会
- 株主代表訴訟
- 取締役
- 取締役会
- 任務懈怠責任

取引の主体

次の事項のうち、その内容が正しいものには①を、誤っているものには②を、解答用紙の所定欄にその番号をマークしなさい。

ア．法律上、特定の目的のために運用される財産の集合である財団は、法人となることができない。（第45回第4問ケ）

イ．特定非営利活動促進法上、特定非営利活動法人（NPO法人）は、保健、医療または福祉の増進を図る活動等であって、不特定かつ多数のものの利益の増進に寄与することを主たる目的とするものについて設立することができる。（第46回第8問ウ）

ウ．消費者Xは、Y社が経営するコンビニエンスストアでサンドイッチを購入した。この場合、Y社がXにサンドイッチを販売する行為のみが商行為に該当し、Y社の行為についてのみ商法が適用される。（第46回第1問カ）

エ．商人間で金銭の消費貸借契約が締結された場合において、当事者間に利息の約定がないときは、商法上、貸主は借主に利息を請求することができない。（第41回第8問オ）

オ．商法上の商人Aは、その営業の範囲内で、商人Bとの間で委任契約を締結し、Bから委任された事務の処理を行った。この場合、Aは、Bとの間に報酬を受け取ることができる旨の特約がない限り、Bに報酬を請求することができない。（第44回第4問ア）

第1問 解答➡ ア ② イ ① ウ ② エ ② オ ②

解説

ア．**誤っている。**人（法人と対比する意味で自然人という。）以外で、法律上、権利・義務の主体となることができる資格を有するものを**法人**といい、自然人の団体に法人格が認められる場合、これを**社団法人**といい、財産の集合に法人格が認められる場合、これを**財団法人**という。したがって、法律上、特定の目的のために運用される財産の集合である財団は、法人となることができるから、本項は誤っている。

イ．**正しい。**特定非営利活動促進法上の**特定非営利活動法人とは、特定非営利活動を行うことを主たる目的として設立された法人であって、ここにいう「特定非営利活動」とは、保健、医療又は福祉の増進を図る活動等であって、不特定かつ多数のものの利益の増進に寄与することを目的とするものをいう**（特定非営利活動促進法2条1項、2項、別表）。したがって、特定非営利活動促進法上、特定非営利活動法人（NPO法人）は、保健、医療又は福祉の増進を図る活動等であって、不特定かつ多数のものの利益の増進に寄与することを主たる目的とするものについて設立することができるから、本項は正しい。

ウ．**誤っている。**小売店が市場から商品を仕入れて消費者に販売する行為は、商行為の典型である（商法501条1号参照）。そして、**当事者の一方のために商行為となる行為については、その双方に商法が適用される**（同法3条1項）。したがって、消費者Xが、Y社が経営するコンビニエンスストアでサンドイッチを購入した場合、Y社がXにサンドイッチを販売する行為が商行為に該当し、Y社とXの双方の行為について商法が適用されるから、本項は誤っている。

エ．**誤っている。商人間において金銭の消費貸借をしたときは、貸主は、法定利息を請求することができる**（商法513条1項）。民法上、利息を請求する前提として利息の合意が必要となるが、これはその商法上の特則である。したがって、商人間で金銭の消費貸借契約が締結された場合において、当事者間に利息の約定がないときであっても、商法上、貸主は借主に利息を請求することができるから、本項は誤っている。

オ．**誤っている。商人がその営業の範囲内において他人のために行為をしたときは、相当な報酬を請求することができる**（商法512条）。したがって、商法上の商人Aが、その営業の範囲内で、商人Bとの間で委任契約を締結し、Bから委任された事務の処理を行った場合、Aは、Bとの間に報酬を受け取ることができる旨の特約がないときであっても、商法に基づき、Bに報酬を請求することができるから、本項は誤っている。

196　第6章　企業と会社のしくみ

会社のしくみなど

難易度 → ★★☆

次の事項のうち、その内容が正しいものには①を、誤っているものには②を、解答用紙の所定欄にその番号をマークしなさい。

ア．株式会社においては、どのような商号とするかは原則として自由であり、商号の中に「株式会社」と表示する必要はない。（第42回第1問キ）

イ．株式会社では所有と経営が分離されているため、会社法上、株式会社の株主は、当該株式会社の取締役に就任することができない。（第44回第4問カ）

ウ．会社法上、支配人は、会社の許可を受けなければ、他の会社の取締役、執行役または業務を執行する社員となってはならない。（第44回第8問コ）

エ．商業登記をなすべき事項についてその登記がなされていれば、交通途絶などの正当な事由により登記事項を知らなかった者を除き、善意の第三者に対しても、登記した事項の存在を主張することができる。（第44回第8問エ）

オ．商法上の商人Xは、商号Aの登記をしようとしたが、商号Aと同一の商号が、他の商人Yによって、甲地を営業所の所在場所として、すでにその登記がなされていた。この場合、Xは、その営業の内容がYと異なるときに限り、甲地を営業所の所在場所として商号Aの登記をすることができる。（第48回第4問イ）

第2問　解答 → ア ② イ ② ウ ① エ ① オ ②

解説

ア．誤っている。会社は、株式会社、合名会社、合資会社又は合同会社の種類に従い、それぞれその商号中に株式会社、合名会社、合資会社又は合同会社という文字を用いなければならない（会社法6条2項）。したがって、株式会社においては、商号の中に「株式会社」と表示しなければならないから、本項は誤っている。

イ．誤っている。会社法上、株主が、その所有する株式を発行する株式会社の取締役に就任することを禁止する規定はない。実際に、株主が取締役に就任している例は多い。したがって、株式会社では所有と経営が分離されているものの、会社法上、株式会社の株主は、当該株式会社の取締役に就任することができるから、本項は誤っている。

ウ．正しい。支配人は、会社の許可を受けなければ、自ら営業を行うこと、自己又は第三者のために会社の事業の部類に属する取引をすること、他の会社又は商人の使用人となること、**他の会社の取締役、執行役又は業務を執行する社員となることをしてはならない**（会社法12条1項）。したがって、会社法上、支配人は、会社の許可を受けなければ、他の会社の取締役、執行役又は業務を執行する社員となってはならないから、本項は正しい。

エ．正しい。会社法の規定により登記すべき事項は、登記の後であっても、第三者が正当な事由によってその登記があることを知らなかったときは、善意の第三者に対抗することができない（会社法908条1項）。すなわち、第三者が正当な事由によってその登記があることを知らなかったときを除き、登記の効力を善意の第三者に主張することができる。「正当な事由」とは、交通途絶、登記簿の滅失汚損などをいうと解されている。したがって、商業登記をなすべき事項についてその登記がなされていれば、交通途絶などの正当な事由により登記事項を知らなかった者を除き、善意の第三者に対しても、登記した事項の存在を主張することができるから、本項は正しい。

オ．誤っている。商号の登記は、その商号が他人の既に登記した商号と同一であり、かつ、その営業所（会社にあっては、本店。）の所在場所が当該他人の商号の登記に係る営業所の所在場所と同一であるときは、することができない（商業登記法27条）。したがって、商法上の商人Xは、商号Aの登記をしようとしたが、商号Aと同一の商号が、他の商人Yによって、甲地を営業所の所在場所として、既にその登記がなされていた場合、Xは、その営業の内容がYと異なるときであっても、甲地を営業所の所在場所として商号Aの登記をすることができないから、本項は誤っている。

198　第6章　企業と会社のしくみ

第3問 商行為

次の文中の[ ]の部分に、後記の語群から最も適切な語句を選び、解答用紙の所定欄にその番号をマークしなさい。(第48回第7問7-2)

商法上、商行為には、商人であるか否かにかかわらず、何人が行っても常に商行為となる[ア]と、営業として反復的に営むときには商行為となる営業的商行為がある。このほか、商人が営業のためにする補助的な行為も商行為とされ、これを[イ]という。

商法は、商取引における集団性、反復性および定型性の観点や迅速な取引の要請から、民法の原則に様々な修正を加えている。

まず、商人間においてその双方のために商行為となる行為によって生じた債権が弁済期にあるときは、債権者は、その債権の弁済を受けるまで、その債務者との間における商行為によって自己の占有に属した債務者の所有する物または有価証券を留置することができるとされており、これを商事留置権という。被担保債権が留置物について生じたこと、すなわち[ウ]が必要である民法上の留置権と異なり、商事留置権は、留置物が留置者の占有に属するに至った原因が被担保債権の発生とは異なる原因であってもよいという点に意義がある。

また、一人の債権者に対して、複数の債務者が存在する場合、債務は、民法の原則では[エ]となるが、商法上は連帯債務となる。これは、商行為に基づく債権債務の実効性を強める趣旨である。

さらに、例えば、代理行為に関して、民法の原則においては、代理人が本人のために行為することを相手方に示すこと、すなわち[オ]をせずにした行為は、原則として、当該代理人のためにしたものとみなされ、その行為の効力は本人に帰属しない。これに対し、商行為の代理人が[オ]をしないでその行為をした場合には、原則として、その行為は本人に対してその効力を生ずる。

[語群]
① 補充的商行為 ② 顕名 ③ 継続的商行為
④ 絶対的商行為 ⑤ 不可分債務 ⑥ 委任
⑦ 附従性 ⑧ 分割債務 ⑨ 対価的商行為
⑩ 金銭債務 ⑪ 客観的商行為 ⑫ 牽連性
⑬ 附属的商行為 ⑭ 対価性 ⑮ 授権

第3問 解答→ ア ④ イ ⑬ ウ ⑫ エ ⑧ オ ②

解説

　商取引は、同種の取引が反復継続して、かつ、迅速に行われる特徴がある。そこで、商法は、一定の行為を商行為と定義した上で、商行為について民法の特則を規定している。

　商行為には、[ア]④絶対的商行為（商法501条）、営業的商行為（同法502条）、[イ]⑬附属的商行為（同法503条1項）がある。

　絶対的商行為とは、1回だけ行われた場合でも商行為に当たるものである。当該行為それ自体が営利を目的とする性格を有しているためである。典型的には、物を仕入れて販売する行為がある（同法501条参照）。

　営業的商行為とは、営業としてするときに商行為とされるものである（同法502条）。営業としてするとは、反復継続して行って利益を獲得するという営利目的で行うということである。当該行為が1回目であっても、営利目的で行われれば営業的商行為に当たる。典型的には、レンタルショップにおけるレンタルや、荷物の運送、客の来集を目的とする場屋における取引（映画館での映画の上映等）などがこれに当たる。

　附属的商行為とは、商人がその営業のためにする行為（同法503条1項）である。この附属的商行為は、どのような行為をした場合に商行為となるかという行為に着目する絶対的商行為・営業的商行為などとは異なり、その行為をした者が商人か否かという行為の主体に着目して定義される。

　商行為は、営利を目的として、定型的な取引を迅速に繰り返し行う点に特徴があるため、商法では取引の安全を重視して民法の特則が規定されている。

　留置権の成立要件として、民法上、留置する物と被担保債権との間の[ウ]⑫牽連性、つまり、他人の物の占有者が、その物に関して生じた債権を有することが必要である（民法295条1項）。一方、商人間には商事留置権が認められており、商人間においてその双方のために商行為となる行為によって生じた債権が弁済期にあるときは、原則として、債権者は、その債権の弁済を受けるまで、その債務者との間における商行為によって自己の占有に属した債務者の所有する物又は有価証券を留置することができる（商法521条）。つまり、留置する物と被担保債権との間の牽連性は不要である。例えば、修理が完了した自動車を占有している自動車修理業者が、修理が完了した自動車の所有者たる会社の別のトラックの塗装代金債権を有している場合でも、修理が完了した自動車について商事留置権が発生する。

　また、数人の者がその一人又は全員のために商行為となる行為によって債務を負担したときは、その債務は、各自が連帯して負担する（同法511条1項）。民法上、数人の債務者がある場合、[エ]⑧分割債務が原則であるが、これはその特則である。連帯債務者の一人が当該債務の全額について弁済すれば、他の債務者は債権者との関係では、自己の債務を免れることができる。

　さらに、代理について、民法上、代理人の代理行為の効果が本人に帰属するためには[オ]②顕名が必要である（民法99条1項）。これは取引の相手方に、行為の効果が帰属する者を明らかにするためである。一方、商法では、商行為の代理人が本人のためにすることを示さないでこれをした場合であっても、その行為は、本人に対してその効力を生ずる（商法504条）。

第4問 商号

次の文中の[ ]の部分に、後記の語群から最も適切な語句を選び、解答用紙の所定欄にその番号をマークしなさい。(第46回第7問7-1)

商人や企業に関する重要な事項を公示させる制度として[ア]制度が設けられている。[ア]による法的効果の1つとして、会社法上、株式会社は、その[イ]において設立の登記をすることによって成立することが挙げられる。

[ア]における登記事項の中で特に重要なものとして、商号がある。法人の場合、商号はその法人自体を示す名称そのものであるから、営業の全体について1個の商号のみ用いることが許され、個人の場合も、1つの営業につき用いることのできる商号は1個に限られるものと解されている。これを[ウ]の原則という。また、商号は、これを基礎に信用が形成され、取引相手はその商号によって相手方を識別して取引をするものであることから、商法上、商号の[エ]は、登記をしなければ、第三者に対抗することができないものとされている。したがって、個人の用いる商号については登記が義務付けられてはいないものの、[エ]をする際には登記が必要とされる。

また、商号は、[オ]法によっても保護がなされている。例えば、A社の商号が需要者の間に広く認識されている場合において、A社の商号と同一あるいは類似の商号をB社が無断で使用し、A社の商品または営業と混同を生じさせ、それによってA社の営業上の利益が侵害されるおそれがある場合、[オ]法上、A社は、B社にその侵害の予防を請求することができる。

[語群]
① 独占禁止　② 不動産登記　③ 譲渡
④ 会計帳簿　⑤ 商号単一　⑥ 株主の住所地
⑦ 公開　⑧ 不正競争防止　⑨ 商号不変
⑩ 商業登記　⑪ 管理　⑫ 代表取締役の住所地
⑬ 商号自由　⑭ 本店の所在地　⑮ 個人情報保護

第4問　解答➡　ア ⑩　イ ⑭　ウ ⑤　エ ③　オ ⑧

解説

　商人や企業に関する重要な事項は、[ア]⑩**商業登記**制度を通じて、公示される。商業登記簿は、法務局に備え付けられており、誰でも法務局の窓口で所定の手続をすることにより、登記事項証明書を取得することができる。商業登記には、様々な効力が法定されており、例えば、会社法の規定により登記すべき事項は、登記の後でなければ、これをもって善意の第三者に対抗することができない（会社法908条1項）。また、株式会社は、その[イ]⑭**本店の所在地**において設立の登記をすることによって成立する（同法49条）。会社設立の登記をすることが、会社の成立要件である。

　会社は、その名称を商号とする（同法6条1項）。会社は、設立の登記において、その商号を登記しなければならない（同法911条3項2号、912条2号、913条2号、914条2号）。すなわち、会社は、1つの商号しか使用することができない。一方、商人は、その商号の登記をすることができるが（商法11条2項）、1つの営業につき用いることのできる商号は1つに限るとされている。これを[ウ]⑤**商号単一**の原則という。

　取引の場面では、商号を見て取引の相手方が誰であるかを認識することができる。取引の相手方が誰であるかを区別するにとどまらず、商号を通じて取引先に信用を見いだし、また取引先の選別にもつながる。このように商号は、単なる名称にとどまらず、経済的にも大きな価値をもつ。そのため、商法上、商人の商号は、営業とともにする場合又は営業を廃止する場合に限り、譲渡することができるとされ（商法15条1項）、この場合、商号の[エ]③**譲渡**は、登記をしなければ、第三者に対抗することができない（同条2項）。

　他人の商号などの商品等表示として需要者の間に広く認識されているものと同一若しくは類似の商品等表示を使用し、又はその商品等表示を使用した商品を譲渡し、引き渡し、譲渡若しくは引渡しのために展示し、輸出し、輸入し、若しくは電気通信回線を通じて提供して、他人の商品又は営業と混同を生じさせる行為は、[オ]⑧**不正競争防止**法上の不正競争に当たる（不正競争防止法2条1項1号）。そして、このような不正競争によって営業上の利益を侵害され、又は侵害されるおそれがある者は、その営業上の利益を侵害する者又は侵害するおそれがある者に対し、その侵害の停止又は予防を請求することができる（同法3条1項）。

第5問 株式会社のしくみ

難易度 → ★★☆

次の文中の[ ]の部分に、後記の語群から最も適切な語句を選び、解答用紙の所定欄にその番号をマークしなさい。(第43回第5問5-1)

　株式会社の実質的所有者である株主の地位は、細分化された均一な割合的単位の形、すなわち[ア]で表されている。出資者は、例えば10株あるいは100株というように、資力に応じて適当な額を出資できる仕組みになっており、株主はその所有する[ア]の内容および数に応じて会社から平等に扱われる。これを[イ]の原則という。

　株式会社では、株主の個性が問題とならず、またその人数も多数となることが予定されており、株主は、必ずしも会社経営を担当することに適しているとは限らない。そこで、株式会社では、株主総会で選任した取締役などに経営を一任して、機動的に活動できる仕組みがとられている。これを[ウ]という。

　また、株式会社では、出資を得やすくするため、株主は会社に対して[ア]の引受額を限度とした出資義務を負うのみであり、会社債権者に対して直接の責任を負わないとされている。このような株主の責任を[エ]という。

　株式会社では、会社資本の確保の観点から、いったんなされた出資の払戻しは、原則として認められない。そこで、出資者である株主が投下資本を回収することができるようにするため、[ア]の自由な譲渡が原則として認められている。これを[オ]の原則という。

[語群]
① 株式譲渡自由　　② 当事者自治　　③ 直接無限責任
④ 所有と経営の分離　⑤ 社債　　　　⑥ 株式
⑦ 株主代表訴訟　　⑧ 無過失責任　　⑨ 資本
⑩ 間接有限責任　　⑪ 競業避止義務　⑫ 信義誠実
⑬ 持分単一主義　　⑭ 株主平等　　　⑮ 商号自由

第 5 問 解答 → ア ⑥ イ ⑭ ウ ④ エ ⑩ オ ①

解説

会社法上、株式会社について、資本を形成する場面と、事業を行う場面のそれぞれにおいて適切な仕組みが用意されている。

資本を形成する場面では、[ア]⑥株式という仕組みがある。株式とは、細分化された割合的単位の形をとる株式会社における社員たる地位のことである。株式の所有者のこと、すなわち、株式会社の社員のことを株主という。社員とは、従業員という意味ではなく、会社の出資者という意味である。

出資が割合的単位すなわち数として扱われる結果、出資者たる株主は株式の数に応じて平等に扱われることとなる。これを[イ]⑭株主平等の原則という。

事業を行う場面では、株主は、会社経営の専門家である取締役に経営を委任する。

会社法は、株式会社の仕組みとして、出資をする者(株主)と会社経営に携わる者(取締役)を分け、出資を容易にして大規模資本の形成を目指す一方、経営の専門家である取締役に会社経営を任せ、効率的な会社経営を企図している。これを[ウ]④所有と経営の分離という。

株主は、株式を引き受けた際の引受額を限度として責任を負う。すなわち株主となるに当たって金銭を支払うと、それ以上の支払を求められることはない。これを株主の[エ]⑩間接有限責任という。

株主の間接有限責任の結果、会社債権者の債権の引当ては会社財産に限られることとなる。そこで会社財産が無制限に流出し、会社債権者が損害を被らないように、出資の株主への払戻しが原則として禁止される。会社法上は、自己株式の取得が原則として禁止される。一方で出資者たる株主に投下資本回収の機会を与える必要がある。そこで、会社債権者と株主の利益の調整から、[オ]①株式譲渡自由の原則が認められ、株主は、その有する株式を原則として自由に譲渡することができる。株式譲渡を認めても、会社の財産が株主に払い戻されるわけではなく会社財産は減少しないから、会社債権者を害することもない。

204　第6章　企業と会社のしくみ

株式会社のしくみ

第6問　難易度 → ★★☆

次の文中の[　]の部分に、後記の語群から最も適切な語句を選び、解答用紙の所定欄にその番号をマークしなさい。（第45回第7問7-2）

株式会社においては、株主の個性が問題とならず、またその人数も多数となることが想定されており、株主は、必ずしも会社経営を担当することに適しているとは限らない。そこで、株式会社では、取締役などに経営を一任して、機動的に活動できる仕組みがとられている。これを一般に[ア]という。

取締役は、原則として、株式会社の業務を執行し、対外的に会社を代表する機関である。取締役は、会社における意思決定の最高機関である[イ]の決議により選任され、会社との間の法的な関係は委任または準委任の関係にあるとされている。そのため、取締役は、会社に対して、民法の定める善管注意義務を負い、会社法上、それを具体化した[ウ]を負っている。

例えば、取締役が会社を代表して、その会社と自分との間の取引を自由に行うことができれば、取締役と会社の利益が相反し、取締役の利益のために会社が損害を受けるおそれがある。そこで、このような[エ]は会社法により制限されており、例えば、[エ]を行う取締役は、取締役会設置会社では取締役会において、取締役会設置会社ではない株式会社では[イ]において、事前に、当該取引に関する重要な事実を開示し、その承認を受けなければならない。

また、取締役は、会社の業務執行上、広汎な権限を有し、通常は会社の重要な機密等にも精通している者であることから、取締役が会社の事業と同種の取引つまり自分の会社と競合する取引を行うと、会社の取引先が奪われるなど会社の利益を害するおそれがある。そのため、取締役は、会社に対し、[オ]を負う。その内容の1つとして、取締役は、会社の事業と同種の取引をする場合には、取締役会設置会社では取締役会において、取締役会設置会社ではない株式会社では[イ]において、事前に、当該取引に関する重要な事実を開示し、その承認を受けなければならない。

[語群]
① 安全配慮義務　② 監査役会　③ 競業避止義務
④ 報酬委員会　⑤ 所有と経営の分離　⑥ 資本充実の原則
⑦ 忠実義務　⑧ 拘束条件付取引　⑨ 秘密保持義務
⑩ 間接有限責任　⑪ 原状回復義務　⑫ 株主総会
⑬ 利益相反取引　⑭ 検査通知義務　⑮ インサイダー取引

第 6 問 解答 →

| ア | ⑤ | イ | ⑫ | ウ | ⑦ | エ | ⑬ | オ | ③ |

解説

　会社法は、株式会社の仕組みとして、出資をする者(株主)と会社経営に携わる者(取締役)を分け、出資を容易にして大規模資本の形成を目指す一方、経営の専門家である取締役に会社経営を任せ、効率的な会社経営を企図している。これを[ア]⑤所有と経営の分離という。

　全ての株式会社は、株主総会を設置しなければならない。株主総会は、出資者である株主の意思決定機関であり、株式会社の最高意思決定機関である。

　経営の専門家として会社経営に携わる取締役は、[イ]⑫株主総会の決議により選任される(会社法329条1項)。取締役と会社との関係は、委任又は準委任に関する規定に従い(同法330条参照)、取締役は会社に対し、善管注意義務を負う(民法644条)。また、会社法上、取締役は、会社に対し[ウ]⑦忠実義務を負い、法令及び定款並びに株主総会の決議を遵守し、株式会社のため忠実にその職務を行わなければならない(会社法355条)。

　取締役が自己又は第三者のために株式会社と取引する場合、株式会社が取締役の債務を保証することその他取締役以外の者との間において株式会社と当該取締役との利益が相反する取引をする場合(これらを[エ]⑬利益相反取引という。)には、事前に[イ]⑫株主総会(取締役会設置会社の場合は取締役会)において、当該取引につき重要な事実を開示し、その承認を受けなければならない(同法356条1項、365条1項)。当該会社が取締役会設置会社であるときは、取締役は、当該取引後、遅滞なく、当該取引についての重要な事実を取締役会に報告しなければならない(同法365条2項)。

　また、取締役は会社の経営者として会社に関する内部的な情報や、営業上の秘密を知り得る立場にあるから、そのような情報をもとに、会社に損害を生じさせるおそれもある。そこで、取締役が自己又は第三者のために株式会社の事業の部類に属する取引をする場合(これを競業取引という。)には、取締役は、事前に[イ]⑫株主総会(取締役会設置会社の場合は取締役会)において、当該取引につき重要な事実を開示し、その承認を受けなければならない(同法356条1項、365条1項)。また、当該会社が取締役会設置会社であるときは、取締役は、当該取引後、遅滞なく、当該取引についての重要な事実を取締役会に報告しなければならない(同法365条2項)という規制を設けている。これを[オ]③競業避止義務という。

　その他、会社法は、取締役の報酬、賞与その他の職務執行の対価として株式会社から受ける財産上の利益について、定款に定めていないときは、株主総会の決議によって定めるとしている(同法361条1項)。

第7問 商行為(商法上の特則)

難易度 → ★★☆

商行為についての商法の特則に関する次の①～④の記述のうち、その内容が最も適切でないものを1つだけ選び、解答用紙の所定欄にその番号をマークしなさい。(第44回第10問オ)

① 複数の債務者が、その全員のために商行為となる行為によって、1人の債権者に対して代金支払債務を負担した。この場合、各債務者は、当該債務の額をその人数に応じて分割した額を債権者に弁済すれば、自己の債務を免れる。
② 保証が商行為である場合、保証人と債権者との間で、保証人が主たる債務者と連帯して債務を負担する旨の合意をしなくても、保証人は連帯保証債務を負う。
③ 商人間においてその双方のために商行為となる行為によって生じた債権が弁済期にある場合、債権者は、その弁済を受けるまで、当該商行為となる行為とは別個の商行為により自ら占有することとなった債務者所有の物を留置することができ、留置権が成立するために牽連性が認められる必要はない。
④ 商行為の代理人が本人のためにすることを相手方に示さずに代理行為をした場合、当該代理行為の効果は、原則として本人に帰属する。

第 7 問 解答 → ①

解説

① **最も適切でない。数人の者がその一人又は全員のために商行為となる行為によって債務を負担したときは、その債務は、各自が連帯して負担する**（商法511条1項）。分割債務を原則とする民法に対する特則である。**連帯債務**とは、複数の債務者全員が、債務の全額について履行義務のある同一内容の債務を負い、そのうちの1名が履行すれば、他の債務者の債務も消滅するという関係にある債務をいう。したがって、複数の債務者が、その全員のために商行為となる行為によって、一人の債権者に対して代金支払債務を負担した場合、各債務者は、連帯債務を負い、債務の全額について履行義務のある同一の債務を負うから、本肢は適切でない。

② **適切である。保証人がある場合において、債務が主たる債務者の商行為によって生じたものであるとき、又は保証が商行為であるときは、主たる債務者及び保証人が各別の行為によって債務を負担したときであっても、その債務は、各自が連帯して負担する**（商法511条2項）。連帯保証が成立するためには、その旨の合意を必要とする民法に対する特則である。したがって、保証が商行為である場合、保証人と債権者との間で、保証人が主たる債務者と連帯して債務を負担する旨の合意をしなくても、保証人は連帯保証債務を負うから、本肢は適切である。

③ **適切である。商人間においてその双方のために商行為となる行為によって生じた債権が弁済期にあるときは、債権者は、その債権の弁済を受けるまで、その債務者との間における商行為によって自己の占有に属した債務者の所有する物又は有価証券を留置することができる**（商法521条）。民法上の留置権は、その物に関して生じた債権を担保する物権であり（民法295条1項参照）、留置する物と被担保債権との間に牽連性が必要であるが、**商法上の留置権では、牽連性は不要である**。したがって、商人間においてその双方のために商行為となる行為によって生じた債権が弁済期にある場合、債権者は、その弁済を受けるまで、当該商行為となる行為とは別個の商行為により自ら占有することとなった債務者所有の物を留置することができ、留置権が成立するために牽連性が認められる必要はないから、本肢は適切である。

④ **適切である。商行為の代理人が本人のためにすることを示さないでこれをした場合であっても、その行為は、本人に対してその効力を生ずる**（商法504条）。代理人の代理行為の効果が本人に帰属するためには、顕名が必要となる民法の特則である（民法99条1項参照）。したがって、商行為の代理人が本人のためにすることを相手方に示さずに代理行為をした場合、当該代理行為の効果は、原則として本人に帰属するから、本肢は適切である。

第8問 商事留置権

難易度 → ★★☆

　自動車修理業者であるA社は、運送会社であるB社から、B社が所有する甲トラックを修理する旨の依頼を受け、その修理を完了し、保管している。B社は、修理代金の支払期日を経過した後も、その支払いを遅滞している。この場合に関する次の①〜④の記述のうち、その内容が最も適切でないものを1つだけ選び、解答用紙の所定欄にその番号をマークしなさい。なお、A社とB社との間には、留置権に関する特段の合意はないものとする。（第43回第10問エ）

① 民法上、A社は、B社から甲トラックの引渡しを請求されたとしても、B社から修理代金の支払いを受けるまでは、甲トラックの引渡しを拒み留置することができる。

② A社は、B社から修理代金の支払いを受ける前に、甲トラックをB社に引き渡しその占有を失った。この場合、甲トラックについて成立していた留置権は消滅する。

③ B社は、A社に修理代金を支払うことなく、第三者であるC社に甲トラックを譲渡した。この場合、A社は、C社から甲トラックの引渡しを請求されたときは、修理代金の弁済を受けていなくても、甲トラックの引渡しを拒むことができない。

④ B社がA社に対して修理代金を支払わない場合、A社は、一定の要件を充たすときは、留置している甲トラックについて競売の申立てをすることができる。

解答欄

第 8 問 解答 → ③

解説

① **適切である。他人の物の占有者は、その物に関して生じた債権を有するときは、原則として、その債権の弁済を受けるまで、その物を留置することができる**(民法295条1項)。これを留置権という。したがって、民法上、A社が、B社から甲トラックの引渡しを請求されたとしても、B社から修理代金の支払を受けるまでは、甲トラックの引渡しを拒み留置することができるから、本肢は適切である。

② **適切である。留置権は、原則として、留置権者が留置物の占有を失うことによって、消滅する**(民法302条)。したがって、A社が、B社から修理代金の支払を受ける前に、甲トラックをB社に引き渡しその占有を失った場合、甲トラックについて成立していた留置権は消滅するから、本肢は適切である。

③ **最も適切でない。留置権は担保物権であり、物権としての性質上、誰に対しても主張することができる。**したがって、B社が、A社に修理代金を支払うことなく、第三者であるC社に甲トラックを譲渡した場合、A社は、C社から甲トラックの引渡しを請求されたとしても、修理代金の弁済を受けるまで、甲トラックの引渡しを拒むことができるから、本肢は適切でない。

④ **適切である。**留置権には、優先弁済的効力がないから、債権者は留置している物を競売、換価して被担保債権の弁済に充てることはできない。もっとも、**留置権者には形式的競売が認められている。**形式的競売とは、留置権者の留置物保存義務を免れるための競売であり、優先弁済に充てるための競売ではない(民事執行法195条参照)。したがって、B社がA社に対して修理代金を支払わない場合、A社は、一定の要件を充たすときは、留置している甲トラックについて競売の申立てをすることができるから、本肢は適切である。

商業登記

商業登記に関する次の①〜④の記述のうち、その内容が最も適切でないものを1つだけ選び、解答用紙の所定欄にその番号をマークしなさい。(第42回第10問ウ)

① 会社が支配人を解任した後、解任の登記をする前に、その支配人であった者が、当該会社の支配人と称して善意の第三者との間で売買契約を締結した。この場合、当該売買契約の効果が会社に帰属することはない。

② 商業登記簿は、法務局に備え付けられており、誰でも法務局の窓口で所定の手続を経ることにより、登記事項証明書を取得することができる。

③ 個人企業においては、商号の登記をするか否かは自由であるのに対し、会社においては、会社の商号は、会社設立時の登記事項の1つであり、常に登記される。

④ 登記すべき事項について登記がなされていても、交通途絶などの正当な事由により登記した事項を知らなかった善意の第三者に対しては、登記した事項の存在を対抗することができない。

第 9 問 解答 → ①

解説

① **最も適切でない。** 会社が支配人を選任し、又はその代理権が消滅したときは、その本店の所在地において、その登記をしなければならない（会社法918条）。そして、会社法の規定により登記すべき事項は、登記の後でなければ、これをもって善意の第三者に対抗することができない（同法908条1項）から、会社が支配人を解任した場合、解任の登記をしなければ、解任した事実を善意の第三者に対抗することができない。したがって、会社が支配人を解任した後、解任の登記をする前に、その支配人であった者が、当該会社の支配人と称して善意の第三者との間で売買契約を締結した場合、会社は、解任した事実を第三者に対抗することができないため、当該売買契約の効果が会社に帰属し得るから、本肢は適切でない。

② **適切である。** 登記の事務は、当事者の営業所の所在地を管轄する法務局若しくは地方法務局若しくはこれらの支局又はこれらの出張所がつかさどる（商業登記法1条の3）。商業登記簿は、法務局に備え付けられており、誰でも法務局の窓口で所定の手続をすることにより、登記事項証明書を取得することができる。したがって、商業登記簿は、法務局に備え付けられており、誰でも法務局の窓口で所定の手続を経ることにより、登記事項証明書を取得することができるから、本肢は適切である。

③ **適切である。** 商人は、その商号の登記をすることができる（商法11条2項）。一方、会社は、設立の登記において、その商号を登記しなければならない（会社法911条3項2号、912条2号、913条2号、914条2号）。したがって、個人企業においては、商号の登記をするか否かは自由であるのに対し、会社においては、会社の商号は、会社設立時の登記事項の1つであり、常に登記されるから、本肢は適切である。

④ **適切である。** 会社法の規定により登記すべき事項は、登記の後であっても、第三者が正当な事由によってその登記があることを知らなかったときは、善意の第三者に対抗することができない（会社法908条1項）。「正当な事由」とは、交通途絶、登記簿の滅失汚損などをいうと解されている。したがって、登記すべき事項について登記がなされていても、交通途絶などの正当な事由により登記した事項を知らなかった善意の第三者に対しては、登記した事項の存在を対抗することができないから、本肢は適切である。

第10問 株主総会

難易度 → ★★☆

株主総会に関する次の①〜④の記述のうち、その内容が最も適切なものを1つだけ選び、解答用紙の所定欄にその番号をマークしなさい。(第41回第10問オ)

① 会社法上、取締役会設置会社の株主総会の決議事項は、会社法や定款に定められた株式会社の基本的事項に限られず、あらゆる事項について決議することができる。
② 会社法上、定時株主総会は、毎事業年度の終了後一定の時期に招集されなければならない。
③ 会社法上、株主総会においては、出資の額や持株数の多寡にかかわらず、株主1人につき1個の議決権が与えられている。
④ 会社法上の公開会社ではない株式会社は、株主総会の設置を義務付けられていない。

解答欄

第10問 解答 → ②

解説

① 適切でない。取締役会設置会社においては、株主総会は、会社法に規定する事項及び定款で定めた事項に限り、決議をすることができる（会社法295条2項）。したがって、会社法上、取締役会設置会社の株主総会の決議事項は、会社法や定款に定められた事項に限られるから、本肢は適切でない。

② 最も適切である。定時株主総会は、毎事業年度の終了後一定の時期に招集しなければならない（会社法296条1項）。したがって、本肢は適切である。
　なお、定時株主総会のほか、株主総会は、必要がある場合には、いつでも、招集することができる（同条2項）。

③ 適切でない。株主は、株主総会において、原則として、その有する株式1株につき1個の議決権を有する（会社法308条1項）。したがって、会社法上、株主総会においては、株主1人ではなく、出資の額や持株数の多寡に応じて、株式1株につき1個の議決権が与えられているから、本肢は適切でない。

④ 適切でない。株主総会は、株式会社の最高意思決定機関であって、全ての株式会社に設置しなければならない。逆に言えば、株主総会が設置されている会社を株式会社という。したがって、会社法上の公開会社ではない株式会社であっても、株主総会の設置が義務付けられているから、本肢は適切でない。

214　第6章　企業と会社のしくみ

会社と株主の関係

A株式会社とその株主Bとの関係に関する次の①〜④の記述のうち、会社法に照らし、その内容が最も適切でないものを1つだけ選び、解答用紙の所定欄にその番号をマークしなさい。(第46回第3問ウ)

① Bは、株主として有する議決権に基づき、A社の株主総会に出席し、議案に対して賛否を表示することができる。
② Bは、原則として、その有する株式の内容および数に応じてA社の他の株主と平等に扱われる。
③ Bは、A社がその取引先であるC社に対して負う債務について、C社に対して直接の責任を負う。
④ Bは、原則として、その有するA社の株式を第三者に譲渡することができる。

第11問 解答 → ③

解説

① 適切である。株主は、その有する株式につき、剰余金の配当を受ける権利、残余財産の分配を受ける権利、株主総会における議決権その他会社法の規定により認められた権利を有する（会社法105条1項）。したがって、Bは、株主として有する議決権に基づき、A社の株主総会に出席し、議案に対して賛否を表示することができるから、本肢は適切である。

② 適切である。株式会社は、株主を、その有する株式の内容及び数に応じて、平等に取り扱わなければならない（会社法109条1項）。これを株主平等の原則という。したがって、Bは、原則として、その有する株式の内容及び数に応じてA社の他の株主と平等に扱われるから、本肢は適切である。

③ 最も適切でない。株主の責任は、その有する株式の引受価額を限度とする（会社法104条）。株主は、株式の引受価額を限度とする出資義務を負うにすぎず、会社債権者との関係では、自己の財産を引当てにして会社の債務を弁済する義務を負わない。これを間接有限責任という。したがって、Bは、A社がその取引先であるC社に対して負う債務について、C社に対して直接の責任を負うことはないから、本肢は適切でない。

④ 適切である。株主は、その有する株式を譲渡することができる（会社法127条）。出資の払戻しが、原則として認められない株式会社において、株式の譲渡は、株主の投下資本回収の手段である。したがって、Bは、原則として、その有するA社の株式を第三者に譲渡することができるから、本肢は適切である。

株式会社の機関

取締役会設置会社であるX株式会社では、代表取締役Yが選定されている。この場合に関する次のa～dの記述のうち、その内容が適切なものの組み合わせを①～④の中から1つだけ選び、解答用紙の所定欄にその番号をマークしなさい。（第44回第6問エ）

a．X社の株主総会において決議することができる事項は、会社法および定款に定められた株式会社の基本的な事項に限られる。
b．会社法上、取締役会設置会社における取締役の員数については規定されていないため、X社は、取締役を1人選任すれば足りる。
c．X社は、その取締役会決議により、X社の業務執行に関するすべての事項の決定を代表取締役Yに委任し、取締役会は業務執行に関する決定を何ら行わないとすることができる。
d．代表取締役Yが、その任務を怠り、X社に損害を生じさせたときは、Yは、原則として、X社に対し、その損害を賠償する責任を負う。

① a b　② a d　③ b c　④ c d

第12問 解答 → ②

解説

a．**適切である。** 取締役会設置会社においては、株主総会は、会社法に規定する事項及び定款で定めた事項に限り、決議をすることができる（会社法295条2項）。したがって、X社の株主総会において決議することができる事項は、会社法及び定款に定められた株式会社の基本的な事項に限られるから、本肢は適切である。

b．**適切でない。** 取締役会設置会社においては、取締役は、3人以上でなければならない（会社法331条5項）。したがって、会社法上、取締役会設置会社における取締役の員数について規定があり、X社は、取締役を3人以上選任しなければならないから、本肢は適切でない。

c．**適切でない。** 取締役会設置会社においては、取締役会は、重要な財産の処分及び譲受け、多額の借財等の事項その他の重要な業務執行の決定を取締役に委任することができない（会社法362条4項）。会社法の規定上は、取締役会が業務執行の決定を行い、代表取締役は、決定された業務を執行するという仕組みになっている。したがって、X社は、その取締役会決議により、X社の業務執行に関する全ての事項の決定を代表取締役Yに委任し、取締役会は業務執行に関する決定を何ら行わないとすることはできないから、本肢は適切でない。

d．**適切である。** 取締役、会計参与、監査役、執行役又は会計監査人は、その任務を怠ったときは、株式会社に対し、これによって生じた損害を賠償する責任を負う（会社法423条1項）。これを役員等の任務懈怠責任という。したがって、代表取締役Yが、その任務を怠り、X社に損害を生じさせたときは、Yは、原則として、X社に対し、その損害を賠償する責任を負うから、本肢は適切である。

株式会社の機関

X株式会社の機関に関する次のa〜dの記述のうち、会社法に照らし、その内容が適切なものの組み合わせを①〜④の中から１つだけ選び、解答用紙の所定欄にその番号をマークしなさい。なお、X社は、代表取締役を選定している取締役会設置会社であり、監査役設置会社であるものとする。(第46回第6問エ)

a．X社の代表取締役Aは、X社の業務全般にわたって業務執行権および代表権を有する。
b．X社の取締役BとX社との間の法的な関係は、民法上の雇用契約であり、Bは、使用者であるX社の指揮命令の下にその職務を執行する。
c．X社は、毎事業年度終了後、一定の時期に定時株主総会を招集しなければならないほか、必要がある場合には、いつでも臨時株主総会を招集することができる。
d．X社の監査役は、X社の取締役会の決議によって選任される。

① a c　　② a d　　③ b c　　④ b d

第13問 解答 → ①

解説

a．**適切である。代表取締役は、株式会社の業務に関する一切の裁判上又は裁判外の行為をする権限を有する**（会社法349条4項）。したがって、X社の代表取締役Aは、X社の業務全般にわたって業務執行権及び代表権を有するから、本肢は適切である。

b．**適切でない。株式会社と役員**（取締役、会計参与及び監査役をいう。）**及び会計監査人との関係は、委任に関する規定に従う**（会社法330条）。委任契約における受任者は、委任者から独立して委任者のために委任事務を処理するのであって、委任者の指揮命令下にあるわけではない。したがって、X社の取締役BとX社との間の法的な関係は、民法上の委任契約であり、Bは、X社の指揮命令の下に職務を執行するわけではないから、本肢は適切でない。

c．**適切である。定時株主総会は、毎事業年度の終了後一定の時期に招集しなければならない**（会社法296条1項）。また、**株主総会は、必要がある場合には、いつでも、招集することができる**（同条2項）。したがって、X社は、毎事業年度終了後、一定の時期に定時株主総会を招集しなければならないほか、必要がある場合には、いつでも臨時株主総会を招集することができるから、本肢は適切である。

d．**適切でない。監査役などの役員は、株主総会の決議によって選任する**（会社法329条1項）。したがって、X社の監査役は、X社の取締役会の決議ではなく、株主総会の決議によって選任されるから、本肢は適切でない。

株式会社の機関

A株式会社は、会社法上の公開会社であるが、監査等委員会設置会社ではなく、かつ、指名委員会等設置会社でもない。A社の機関に関する次のa～dの記述のうち、会社法の規定に照らし、その内容が適切なものの組み合わせを①～④の中から1つだけ選び、解答用紙の所定欄にその番号をマークしなさい。
(第48回第3問ウ)

a．A社の取締役Bが自己のためにA社の事業の部類に属する取引をしようとするときは、Bは、A社の取締役会において、当該取引につき重要な事実を開示し、その承認を受けることを要する。
b．代表取締役は、対外的に会社を代表する機関であるから、A社において選定することができる代表取締役は1名のみである。
c．会社法の規定に基づき、A社の株主Cが、A社に対し、A社の取締役Dの責任を追及する訴えの提起を請求したにもかかわらず、所定の期間内にA社が訴えを提起しなかった場合、Cは、A社に対するDの責任を追及する訴え（株主代表訴訟）を提起することができる。
d．A社の監査役Eは、A社の取締役等の機関の職務執行やA社の計算書類を監査する権限を有するが、A社の取締役等に対して事業の報告を求める権限は有しない。

① ａｃ　　② ａｄ　　③ ｂｃ　　④ ｂｄ

第14問 解答 → ①

解説

a. **適切である。**公開会社では、取締役会を置かなければならない（会社法327条1項1号）。そして、取締役会設置会社の取締役は、**取締役が自己又は第三者のために株式会社の事業の部類に属する取引をしようとするとき、取締役会において、当該取引につき重要な事実を開示し、その承認を受けなければならない**（同法356条1項1号、365条1項）。取引をした取締役は、当該取引後、遅滞なく、当該取引についての重要な事実を取締役会に報告しなければならない（同法365条2項）。したがって、A社の取締役Bが自己のためにA社の事業の部類に属する取引をしようとするときは、Bは、A社の取締役会において、当該取引につき重要な事実を開示し、その承認を受けることを要するから、本肢は適切である。

b. **適切でない。**代表取締役は、株式会社の業務に関する一切の裁判上又は裁判外の行為をする権限を有する（会社法349条4項）。**代表取締役の人数は1人に限られず、複数選定することもできる。**したがって、代表取締役は、対外的に会社を代表する機関であるが、A社において選定することができる代表取締役は1名に限られないから、本肢は適切でない。

c. **適切である。**6ヶ月（これを下回る期間を定款で定めた場合にあっては、その期間）前から引き続き株式を有する株主（公開会社でない会社の株主については期間制限なし）は、原則として、株式会社に対し、書面その他の方法により、取締役ら役員等の責任を追及する訴えの提起を請求することができる（会社法847条1項）。**株式会社がその請求の日から60日以内に責任追及等の訴えを提起しないときは、当該請求をした株主は、株式会社のために、責任追及等の訴えを提起することができる**（同条3項）。これを**株主代表訴訟**という。したがって、会社法の規定に基づき、A社の株主Cが、A社に対し、A社の取締役Dの責任を追及する訴えの提起を請求したにもかかわらず、所定の期間内にA社が訴えを提起しなかった場合、Cは、A社に対するDの責任を追及する訴え（株主代表訴訟）を提起することができるから、本肢は適切である。

d. **適切でない。**監査役は、取締役の職務の執行を監査する（会社法381条1項）。また、監査役設置会社においては、原則として、計算書類及び事業報告並びにこれらの附属明細書は、監査役の監査を受けなければならない（同法436条1項）。さらに、**監査役は、いつでも、取締役及び会計参与並びに支配人その他の使用人に対して事業の報告を求め、又は監査役設置会社の業務及び財産の状況の調査をすることができる**（同法381条2項）。したがって、A社の監査役Eは、A社の取締役等の機関の職務執行やA社の計算書類を監査する権限を有するとともに、A社の取締役等に対して事業の報告を求める権限を有するから、本肢は適切でない。

支配人

株式会社における会社法上の支配人に関する次の①〜④の記述のうち、その内容が最も適切でないものを１つだけ選び、解答用紙の所定欄にその番号をマークしなさい。(第43回第10問ウ)

① 会社は、支配人の代理権に一定の制限を加えても、当該制限を知らない善意の第三者に対しては、当該制限を主張することができない。
② 支配人は、会社の許可を受けなくても、他の会社の取締役、執行役または業務を執行する社員となることができる。
③ 会社から支店の事業の主任者であることを示す名称を付与された表見支配人は、原則として、当該支店の事業に関し、一切の裁判外の行為をする権限を有するものとみなされる。
④ 会社が支配人を解任したが、解任の登記をしないうちに、その支配人であった者が、当該会社の支配人と称して善意の第三者との間で取引を行った。この場合、その取引の効果は、当該会社に帰属する。

第15問　解答 → ②

解説

① **適切である。**支配人は、会社に代わってその事業に関する一切の裁判上又は裁判外の行為をする権限を有する（会社法11条1項）。この支配人の代理権に対する信頼を保護するため、**支配人の代理権に加えた制限は、善意の第三者に対抗することができない**（同条3項）。したがって、会社は、支配人の代理権に一定の制限を加えても、当該制限を知らない善意の第三者に対しては、当該制限を主張することができないから、本肢は適切である。

② **最も適切でない。支配人は、会社の許可を受けなければ、自ら営業を行うこと、他の会社の取締役、執行役又は業務を執行する社員となること等ができない**（会社法12条1項）。したがって、支配人は、会社の許可を受けなければ、他の会社の取締役、執行役又は業務を執行する社員となることができないから、本肢は適切でない。

③ **適切である。支配人でないにもかかわらず、会社の本店又は支店の事業の主任者であることを示す名称を付した使用人（これを表見支配人という）は、原則として、当該本店又は支店の事業に関し、一切の裁判外の行為をする権限を有するものとみなされる**（会社法13条）。したがって、会社から支店の事業の主任者であることを示す名称を付与された表見支配人は、原則として、当該支店の事業に関し、一切の裁判外の行為をする権限を有するものとみなされるから、本肢は適切である。

④ **適切である。会社が支配人を選任し、又はその代理権が消滅したときは、その本店の所在地において、その登記をしなければならない**（会社法918条）。そして、会社法の規定により登記すべき事項は、登記の後でなければ、これをもって善意の第三者に対抗することができないから（同法908条1項）、**会社が支配人を解任した場合、解任の登記をしなければ、解任した事実を善意の第三者に対抗することができない。**したがって、会社が支配人を解任したが、解任の登記をしないうちに、その支配人であった者が、当該会社の支配人と称して善意の第三者との間で取引を行った場合、その取引の効果は、当該会社に帰属するから、本肢は適切である。

第16問 会社の使用人

難易度 → ★★☆

　A株式会社における会社法上の「会社の使用人」に関する次のa～dの記述のうち、その内容が適切なものの組み合わせを①～④の中から1つだけ選び、解答用紙の所定欄にその番号をマークしなさい。（第45回第6問イ）

a．A社は、社内規程において、支配人Bに対し、一定の金額以下の自社製品の販売についてのみ権限を付与する旨の制限を定めた。この場合、A社は、その制限を善意の第三者に対抗することはできない。

b．A社の支配人Cは、A社の許可を受けなくても、知人の経営するD株式会社の取締役となることができる。

c．自社製品に使用する部品の購入という特定の事項の委任を受けたA社の使用人である調達課長Eは、当該部品の購入に関する一切の裁判外の行為をする権限を有する。

d．A社は、自社製品を販売する店舗Fを経営している。この場合において、店舗Fに勤務するA社の使用人Gは、店舗F内の自社製品の販売に関するGの権限の有無につき、相手方が善意であるか悪意であるかにかかわらず、当該販売に関する権限を有するものとみなされる。

① a c　　② a d　　③ b c　　④ b d

解答欄

第16問 解答 → ①

解説

a．**適切である。**支配人は、会社に代わってその事業に関する一切の裁判上又は裁判外の行為をする権限を有する(会社法11条1項)。この支配人の代理権に対する信頼を保護するため、**支配人の代理権に加えた制限は、善意の第三者に対抗することができない**(同条3項)。したがって、A社が、社内規程において、支配人Bに対し、一定の金額以下の自社製品の販売についてのみ権限を付与する旨の制限を定めた場合、A社は、その制限を善意の第三者に対抗することはできないから、本肢は適切である。

b．**適切でない。支配人は、会社の許可を受けなければ、自ら営業を行うこと、他の会社の取締役、執行役又は業務を執行する社員となること等ができない**(会社法12条1項)。したがって、A社の支配人Cは、A社の許可を受けなければ、知人の経営するD株式会社の取締役となることができないから、本肢は適切でない。

c．**適切である。事業に関するある種類又は特定の事項の委任を受けた使用人は、当該事項に関する一切の裁判外の行為をする権限を有する**(会社法14条1項)。したがって、自社製品に使用する部品の購入という特定の事項の委任を受けたA社の使用人である調達課長Eは、当該部品の購入に関する一切の裁判外の行為をする権限を有するから、本肢は適切である。

d．**適切でない。物品の販売等を目的とする店舗の使用人は、その店舗に在る物品の販売等をする権限を有するものとみなす。ただし、相手方が悪意であったときは、この限りでない**(会社法15条)。したがって、店舗Fに勤務するA社の使用人Gは、店舗F内の自社製品の販売に関するGの権限の有無につき、当該販売に関する権限を有するものとみなされるが相手方が悪意である場合にまで、当該販売に関する権限を有するものとみなされるわけではないから、本肢は適切でない。

重要ポイントの整理

ここでは、試験で間違えやすい基本的な項目をまとめています。

●商行為

絶対的商行為 （商法501条）	1回だけでも商行為に当たるもの 例：物を仕入れて販売する行為
営業的商行為 （商法502条）	営業としてする（反復継続して行う）ときに商行為となるもの 例：レンタル業、荷物の運送、映画館における映画の上映など
附属的商行為 （商法503条）	商人がその営業のためにする行為

●商法の特則（民法との違い）

	代理には顕名が…	金銭消費貸借
民法	必要	原則無利息。利息には合意が必要
商法	不要	約定なくとも法定利息を請求可

●株式・株主

株主平等の原則	株主は、株式の内容及び数に応じて平等に扱われる
間接有限責任	株主は、出資をして株主になるときに金銭の支払をすれば、それ以上支払を求められることはなく、また、会社の債権者は直接株主に対して債権回収をすることもできない
株式譲渡自由の原則	株主は、投下資本を回収するために、原則として、自由に株式を譲渡することができる
所有と経営の分離	株主は、株主総会において取締役を選任し、会社経営を委任する。つまり、出資は株主が行い、経営は取締役が行う

- 株式会社に対し、取締役ら役員等の責任を追及する訴えの提起を請求することができる（会社法847条1項）。株式会社がその請求の日から60日以内に責任追及等の訴えを提起しないときは、当該請求をした株主は、株式会社のために、責任追及等の訴えを提起することができる（株主代表訴訟。会社法847条3項）。

●株主総会

- 毎事業年度の終了後、一定の時期に招集されるほか（定時株主総会）、必要に応じていつでも招集することができる。
- 取締役、会計参与、監査役、執行役又は会計監査人などを選任する。

6

企業と会社のしくみ

●取締役・取締役会

- 取締役（監査役）は株主総会の決議により選任される。
- 取締役の報酬・賞与等は、定款に定められていないときは、株主総会の決議により定められる。
- 会社の取引と同種の取引を行う場合は、株主総会において（取締役会設置会社の場合は取締役会において）開示し承認を受けなければならない（競業避止義務）。
- 取締役が自己又は第三者のために会社と取引するときは、株主総会において（取締役会設置会社の場合は取締役会において）開示し承認を得なければならない（利益相反取引の規制）。
- 支配人など重要な使用人の選任・解任は取締役会の権限である。
- 取締役会は重要な業務執行の決定を行い、代表取締役が決定された業務を執行する。
- 取締役は任務懈怠責任を負う（任務を怠ったときは、それにより生じた損害を賠償する責任を負う）。会計参与、監査役、執行役又は会計監査人も同様。

企業と従業員の関係

学習のポイント

　ここでは、従業員の雇用と労働関係、職場内の男女雇用にかかわる問題、派遣労働における労働形態、労働組合について学習します。我が国では、「労働法」という法律はなく、労働基準法、労働契約法、労働組合法、労働者派遣事業法などの法律が、使用者と労働者の関係を規制しています。その中でも、労働基準法は労働関係規制の基本となる法律であり、特に重要です。試験でも、労働基準法にかかわる問題が多数を占めますので、しっかりと学習してください。労働者派遣についても出題が予想されますので、基本的なことを中心に学習を進めてください。

 本章のキーワード

- 労働契約
- 三六協定
- 解雇
- 労働基準監督署
- 就業規則
- 法定労働時間
- 安全配慮義務
- 労働組合
- 労働協約
- 労働者派遣
- 男女雇用機会均等法

第1問 労働法一般

次の事項のうち、その内容が正しいものには①を、誤っているものには②を、解答用紙の所定欄にその番号をマークしなさい。

ア．労働契約法上、使用者は、労働契約に伴い、労働者がその生命、身体等の安全を確保しつつ労働することができるよう、必要な配慮をするものとされている。(第46回第4問イ)

イ．労働基準法上、使用者は、その事業場の労働者の過半数で組織する労働組合との間で時間外労働等に関する労使協定(三六協定)を締結した場合には、割増賃金を支払うことなく、労働者に、休憩時間を除き1日につき8時間、1週間につき40時間を超えて労働させることができる。(第42回第4問ウ)

ウ．労働契約法上、使用者による労働者の解雇は、客観的に合理的な理由があれば、社会通念上相当であると認められない場合であっても、有効である。(第48回第4問ク)

エ．労働基準法上、使用者は、未成年者を労働者として雇い入れた場合、当該未成年者が成年に達するまでは、当該未成年者に賃金を支払うことはできず、賃金の全額を使用者が積み立てておかなければならない。(第42回第8問コ)

オ．使用者が労働者に支払う賃金の額に関しては、最低賃金法により、その最低基準について規制されている。(第44回第1問ケ)

第 1 問 解答 → ア ① イ ② ウ ② エ ② オ ①

解説

ア．**正しい。使用者は、労働契約に伴い、労働者がその生命、身体等の安全を確保しつつ労働することができるよう、必要な配慮をすることが求められる**（労働契約法5条）。これを**安全配慮義務**という。したがって、労働契約法上、使用者は、労働契約に伴い、労働者がその生命、身体等の安全を確保しつつ労働することができるよう、必要な配慮をするものとされているから、本項は正しい。

イ．**誤っている。法律の規定に従い三六協定を締結すると、使用者は、労働者に対し、その協定で定めるところによって労働時間を延長し、又は休日に労働させることができる**（労働基準法36条1項）。もっとも、**労働者に時間外労働をさせる場合には、使用者は、三六協定を締結した上で、時間外労働に対して一定の割合の割増賃金を支払う必要がある**（同法37条1項）。したがって、労働基準法上、使用者は、その事業場の労働者の過半数で組織する労働組合との間で時間外労働等に関する労使協定（三六協定）を締結した場合であっても、労働者に、休憩時間を除き1日につき8時間、1週間につき40時間を超えて労働させるときは、割増賃金を支払わなければならないから、本項は誤っている。

ウ．**誤っている。解雇は、客観的に合理的な理由を欠き、社会通念上相当であると認められない場合は、その権利を濫用したものとして、無効となる**（労働契約法16条）。したがって、労働契約法上、使用者による労働者の解雇は、客観的に合理的な理由があったとしても、社会通念上相当であると認められない場合は、無効となるから、本項は誤っている。

エ．**誤っている。賃金は、原則として、通貨で、直接労働者に、その全額を支払わなければならない**（労働基準法24条1項）。**未成年者であっても、独立して賃金を請求することができる。親権者又は後見人は、未成年者の賃金を代って受け取ってはならない**（同法59条）。したがって、労働基準法上、使用者は、未成年者を労働者として雇い入れた場合、当該未成年者に直接賃金を支払わなければならず、賃金を使用者が積み立てておくことは認められないから、本項は誤っている。

オ．**正しい。最低賃金の適用を受ける労働者と使用者との間の労働契約で最低賃金額に達しない賃金を定めるものは、その部分については無効となる。** この場合において、無効となった部分は、最低賃金と同様の定をしたものとみなされる（最低賃金法4条2項）。したがって、使用者が労働者に支払う賃金の額に関しては、最低賃金法により、その最低基準について規制されているから、本項は正しい。

232　第7章　企業と従業員の関係

労働法一般

次の事項のうち、その内容が正しいものには①を、誤っているものには②を、解答用紙の所定欄にその番号をマークしなさい。

ア．労働者派遣法上、労働者派遣事業を行うことができる業務に制限はなく、派遣元事業主は、自己の雇用する労働者を派遣労働者としてあらゆる業務に派遣することができる。(第48回第8問カ)

イ．労働者派遣法上、派遣元事業主が派遣先の事業に派遣労働者を派遣した場合、派遣労働者に対する労働法上の責任はすべて派遣元事業主が負い、派遣先の事業主は労働法上の責任を負わない。(第43回第8問カ)

ウ．労働者派遣法上、派遣先は、派遣先の業務に関し、必ず派遣元事業主を通じて派遣労働者に業務上の指揮命令を行わなければならず、派遣労働者に対して直接に業務上の指揮命令を行うことは禁止されている。(第45回第1問オ)

エ．男女雇用機会均等法上、事業主は、労働者の募集および採用について、その性別にかかわりなく均等な機会を与えなければならない。(第46回第8問オ)

オ．男女雇用機会均等法上、事業主は、職場においていわゆるセクシュアル・ハラスメントが生じることのないよう、雇用管理上必要な措置を講じなければならない。(第48回第1問キ)

第2問 解答→ ア ② イ ② ウ ② エ ① オ ①

解説

ア. 誤っている。 労働者派遣事業を行うことができる業務には制限があり、何人も、港湾運送業務、建設業務、警備業務等については、労働者派遣事業を行ってはならない（労働者派遣法4条1項参照）。したがって、**労働者派遣法上、労働者派遣事業を行うことができる業務には一定の制限がある**から、本項は誤っている。

イ. 誤っている。 労働者派遣において、**派遣労働者と雇用関係を有するのは派遣元事業主である**から、派遣労働者に対する労働法上の責任を負うのは、原則として、派遣元事業主である。もっとも、**労働者派遣法上、労働基準法や労働安全衛生法等の一部の規定の適用について、派遣先事業主が責任を負う**とされており、派遣先事業主が労働法上の責任を負う場合がある（労働者派遣法44条、45条等参照）。したがって、労働者派遣法上、派遣元事業主が派遣先の事業に派遣労働者を派遣した場合、派遣労働者に対する労働法上の責任は原則として派遣元事業主が負うが、派遣先の事業主が労働法上の責任を負う場合もあるから、本項は誤っている。

ウ. 誤っている。 労働者派遣法上の**労働者派遣**とは、自己の雇用する労働者を、当該雇用関係の下に、かつ、他人の指揮命令を受けて、当該他人のために労働に従事させることをいう（労働者派遣法2条1号）。派遣労働者と雇用関係があるのは派遣元事業主であって、派遣元事業主と派遣先との間の労働者派遣契約に基づき、派遣労働者が派遣先に派遣され、**派遣労働者は派遣先との間の指揮命令関係に入る**こととなる。したがって、労働者派遣法上、派遣先が、派遣先の業務に関し、派遣労働者に対して直接に業務上の指揮命令を行うことは禁止されていないから、本項は誤っている。

エ. 正しい。 事業主は、**労働者の募集及び採用について、その性別にかかわりなく均等な機会を与えなければならない**（男女雇用機会均等法5条）。したがって、男女雇用機会均等法上、事業主は、労働者の募集及び採用について、その性別にかかわりなく均等な機会を与えなければならないから、本項は正しい。

オ. 正しい。 事業主は、職場において行われる性的な言動に対するその雇用する労働者の対応により当該労働者がその労働条件につき不利益を受け、又は当該性的な言動により当該労働者の就業環境が害されることのないよう、当該労働者からの相談に応じ、適切に対応するために必要な体制の整備その他の雇用管理上必要な措置を講じなければならない（男女雇用機会均等法11条1項）。したがって、**男女雇用機会均等法上、事業主は、職場においていわゆるセクシュアル・ハラスメントが生じることのないよう、雇用管理上必要な措置を講じなければならない**から、本項は正しい。

234　第7章　企業と従業員の関係

第3問 労働契約法・労働基準法

難易度 → ★☆☆

次の文中の[　]の部分に、後記の語群から最も適切な語句を選び、解答用紙の所定欄にその番号をマークしなさい。(第39回第7問7-2)

　使用者と労働者との間の労働関係は、様々な法律により規律されている。
　これらの法律のうち、労働契約法では、使用者は、労働契約に伴い、労働者がその生命、身体等の安全を確保しつつ労働することができるよう、必要な配慮をするものとされている。使用者が労働者に対して負うこの義務を一般に[ア]という。
　また、労働基準法も、労働者が、その生命、身体等の安全を確保しつつ労働することができるよう、使用者に対し様々な義務を課している。例えば、労働時間が一定の長さを超える場合、使用者は、労働時間の途中に所定の[イ]を労働者に与えなければならない。具体的には、例えば、労働時間が[ウ]を超える場合には、使用者は、少なくとも1時間の[イ]を労働時間の途中に与えなければならない。
　さらに、労働による心身の疲労を回復させるため、労働基準法上、使用者は、その雇入れの日から起算して[エ]間継続勤務し、全労働日の8割以上出勤した労働者に対して、継続し、または分割した10労働日の年次有給休暇を与えることが義務づけられている。使用者は、年次有給休暇を労働者の請求する時季に与えなければならない。ただし、請求された時季に年次有給休暇を与えることが事業の正常な運営を妨げる場合には、使用者は、他の時季に年次有給休暇を与えることができる。使用者のこの権利を一般に[オ]という。

[語群]
① 8時間
② 時季変更権
③ 5時間
④ みなし労働時間
⑤ 秘密保持義務
⑥ 休憩時間
⑦ 追完請求権
⑧ 6時間
⑨ 安全配慮義務
⑩ 精力分散防止義務
⑪ 6ヶ月
⑫ 団体交渉権
⑬ 3ヶ月
⑭ 事業場外労働時間
⑮ 2年

第 3 問 解答 → ア ⑨ イ ⑥ ウ ① エ ⑪ オ ②

解説

　労働者と使用者は、労働者が使用者に対し労務を提供し、使用者が労働者に対し賃金を支払うことを約して労働契約（雇用契約ともいう）を締結する。民法上、契約は当事者は対等な関係に立って契約を締結することが予定されている。もっとも、現実には、使用者が有利な立場に立つことから、労働基準法などの特別法を通じて労働者の保護が図られている。

　使用者は、労働契約に伴い、労働者がその生命、身体等の安全を確保しつつ労働することができるよう、必要な配慮をすることが求められる（労働契約法5条）。これを［ア］⑨安全配慮義務という。

　労働基準法は、最低限守るべき労働条件について規定した法律である。例えば、賃金については、通貨で、直接労働者に、その全額を支払わなければならない（労働基準法24条1項）。また、賃金は、原則として、毎月1回以上、一定の期日を定めて支払わなければならない（同条2項）。

　労働時間について、労働基準法は、法定労働時間をそれぞれ［イ］⑥休憩時間を除き、1週間につき40時間、1日につき8時間としている（同法32条1項、2項）。労働者に1日の法定労働時間を超えて労働させる場合には、所定の手続が必要であり、かつ、使用者は所定の割増賃金を支払わなければならない（同法36条、37条参照）。

　また、使用者は、労働時間が6時間を超える場合においては少くとも45分、［ウ］①8時間を超える場合においては少くとも1時間の休憩時間を労働時間の途中に与えなければならない（同法34条1項）。そして、休憩時間は、原則として、一斉に与えなければならない（同条2項）。

　年次有給休暇について、使用者は、その雇入れの日から起算して［エ］⑪6ヶ月間継続勤務し全労働日の8割以上出勤した労働者に対して、継続し、又は分割した10労働日の有給休暇を与えなければならない（同法39条1項）。使用者は、所定の有給休暇を、原則として、労働者の請求する時季に与えなければならないが、請求された時季に有給休暇を与えることが事業の正常な運営を妨げる場合においては、他の時季にこれを与えることができる（同条5項）。これを使用者の［オ］②時季変更権という。

236　第7章　企業と従業員の関係

第4問 労働基準法・労働組合法

難易度 → ★★☆

次の文中の[ ]の部分に、後記の語群から最も適切な語句を選び、解答用紙の所定欄にその番号をマークしなさい。(第46回第7問7-2)

X株式会社は、常時100人の労働者を使用しており、X社には同社の労働者60名で組織するY労働組合が存在する。この場合、X社は、労働基準法上、[ア]を作成しなければならず、その作成についてY労働組合の意見を聴かなければならない。

労働基準法上、[ア]には、使用者が労働の対償として労働者に支払う[イ]に関する事項や始業・終業の時刻に関する事項など、所定の事項を定めなければならない。なお、[イ]については、使用者は[イ]の全額を、通貨で、毎月1回以上一定の期日を定めて、直接、労働者に支払わなければならない。

Y労働組合は、労使関係事項についてX社と団体交渉をする権利を有している。X社が、Y労働組合から団体交渉の申入れを受けた場合に、正当な理由なくこれを拒否することは、[ウ]として労働組合法により禁止される。

X社とY労働組合との間で、労働条件等について[エ]が締結された場合、X社の[ア]は、この[エ]に反してはならない。[エ]に牴触する[ア]については、X社を管轄する[オ]は変更命令を出すことができる。

[語群]
① 不公正取引　　② 賃金　　　　　　③ 労働協約
④ 身元保証金　　⑤ 公正競争規約　　⑥ 公共職業安定所長
⑦ 就業規則　　　⑧ 労働基準監督署長　⑨ 労働安全衛生規則
⑩ 雇入通知書　　⑪ 労働者名簿　　　⑫ 不当な取引制限
⑬ 厚生労働大臣　⑭ 借入金　　　　　⑮ 不当労働行為

第4問 解答 →

| ア | ⑦ | イ | ② | ウ | ⑮ | エ | ③ | オ | ⑧ |

解説

　常時10人以上の労働者を使用する使用者は、法が定める一定の事項について[ア]⑦ 就業規則を作成し、行政官庁に届け出なければならない（労働基準法89条）。使用者は、就業規則の作成又は変更について、当該事業場に、労働者の過半数で組織する労働組合がある場合においてはその労働組合、労働者の過半数で組織する労働組合がない場合においては労働者の過半数を代表する者の意見を聴かなければならない（同法90条1項）。

　労働基準法上、就業規則には、就業すべき日や時間・[イ]②賃金・退職に関する事項等について必ず定めなければならない。また、退職手当・臨時の賃金等・労働者にさせる食費、作業用品その他の負担・安全及び衛生・職業訓練・災害補償及び業務外の傷病扶助・表彰及び制裁の定めをする場合においては、それぞれに関する事項について、その他、当該事業場の労働者のすべてに適用される定めをする場合においては、これに関する事項について、記載しなければならない（同法89条）。

　[イ]②賃金について、労働基準法上、原則として、通貨で、直接労働者に、毎月1回以上、一定の期日を定めてその全額を支払わなければならない（同法24条）。これを賃金全額払いの原則という。また、未成年者の場合には、未成年者は、独立して賃金を請求することができ、親権者又は後見人は、未成年者の賃金を代って受け取ってはならない（同法59条）。

　労働組合は労働者が使用者と対等に交渉するために結成される。使用者が雇用する労働者の代表者と団体交渉をすることを正当な理由がなくて拒むことは、[ウ]⑮不当労働行為として、労働組合法上禁止されている（労働組合法7条2号）。労働組合が使用者と交渉した結果、締結されるのが[エ]③労働協約である。

　労働協約の効力は、就業規則に優先し、就業規則は、法令又は当該事業場について適用される労働協約に反してはならない（労働基準法92条1項）。法令又は労働協約に牴触する就業規則がある場合には、所轄の[オ]⑧労働基準監督署長が変更を命じることができる（同条2項）。

労働基準法

小売業を営むA社における労働関係に関する次の①～④の記述のうち、その内容が最も適切なものを1つだけ選び、解答用紙の所定欄にその番号をマークしなさい。(第40回第10問ウ)

① A社は、労働時間が6時間を超え8時間以下である場合、労働基準法上、労働者に対し、少なくとも45分の休憩時間を労働時間の途中に与えなければならない。
② A社は、A社の労働者の過半数を代表する者との間で時間外労働等に関する労使協定(三六協定)を締結した。この場合、A社は、割増賃金を支払うことなく労働者に休憩時間を除き1日につき8時間、1週間につき40時間を超えて労働させることができる。
③ A社の労働者のうち、雇入れの日から2年を経過していない者には、労働基準法は適用されない。
④ 労働基準法上、A社の労働者は、A社の取締役会において、年次有給休暇に関する重要な事実を開示し、その承認を受けなければ、年次有給休暇を取得することができない。

第 5 問 解答 → ①

解説

① **最も適切である。使用者は、労働時間が6時間を超える場合においては少なくとも45分、8時間を超える場合においては少なくとも1時間の休憩時間を労働時間の途中に与えなければならない**(労働基準法34条1項)。したがって、A社が、労働時間が6時間を超え8時間以下である場合、労働基準法上、労働者に対し、少なくとも45分の休憩時間を労働時間の途中に与えなければならないから、本肢は適切である。

② **適切でない。**法律の規定に従い三六協定（さぶろく）を締結すると、使用者は、労働者に対し、その協定で定めるところによって労働時間を延長し、又は休日に労働させることができる(労働基準法36条1項参照)。もっとも、使用者は、三六協定を締結した上で、**労働者に時間外労働をさせた場合には、時間外労働に対して所定の割合の割増賃金を支払う必要がある**(同法37条1項)。したがって、A社が、A社の労働者の過半数を代表する者との間で時間外労働等に関する労使協定（**三六協定**）を締結した場合、A社は、労働者に休憩時間を除き1日につき8時間、1週間につき40時間を超えて労働させることができるが、加えて時間外労働に対して一定の割合の割増賃金を支払う必要があるから、本肢は適切でない。

③ **適切でない。労働基準法は、労働条件の最低基準を定めた法律であって、原則として全ての労働者に適用される。**したがって、A社の労働者のうち、雇入れの日から2年を経過していない者であっても、労働基準法が適用されるから、本肢は適切でない。

④ **適切でない。労働基準法上、年次有給休暇の取得に当たり、取締役会の承認は不要である。**したがって、労働基準法上、A社の労働者は、年次有給休暇の取得に当たり、A社の取締役会において、年次有給休暇に関する重要な事実を開示し、その承認を受ける必要はないから、本肢は適切でない。

労働基準法

労働基準法に関する次の①〜④の記述のうち、その内容が最も適切でないものを1つだけ選び、解答用紙の所定欄にその番号をマークしなさい。(第45回第3問ウ)

① 使用者は、原則として、賃金を毎月1回以上、一定の期日を定めて労働者に支払わなければならない。
② 賃金および労働時間に関する事項は、労働契約の締結に際し、使用者が労働者に対して明示しなければならない事項であるが、当該事項の明示は、口頭で行えば足り、書面の交付による必要はない。
③ 常時10人以上の労働者を使用する使用者は、就業規則を作成し、これを所轄の労働基準監督署長に届け出なければならない。
④ 使用者は、原則として、労働者に、休憩時間を除き、1週間について40時間、1週間の各日については1日につき8時間を超えて、労働させてはならない。

第 6 問 解答 → ②

解説

① **適切である。** 賃金は、毎月一回以上、一定の期日を定めて支払わなければならない（労働基準法24条2項）。したがって、使用者は、原則として、賃金を毎月1回以上、一定の期日を定めて労働者に支払わなければならないから、本肢は適切である。

② **最も適切でない。** 使用者は、労働契約の締結に際し、労働者に対して賃金、労働時間その他の労働条件を明示しなければならない。この場合において、賃金及び労働時間に関する事項その他の所定の事項については、原則として、**労働者に対する各事項が明らかとなる書面の交付により明示しなければならない**（労働基準法15条1項、労働基準法施行規則5条4項）。したがって、賃金および労働時間に関する事項は、労働契約の締結に際し、使用者が労働者に対して明示しなければならない事項であり、当該事項の明示は、書面の交付による必要があるから、本肢は適切でない。

③ **適切である。** 常時10人以上の労働者を使用する使用者は、所定の事項について就業規則を作成し、所轄労働基準監督署長に届け出なければならない（労働基準法89条、労働基準法施行規則49条1項）。したがって、常時10人以上の労働者を使用する使用者は、就業規則を作成し、これを所轄の労働基準監督署長に届け出なければならないから、本肢は適切である。

④ **適切である。** 使用者は、労働者に、休憩時間を除き**1週間について40時間**を超えて、労働させてはならない。また、使用者は、1週間の各日については、労働者に、休憩時間を除き**1日について8時間**を超えて、労働させてはならない（労働基準法32条1項2項）。したがって、使用者は、原則として、労働者に、休憩時間を除き、1週間について40時間、1週間の各日については1日につき8時間を超えて、労働させてはならないから、本肢は適切である。

労働組合法

労働組合に関する次の①〜④の記述のうち、その内容が最も適切なものを1つだけ選び、解答用紙の所定欄にその番号をマークしなさい。(第42回第6問オ)

① 労働組合に加入している労働者は、労働組合法による保護を受けるので、労働基準法の適用を受けない。
② 労働組合と使用者との間の合意により労働協約が定められた事業場では、就業規則を作成することはできない。
③ 取締役会を設置している株式会社においては、取締役会の承認を受けなければ、労働組合を結成することはできない。
④ 労働組合から団体交渉の申し出を受けた使用者は、正当な理由なくこれを拒否してはならない。

第 7 問　解答 → ④

解説

① **適切でない。労働基準法の適用対象となる労働者とは、職業の種類を問わず、事業又は事務所に使用される者で、賃金を支払われる者をいう**（労働基準法9条）。労働組合に加入している労働者であっても、労働基準法の適用を受ける。したがって、労働組合に加入している労働者であっても、労働基準法の適用を受けるから、本肢は適切でない。

② **適切でない。労働協約が定められた事業場であっても、就業規則を作成することができ、常時10人以上の労働者を使用する使用者は、所定の事項について就業規則を作成し、行政官庁に届け出なければならない**（労働基準法89条）。もっとも、就業規則は、法令又は当該事業場について適用される労働協約に反してはならない（同法92条1項）。したがって、労働組合と使用者との間の合意により労働協約が定められた事業場であっても、就業規則を作成することができるから、本肢は適切でない。

③ **適切でない。**労働組合法上の労働組合とは、労働者が主体となって自主的に労働条件の維持改善その他経済的地位の向上を図ることを主たる目的として組織する団体又はその連合団体をいう（労働組合法2条）。**労働組合の結成に際し、取締役会の承認は不要である。**なお、役員その他使用者の利益を代表する者の参加を許すものは、労働組合法上の労働組合に当たらない（同条1号）。したがって、取締役会を設置している株式会社であっても、労働組合を結成するに当たり、取締役会の承認を受ける必要はないから、本肢は適切でない。

④ **最も適切である。使用者が雇用する労働者の代表者と団体交渉をすることを正当な理由がなくて拒むことは、不当労働行為として、労働組合法上禁止されている**（労働組合法7条2号）。したがって、労働組合から団体交渉の申し出を受けた使用者は、正当な理由なくこれを拒否してはならないから、本肢は適切である。

重要ポイントの整理

ここでは、試験で間違えやすい基本的な項目をまとめています。

●労働契約（雇用契約）

労働者　　　　　　　　　　　　　　　　　使用者

労務を提供する
賃金を支払う（労働基準法11条、24条）
安全配慮義務を負う（労働契約法5条等）

労働基準法 …… 労働者保護のため、賃金や労働時間等、労働条件の最低基準を規定。原則として、全ての労働者に適用される。

労働基準監督署 …… 労働基準法などの労働法が守られているかを監督する行政機関。

●労働契約の解約

解雇	使用者から申し入れる労働契約の解約。客観的に合理的な理由を欠き、社会通念上相当であると認められない場合は無効（労働契約法16条）
辞職	労働者から申し入れる労働契約の解約。申入れから2週間後に契約終了（民法627条1項）

●時間外労働の要件

法定労働時間は、1週間につき40時間、1日につき8時間（労働基準法32条1項、2項）。法定労働時間を超え、又は休日に労働させる場合は、以下のことが必要（労働基準法36条、37条）。

- 労働組合（ない場合は労働者代表）との間で三六協定を締結する。
- 時間外労働について割増賃金を支払う。

●労働組合

労働組合の結成、労働組合への加入は原則として、労働者の任意。また、使用者は、正当な理由なく、労働組合からの団体交渉の申入れを拒否してはならない（労働組合法7条2号）。

●就業規則

- 常時10人以上の労働者を使用する使用者は、就業規則を作成（労働基準法89条）。
- 法令又は労働協約（労使交渉の結果として締結されるもの）に反してはならない（労働基準法92条1項）。
- 労働組合（労働者の過半数で組織）か、労働組合がない場合は労働者の代表（労働者の過半数を代表する者）の意見を聴くことが必要（労働基準法90条1項）。
- 就業規則の作成・変更に際しては、労働組合又は労働者の代表の意見書とともに労働基準監督署長に提出する（労働基準法89条、90条2項、労働基準法施行規則49条1項）。

●労働者派遣

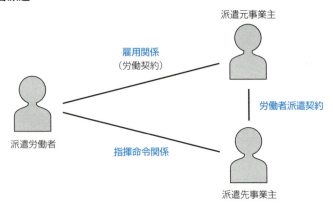

- 派遣労働者と雇用関係にあるのは派遣元事業主であるが、派遣先事業主も派遣労働者に対して、労働基準法や労働安全衛生法など、労働法上の責任を負う場合がある（労働者派遣法44条、45条等）。
- 港湾運送業務、建設業務、警備業務等については労働者派遣事業は不可（労働者派遣法4条1項）。

●男女雇用機会均等法

- 労働者の配置、昇進・降格、教育訓練、定年、解雇等について、性別を理由として差別的取扱いをしてはならない（男女雇用機会均等法6条）。
- 事業主は、セクシュアル・ハラスメントが生じないよう、必要な措置を講じる義務がある（男女雇用機会均等法11条1項）。

第8章

ビジネスに関連する家族法

学習のポイント

　ここでは、ビジネスに関連する家族法として、夫婦に関する問題と相続に関する問題について学習します。試験での出題はもちろん予想されますが、実生活においても、しばしば問題になる事柄です。基本をしっかり押さえてください。

　夫婦に関する問題では、夫婦間の契約と夫婦の財産関係がポイントです。また、相続に関する問題では、各相続人の法定相続分の計算、相続放棄、限定承認がポイントです。

 本章のキーワード

- 夫婦間の契約
- 日常家事債務の連帯責任
- 夫婦共有財産
- 相続放棄
- 限定承認
- 法定相続分
- 遺留分

婚姻

次の事項のうち、その内容が正しいものには①を、誤っているものには②を、解答用紙の所定欄にその番号をマークしなさい。

ア．婚姻が法的効力を認められるためには、当事者の合意だけでは足りず、婚姻の届出をする必要がある。(第44回第8問カ)

イ．民法上、夫婦が婚姻中に得た財産はすべて夫婦の共有財産となるため、婚姻中に夫婦の一方が相続によって取得した財産は夫婦の共有財産となる。(第44回第4問イ)

ウ．民法上、夫婦の一方が日常の家事に関して第三者と法律行為をしたことによって生じた債務は、当該法律行為を行った者が単独で負担する。(第43回第1問ケ)

エ．夫婦間で夫婦財産契約が締結されていない場合、夫婦のいずれに属するか明らかでない財産は、民法上、その共有に属するものと推定される。(第46回第1問ケ)

オ．夫婦が離婚したときは、夫婦のうち婚姻に際して改氏した者は、婚姻前の氏に復することとなり、いかなる場合でも離婚後は婚姻中に称していた氏を称することはできない。(第45回第4問エ)

第1問　解答 →　ア　①　イ　②　ウ　②　エ　①　オ　②

解説

ア．**正しい。婚姻は、戸籍法の定めるところにより届け出ることによって、その効力を生ずる**（民法739条1項）。したがって、婚姻が法的効力を認められるためには、当事者の合意だけでは足りず、婚姻の届出をする必要があるから、本項は正しい。

イ．**誤っている。夫婦の一方が婚姻前から有する財産及び婚姻中自己の名で得た財産は、その特有財産（夫婦の一方が単独で有する財産をいう。）となる**（民法762条1項）。一方、夫婦のいずれに属するか明らかでない財産は、その共有に属するものと推定される（同条2項）。したがって、民法上、夫婦が婚姻中に得た全ての財産が夫婦の共有財産となるわけではなく、婚姻中に夫婦の一方が相続によって取得した財産は、取得した者の特有財産となるから、本項は誤っている。

ウ．**誤っている。夫婦の一方が日常の家事に関して第三者と法律行為をしたときは、原則として、他の一方は、これによって生じた債務について、連帯してその責任を負う**（民法761条）。これを**夫婦間における日常家事債務の連帯責任**という。したがって、民法上、夫婦の一方が日常の家事に関して第三者と法律行為をしたことによって生じた債務は、夫婦が連帯してその責任を負うから、本項は誤っている。

エ．**正しい。**夫婦が、婚姻の届出前に、その財産について別段の契約をしなかったときは民法の規定が適用され（民法755条）、**民法上、夫婦のいずれに属するか明らかでない財産は、その共有に属するものと推定される**（同法762条2項）。したがって、夫婦間で夫婦財産契約が締結されていない場合、夫婦のいずれに属するか明らかでない財産は、民法上、その共有に属するものと推定されるから、本項は正しい。

オ．**誤っている。婚姻によって氏を改めた夫又は妻は、離婚によって婚姻前の氏に復する**（民法767条1項、771条）。そして、**婚姻前の氏に復した夫又は妻は、離婚の日から3ヶ月以内に戸籍法の定めるところにより届け出ることによって、離婚の際に称していた氏を称することができる**（同法767条2項、771条）。したがって、夫婦が離婚したときは、夫婦のうち婚姻に際して改氏した者は、婚姻前の氏に復することとなるが、離婚の日から3ヶ月以内に戸籍法の定めるところにより届け出ることによって、離婚後も婚姻中に称していた氏を称することができるから、本項は誤っている。

250　第8章　ビジネスに関連する家族法

相続

次の事項のうち、その内容が正しいものには①を、誤っているものには②を、解答用紙の所定欄にその番号をマークしなさい。

ア．相続人が配偶者および直系尊属である場合、直系尊属の法定相続分は3分の2である。（第48回第1問ク）

イ．相続人の協議による遺産の分割が成立するには、原則として、被相続人のすべての法定相続人の合意が必要である。（第42回第8問ク）

ウ．民法の規定に基づきいったん有効になされた遺言は、撤回することができない。（第48回第8問エ）

エ．遺留分権利者は、被相続人の配偶者、子および兄弟姉妹に限られ、被相続人の直系尊属は遺留分権利者に含まれない。（第46回第4問ケ）

オ．相続人の協議による遺産の分割が成立するには、被相続人のすべての法定相続人の合意が必要であり、この法定相続人には、すでに相続の放棄をした者も含まれる。（第48回第4問コ）

第2問	解答 →	ア ②	イ ①	ウ ②	エ ②	オ ②

解説

ア. 誤っている。法定相続分は、子及び配偶者が相続人であるときは、配偶者の相続分も子の相続分も各2分の1となる。**配偶者及び直系尊属が相続人であるときは、配偶者の相続分は3分の2、直系尊属の相続分は3分の1となる。**配偶者及び兄弟姉妹が相続人であるときは、配偶者の相続分は4分の3、兄弟姉妹の相続分は4分の1となる（民法900条1号～3号）。子、直系尊属又は兄弟姉妹が数人あるときは、各自の相続分は、原則として、相等しいものとなる（同法900条4号）。したがって、相続人が配偶者及び直系尊属である場合、直系尊属の法定相続分は3分の1であるから、本項は誤っている。

イ. 正しい。相続人が数人あるときは、相続財産は、その共有に属する（民法898条1項）。被相続人が遺した遺産は、相続開始と同時に法定相続人全員で共有することとなるから、**遺産分割協議も、原則として、法定相続人全員で行わなければならない。**したがって、相続人の協議による遺産の分割が成立するには、原則として、被相続人の全ての法定相続人の合意が必要であるから、本項は正しい。

ウ. 誤っている。遺言者は、いつでも、遺言の方式に従って、その遺言の全部又は一部を撤回することができる（民法1022条）。したがって、民法の規定に基づきいったん有効になされた遺言であっても、別の遺言をすることにより、撤回することができるから、本項は誤っている。

エ. 誤っている。直系尊属を含む、兄弟姉妹以外の相続人が遺留分権利者である（民法1042条）。遺留分は、相続人に認められた、いわば最低限の相続分である。したがって、遺留分権利者は、被相続人の配偶者、子及び直系尊属であり、被相続人の兄弟姉妹は遺留分権利者に含まれないから、本項は誤っている。

オ. 誤っている。遺産分割協議を成立させるには、共同相続人全員の合意が必要である。もっとも、相続の放棄をした者は、その相続に関しては、初めから相続人とならなかったものとみなされるから（民法939条）、**共同相続人の中に相続の放棄をした者がいる場合には、その者の合意は不要である。**したがって、相続人の協議による遺産の分割が成立するには、被相続人の全ての法定相続人の合意が必要であるが、この法定相続人には、既に相続の放棄をした者は含まれないから、本肢は適切でない。

252　第8章　ビジネスに関連する家族法

第3問 婚姻

難易度 → ★★☆

次の文中の[　]の部分に、後記の語群から最も適切な語句を選び、解答用紙の所定欄にその番号をマークしなさい。(第41回第9問9-2)

民法上、婚姻は、当事者双方の[ア]の合致だけでは効力を生じず、戸籍法の定めるところにより届け出ることによって、その効力を生じる。

婚姻により生じる効果のうち、夫婦の財産に関する点に注目すると、まず、夫婦間の財産関係については、婚姻の届出前に夫婦間の契約によって定めることができる。他方、そのような契約がないときには、民法の定める内容に従うものとされており、これを[イ]という。[イ]によれば、夫婦は、その資産、収入その他一切の事情を考慮して、婚姻生活を維持するために必要な生計費などの[ウ]を分担するものとされている。また、夫婦の一方が婚姻前から有する財産および婚姻中自己の名で得た財産は、民法上、その者が単独で有する財産として、[エ]とされ、夫婦のいずれに属するか明らかでない財産は、その共有に属するものと推定される。

夫婦が離婚した場合には、原則として、婚姻によって氏を改めた夫または妻は婚姻前の氏に復する。また、離婚により、夫婦財産関係は、将来に向かって消滅し、場合によっては夫婦財産関係を清算するために[オ]がなされる。[オ]は、慰謝料請求とともに、あるいは慰謝料請求も含めて請求することができる。

[語群]
① 特有財産　② 婚姻障害　③ 任意財産契約
④ 婚姻費用　⑤ 有益費　⑥ 財産分与
⑦ 共益費用　⑧ 責任財産　⑨ 婚姻意思
⑩ 合有財産　⑪ 法定財産制　⑫ 遺留分減殺請求
⑬ 通常財産関係　⑭ 相互扶助意思　⑮ 遺産分割

第3問 解答→ ア ⑨ イ ⑪ ウ ④ エ ① オ ⑥

解説

　民法上、婚姻は、戸籍法の定めるところにより届け出ることによって、その効力を生ずる（民法739条1項）。すなわち、婚姻の効力が生じるには、当事者双方の[ア]⑨**婚姻意思**の合致だけでは足りず、届出が必要となる。

　夫婦の財産について、夫婦が、婚姻の届出前に、その財産について別段の契約をしなかったときは、民法の規定が適用され（民法755条）、これを[イ]⑪**法定財産制**という。夫婦が法律上の法定財産制と異なる契約をしたときは、婚姻の届出までにその登記をすることにより、第三者に対抗することができる（同法756条）。他方、民法の定める内容、すなわち、[イ]⑪**法定財産制**によれば、夫婦は、その資産、収入その他一切の事情を考慮して、婚姻から生ずる費用、[ウ]④**婚姻費用**を分担することとされている（同法760条）。また、夫婦の一方が婚姻前から有する財産及び婚姻中自己の名で得た財産は、その[エ]①**特有財産**（夫婦の一方が単独で有する財産をいう。）とされ、夫婦のいずれに属するか明らかでない財産は、その共有に属するものと推定される（同法762条1項2項）。さらに、夫婦の一方が日常の家事に関して第三者と法律行為をしたときは、原則として、他の一方は、これによって生じた債務について、連帯してその責任を負う（同法761条）。これを夫婦間における日常家事債務の連帯責任という。

　婚姻によって氏を改めた夫又は妻は、離婚によって婚姻前の氏に復する（同法767条1項、771条）。もっとも、婚姻前の氏に復した夫又は妻は、離婚の日から3か月以内に戸籍法の定めるところにより届け出ることによって、離婚の際に称していた氏を称することができる（同法767条2項、771条）。また、夫婦が離婚した場合の財産関係は、[オ]⑥**財産分与**によって精算されるのであって、当然に婚姻時に遡って消滅するわけではない。

254　第8章　ビジネスに関連する家族法

婚姻

　XとYが夫婦である場合に関する次の①～④の記述のうち、民法の規定に照らし、その内容が最も適切なものを1つだけ選び、解答用紙の所定欄にその番号をマークしなさい。(第48回第10問ウ)

① 婚姻後にXが物を購入したことによって負った債務につき、Yが支払義務を負うことは一切ない。
② 婚姻後にXとYとの間で締結された契約は、婚姻中、いつでも、XとYの一方から取り消すことができる。
③ 婚姻後にXが相続により取得した財産は、XとYの共有財産とされる。
④ XとYが離婚した場合、婚姻に際して改氏したYは、婚姻前の氏に復し、いかなる場合でも、離婚時に称していた氏をそのまま称することはできない。

第 4 問 解答 → ②

解説

① 適切でない。夫婦の一方が日常の家事に関して第三者と法律行為をしたときは、原則として、他の一方は、これによって生じた債務について、連帯してその責任を負う（民法761条）。これを夫婦間における日常家事債務の連帯責任という。したがって、婚姻後にXが物を購入したことによって負った債務につき、その債務が、XとYにとっての日常家事債務といえるときは、Yが支払義務を負うことがあり得るから、本肢は適切でない。

② 最も適切である。夫婦間でした契約は、婚姻中、いつでも、夫婦の一方からこれを取り消すことができる。ただし、第三者の権利を害することはできない（民法754条）。これを夫婦間の契約取消権という。したがって、婚姻後にXとYとの間で締結された契約は、婚姻中、いつでも、XとYの一方から取り消すことができるから、本肢は適切である。

③ 適切でない。夫婦の一方が婚姻前から有する財産及び婚姻中自己の名で得た財産は、その特有財産（夫婦の一方が単独で有する財産をいう。）である（民法762条1項）。一方、夫婦のいずれに属するか明らかでない財産は、その共有に属するものと推定される（同条2項）。したがって、婚姻後にXが相続により取得した財産は、XとYの共有財産ではなく、Xの特有財産とされるから、本肢は適切でない。

④ 適切でない。婚姻によって氏を改めた夫又は妻は、協議上の離婚によって婚姻前の氏に復する（民法767条1項）。もっとも、婚姻前の氏に復した夫又は妻は、離婚の日から3ヶ月以内に戸籍法の定めるところにより届け出ることによって、離婚の際に称していた氏を称することができる（同条2項）。したがって、XとYが離婚した場合、婚姻に際して改氏したYは、婚姻前の氏に復するが、所定の届出をすることにより、離婚時に称していた氏をそのまま称することができるから、本肢は適切でない。

第5問 相続

難易度 → ★★☆

相続に関する次の①〜④の記述のうち、その内容が最も適切でないものを1つだけ選び、解答用紙の所定欄にその番号をマークしなさい。(第43回第10問オ)

① 相続人が複数いる場合、相続放棄は、個々の相続人が単独ですることができる。
② 相続人が複数いる場合、限定承認は、個々の相続人が単独ですることはできない。
③ 被相続人が遺言を遺さず死亡した場合、法定相続分に従って遺産分割が行われ、相続人間の協議により法定相続分とは異なる割合で遺産を分割することはできない。
④ 相続人が配偶者および直系尊属である場合、直系尊属の法定相続分は3分の1である。

解答欄

第5問 解答 → ③

解説

① **適切である。相続放棄は、相続そのものから離脱する制度であり、個々の相続人が単独ですることができる。** したがって、相続人が複数いる場合、相続放棄は、個々の相続人が単独ですることができるから、本肢は適切である。

② **適切である。相続人が数人あるときは、限定承認は、共同相続人の全員が共同してのみこれをすることができる**（民法923条）。限定承認は、相続によるプラスの財産の限度においてのみ被相続人のマイナスの財産を弁済することを留保して、相続の承認をすることである（同法922条）。したがって、相続人が複数いる場合、限定承認は、個々の相続人が単独ですることはできないから、本肢は適切である。

③ **最も適切でない。** 共同相続人は、被相続人が遺言で禁じた場合又は分割をしない旨の契約をした場合を除き、いつでも、その協議で、遺産の分割をすることができる（民法907条1項）。**遺産分割においては、相続人全員で協議が成立する限り、法定相続分に拘束されず、遺産に属する物又は権利の種類及び性質、各相続人の年齢、職業、心身の状態及び生活の状況その他一切の事情を考慮してこれをすることとなる**（同法906条）。したがって、被相続人が遺言を遺さず死亡した場合、法定相続分に従って遺産分割が行われ、相続人間の協議においては、法定相続分とは異なる割合で遺産を分割することもできるから、本肢は適切でない。

④ **適切である。法定相続分**は、子及び配偶者が相続人であるときは、配偶者の相続分も子の相続分も各2分の1となる。**配偶者及び直系尊属が相続人であるときは、配偶者の相続分は3分の2、直系尊属の相続分は3分の1となる。** 配偶者及び兄弟姉妹が相続人であるときは、配偶者の相続分は4分の3、兄弟姉妹の相続分は4分の1となる（民法900条1号～3号）。子、直系尊属又は兄弟姉妹が数人あるときは、各自の相続分は、原則として、相等しいものとなる（同法900条4号）。したがって、相続人が配偶者及び直系尊属である場合、直系尊属の法定相続分は3分の1であるから、本肢は適切である。

相続

Aが死亡し、相続が発生した場合に関する次のa～dの記述のうち、民法に照らし、その内容が適切なものの組み合わせを①～④の中から1つだけ選び、解答用紙の所定欄にその番号をマークしなさい。(第46回第10問イ)

a．Aに配偶者B、子Cおよび母Dがおり、そのほかに親族がいない場合、Aの法定相続人になるのは、B、CおよびDである。
b．Aには配偶者B、子Cおよび孫Dがいるが、Aの子でありDの父であるEはAより先に死亡しており、そのほかに親族はいない。この場合、Aの法定相続人になるのは、B、CおよびDである。
c．Aに配偶者B、子Cおよび子Dがおり、そのほかに親族がいない場合、Aが遺言をせずに死亡すると、B、CおよびDの法定相続分はそれぞれ相続財産の3分の1である。
d．Aに配偶者Bおよび妹Cがおり、そのほかに親族がいない場合、Aが遺言をせずに死亡すると、Bの法定相続分は相続財産の4分の3、Cの法定相続分は相続財産の4分の1である。

① ａｂ　② ａｃ　③ ｂｄ　④ ｃｄ

第 6 問 解答 → ③

解説

a. **適切でない。**法定相続人は、民法が定める相続人となるべき者であり、まず、被相続人の配偶者は、常に相続人となる（民法890条）。**配偶者以外の親族には、法定相続人としての順位が定められており、先順位の者（子の代襲相続人を含む。）がいない場合に、後順位の者が相続人となる。**第1順位の法定相続人は、被相続人の子である（同法887条1項）。第2順位は、被相続人の直系尊属（ただし、親等の異なる者の間では、その近い者を先にする。）であり（同法889条1項1号）、第3順位は、被相続人の兄弟姉妹である（同項2号）。したがって、Aに配偶者B、子C及び母Dがおり、そのほかに親族がいない場合、Aの法定相続人になるのは、配偶者Bと子Cであり、直系尊属である母Dは法定相続人とはならないから、本肢は適切でない。

b. **適切である。**相続人となるべき者が、被相続人の死亡以前に死亡・相続欠格・廃除によってその相続権を失ったときに、その者の子がこれを代襲して相続人となる。これを**代襲相続**という（民法887条2項）。したがって、Aに配偶者B、子C及び孫Dがいるが、Aの子でありDの父であるEがAより先に死亡しており、そのほかに親族はいない場合、Aの法定相続人になるのは、配偶者B、子C及び孫Dであるから、本肢は適切である。

c. **適切でない。法定相続分は、子及び配偶者が相続人であるときは、配偶者の相続分も子の相続分も各2分の1となる。**配偶者及び直系尊属が相続人であるときは、配偶者の相続分は3分の2、直系尊属の相続分は3分の1となる。配偶者及び兄弟姉妹が相続人であるときは、配偶者の相続分は4分の3、兄弟姉妹の相続分は4分の1となる（民法900条1号〜3号）。**子、直系尊属又は兄弟姉妹が数人あるときは、各自の相続分は、原則として、相等しいものとなる**（同法900条4号）。したがって、Aに配偶者Bと子C及びDがおり、そのほかに親族がいない場合、Aが遺言をせずに死亡すると、配偶者Bの法定相続分は相続財産の2分の1、子C及び子Dは、2分の1を2人で分け合い、法定相続分はそれぞれ相続財産の4分の1であるから、本肢は適切でない。

d. **適切である。配偶者及び兄弟姉妹が相続人であるときは、配偶者の相続分は4分の3、兄弟姉妹の相続分は4分の1となる**（民法900条3号）。したがって、Aに配偶者B及び妹Cがおり、そのほかに親族がいない場合、Aが遺言をせずに死亡すると、配偶者であるBの法定相続分は相続財産の4分の3、妹であるCの法定相続分は相続財産の4分の1であるから、本肢は適切である。

重要ポイントの整理

ここでは、試験で間違えやすい基本的な項目をまとめています。

●婚姻

- 婚姻が成立するためには、「当事者の合意」と「婚姻の届出」（民法739条）が必要。
- 婚姻に際して氏を改めた者は、離婚により婚姻前の氏に復するが、離婚の日より3ヶ月以内に届け出ることにより婚姻中の氏を称することも可（民法767条、771条）。
- 夫婦間でした契約は、第三者の権利を害さない限り、婚姻中いつでも、夫婦の一方から取消しできる（民法754条）。
- 夫婦の一方が日常の家事に関して第三者と法律行為をしたことによって生じた債務は、夫婦が連帯して責任を負う（日常家事債務の連帯責任。民法761条）。

●夫婦の財産（夫婦別産制）

特有財産	夫婦の一方が ● 婚姻前から有する財産 ● 婚姻中に自己の名で得た財産
共有財産	● 夫婦いずれに属するか明らかでない財産

●遺言の種類

自筆証書遺言 （民法968条1項）	● 遺言者が原則として全文・日付・氏名を自書し押印する
公正証書遺言 （民法969条）	● 証人2人以上の立会い ● 遺言者が遺言の趣旨を公証人に口授し、公証人が遺言者の口述を筆記後、遺言者及び証人に読み聞かせ、又は閲覧させる ● 遺言者及び証人が筆記内容を承認後、署名・押印 ● 公証人が署名・押印
秘密証書遺言 （民法970条1項）	● 遺言者が署名・押印 ● 遺言者が証書を封じ、証書に用いた印章で封印 ● 遺言者が公証人1人及び証人2人以上の前に封書を提出して、自己の遺言書である旨と、その筆者の氏名・住所を申述 ● 公証人が証書の提出日及び遺言者の申述を封紙に記載後、遺言者及び証人とともに署名・押印

●法定相続分と遺留分

相続人	法定相続分（民法900条）（子及び配偶者が相続人の場合）
配偶者	2分の1
子	2分の1÷子の人数。子が2人の場合は各4分の1

遺留分 …… 被相続人の遺言にかかわらず、兄弟姉妹以外の相続人（配偶者、子及び直系尊属）に認められる（民法1042条）。

●単純承認、限定承認、相続放棄

単純承認 （民法896条）	被相続人の財産に属する一切の権利義務を承継すること。不動産・動産・預金等の積極財産だけでなく、債務などの消極財産も相続の対象となる
限定承認 （民法922条、923条）	相続による積極財産の限度においてのみ被相続人の消極財産を弁済することを留保して、相続の承認をすること。相続人全員で行う必要がある
相続放棄 （民法938条、939条）	積極財産・消極財産とも承継を放棄すること。相続人が、他の相続人と関係なく単独ですることができる

※限定承認、相続放棄の場合は、相続開始を知ったときから3ヶ月以内に家庭裁判所に申し出をすることが必要

262　第8章　ビジネスに関連する家族法

第**2**部

模擬試験問題

・・・・・・

出題形式：多肢選択式
制限時間：90分

●「模擬試験問題」は、過去問題をもとに本書の著者
　が再構成したものです。

●設問文、記述の記号（ア〜エなど）、選択肢の番号
　（①〜④）は、場合に応じて変更しています。

●解答・解説は、本書の著者が作成したものです。

ビジネス実務法務検定試験®3級　模擬試験問題

問　題

■第1問

消費者保護のための法律に関する次の①〜②の記述のうち、その内容が適切なものを1つだけ選びなさい。

① 消費者Xは、Y社との間で商品の売買契約を締結したが、特定商取引法に基づき、クーリング・オフを行使してY社との間の売買契約を解除しようとしている。この場合、Xは、Y社の営業所に赴いて、口頭でY社との間の売買契約についてクーリング・オフを行使する旨の意思表示をしなければならない。　　　　　　　　　　　　　　　　　　　　　（第48回第1問ア）

② 消費者契約法上の消費者とは個人をいうが、個人事業主のように、事業としてまたは事業のために契約の当事者となる場合における個人は、消費者に含まれない。　　　　　　　　　　　　　　　　　　（第45回第8問イ）

■第2問

株主に関する次の①〜②の記述のうち、その内容が適切なものを1つだけ選びなさい。

① 株主が、その所有する株式の内容および数に応じて、会社から他の株主と平等に扱われることを株主平等の原則という。　　　（第48回第1問オ）

② 株式会社では、所有と経営が分離されているため、会社法上、株式会社の株主は、当該株式会社の取締役に就任することができない。　　　　　　　　　　　　　　　　　　　　　　　　　　　（第38回第4問イ）

■第3問
担保物権に関する次の①～②の記述のうち、その内容が適切なものを1つだけ
選びなさい。

①　民法上、先取特権は、債権者と債務者が設定契約を締結することにより発生し、当該債権者が他の債権者に優先して当該債務者の財産から弁済を受けることができる担保物権である。　　　　　　　　（第46回第1問オ）

②　Aは、Bとの間で、自己を売主として動産甲を売却する旨の売買契約を締結した。この売買契約に基づき、AはBに甲を引き渡したが、Bは甲の代金を支払っていない。この場合、Aは、Bが甲の代金を支払うまでの間、Bが占有する甲について先取特権を有する。　　　　　　（第42回第8問ケ）

■第4問
知的財産権に関する次の①～②の記述のうち、その内容が適切なものを1つだけ選びなさい。

①　他人がすでに登録を受けている商標と同一の商標については、商標権の設定登録を受けることはできないが、他人がすでに登録を受けている商標と類似する商標については、自由に商標権の設定登録を受けることができる。　　　　　　　　　　　　　　　　　　　　（第39回第1問ア）

②　意匠法上、意匠にかかる物品の形状等がその物品の有する機能に基づいて変化する場合に、その変化の前後にわたる形状等は、意匠登録の対象となる。このような意匠は、一般に動的意匠と呼ばれる。
　　　　　　　　　　　　　　　　　　　　　　　　　　（第42回第1問ア）

266　3級　模擬試験問題　問題

■第5問
財産管理に関する次の①～②の記述のうち、その内容が適切なものを1つだけ選びなさい。

① 不動産に関する物権を取得した者は、不動産登記法その他の登記に関する法律の定めるところに従いその登記をしなければ、当該物権の取得を第三者に対抗することができない。　　　　　　　　　（第46回第4問オ）

② Aは、Bに建物を譲渡した後に、当該建物をCに対しても二重に譲渡した。この場合、Bは、Cよりも先に当該建物の代金を支払っていれば、所有権移転登記を経ていなくても、当該建物の所有権をCに対抗することができる。　　　　　　　　　　　　　　　　　（第41回第8問カ）

■第6問
債権の担保に関する次の①～②の記述のうち、その内容が適切なものを1つだけ選びなさい。

① 民法上、留置権は、他人の物を占有している者が、その物に関して生じた債権を有している場合に、その債権の弁済を受けるまで、その物を留置することにより、債務者の弁済を促す権利である。（第41回第4問ア）

② 例えば倉庫に保管されている商品全部というように、構成部分の変動する集合動産は、譲渡担保の目的物となり得ない。　　　（第42回第4問ク）

■第7問
債権の担保に関する次の①～②の記述のうち、その内容が適切なものを1つだけ選びなさい。

① A社は、B社に対して有する債権を担保するため、B社から、B社がC社に対して有する債権に質権の設定を受けた。この場合であっても、A社は、B社がC社に対して有する債権を直接取り立てることはできない。

　　　　　　　　　　　　　　　　　　　　　　　　（第48回第1問カ）

② 仮登記担保法上、仮登記担保権者は、裁判所の競売手続によらずに、仮登記担保権を実行することができる。　　　　　　（第40回第8問ケ）

■第8問
弁済に関する次の①〜②の記述のうち、その内容が適切なものを１つだけ選び
なさい。

① Xは、Yから50万円を借り入れた。この場合、Xは、Yとの間で特段の
合意をしなくても、自らの一方的意思表示によって、50万円の弁済に代
えて自己所有の50万円相当の貴金属をYに引き渡し、XのYに対する借入
金債務を免れることができる。　　　　　　　　　　　（第46回第4問ア）

② 買主Aは、売主Bに対して売買代金債務を負っている。Aは、Bに対し
て売買代金債務を弁済する場合、民法上、Bに対して、その弁済と引換え
に受取証書の交付を請求することができる。　　　　　（第46回第8問ケ）

■第9問
民法に関する次の①〜②の記述のうち、その内容が適切なものを１つだけ選び
なさい。

① クレジットカードの偽造を依頼し、それに対し報酬を支払う旨の契約
のように、公序良俗に反する契約は無効である。　　　（第42回第1問コ）

② 民法の規定はすべて強行法規であり、契約の当事者間において民法の
規定と異なる内容の定めをしたとしても、その定めは無効である。
　　　　　　　　　　　　　　　　　　　　　　　　　（第41回第4問キ）

■第10問
契約の基本原則に関する次の①〜②の記述のうち、その内容が適切なものを１
つだけ選びなさい。

① 人は、原則として、誰とどのような内容の契約を締結するかを自由に
決めることができる。これを一般に契約自由の原則という。
　　　　　　　　　　　　　　　　　　　　　　　　　（第46回第4問コ）

② 他人に損害を与えたとしても、故意または過失がなければ損害賠償責
任を負わないという原則は、「企業の社会的責任（CSR）」と呼ばれる。
　　　　　　　　　　　　　　　　　　　　　　　　　（第46回第4問カ）

■第11問
損害賠償に関する次の①～②の記述のうち、その内容が適切なものを1つだけ
選びなさい。

① 不法行為に基づく損害賠償は金銭によるのが原則であるが、例外的に、
他人の名誉を毀損した者に対しては、裁判所は、被害者の請求により、
名誉を回復するのに適当な処分である原状回復を命ずることができる。
(第46回第8問ア)

② 契約当事者間において、債務者に債務不履行があった場合に債務者が
債権者に支払うべき損害賠償の額をあらかじめ約定したとしても、民法
上、当該約定は無効である。 (第46回第4問ク)

■第12問
企業活動に関する法規制に関する次の①～②の記述のうち、その内容が適切な
ものを1つだけ選びなさい。

① 契約書のうち、印紙税法に基づき印紙を貼付する必要のあるものは、
印紙を貼付しなければ、当該契約書で合意された契約自体が無効となる。
(第48回第8問キ)

② 廃棄物処理法上、事業者は、その事業活動に伴って生じた廃棄物を自
らの責任において適正に処理しなければならない。 (第43回第4問オ)

■第13問
特許法に関する次の①～②の記述のうち、その内容が適切なものを1つだけ選
びなさい。

① 特許法上、発明とは、自然法則を利用した技術的思想の創作のうち高
度のものをいう。 (第40回第4問キ)

② 特許権は、その設定登録によりその効力を生じるが、設定登録の後、1
年を経過するごとに登録の更新手続を経る必要があり、更新手続を怠る
と特許権は消滅する。 (第44回第1問エ)

■第14問
婚姻関係に関する次の①〜②の記述のうち、その内容が適切なものを1つだけ選びなさい。

> ① 夫婦が離婚した場合、婚姻後に生じた夫婦の財産にかかわる法律関係は、婚姻が成立した時に遡って消滅する。 　　　　　　（第46回第8問コ）
> ② 夫婦間で夫婦財産契約が締結されていない場合、夫婦のいずれに属するか明らかでない財産は、民法上、その共有に属するものと推定される。
> 　　　　　　　　　　　　　　　　　　　　　　　　　　　（第46回第1問ケ）

■第15問
契約によらない債権に関する次の①〜②の記述のうち、その内容が適切なものを1つだけ選びなさい。

> ① 不法行為により損害を被った者が、加害者に対し、損害賠償を請求する場合、原則として原状回復を請求しなければならず、原状回復が不可能である場合に限り、金銭による賠償を請求することができる。
> 　　　　　　　　　　　　　　　　　　　　　　　　　　　（第42回第8問ア）
> ② 賭博行為の賭け金として支払った金銭は、不法原因給付に当たる。したがって、賭博行為の賭け金として金銭を支払った者は、賭博行為が公序良俗に反して無効であることを理由として、当該金銭につき、不当利得に基づく返還請求をすることができない。 　　（第39回第8問コ）

■第16問
債権の回収に関する次の①〜②の記述のうち、その内容が適切なものを1つだけ選びなさい。

> ① 倒産処理の手続には、すべて裁判所が関与することとされており、裁判所が関与することなく、当事者の協議のみによって倒産処理が行われることはない。 　　　　　　　　　　　　　　　　　　　　　（第45回第8問ウ）
> ② 債務者が債務の履行期を経過した後にその履行をしない場合であっても、債権者は、原則として、自らの実力を行使して自己の債権を回収することは認められない。 　　　　　　　　　　　　　　　　　（第42回第1問エ）

270　3級　模擬試験問題　問題

■第17問
企業活動に関する法規制に関する次の①～②の記述のうち、その内容が適切な
ものを1つだけ選びなさい。

① 公害を防止し、規制するための法律の中には、大気汚染防止法や水質
汚濁防止法のように、公害により生じた損害について、事業者の無過失
責任を定めているものがある。 　　　　　　　　　　（第46回第1問キ）
② 利息付金銭消費貸借については、利息の上限を規制する法律は存在し
ないため、当事者間でいかなる利率を約定したとしても、貸主は、借主
に対して、約定の利率により計算した利息を請求することができる。
　　　　　　　　　　　　　　　　　　　　　　　　　（第46回第8問エ）

■第18問
企業活動に関する法規制に関する次の①～②の記述のうち、その内容が適切な
ものを1つだけ選びなさい。

① 個人情報保護法上、要配慮個人情報とは、本人の人種、信条、社会的
身分、病歴、犯罪の経歴、犯罪により害を被った事実その他本人に対す
る不当な差別、偏見その他の不利益が生じないようにその取扱いに特に
配慮を要するものとして政令で定める記述等が含まれる個人情報をいう。
　　　　　　　　　　　　　　　　　　　　　　　　　（第43回第8問ア）
② 大規模小売店舗立地法(大店立地法)は、中小の小売店を大規模小売店
舗から保護するため、大規模小売店舗の出店を制限することを目的とす
る法律である。 　　　　　　　　　　　　　　　　　（第43回第8問ウ）

■第19問
会社のしくみに関する次の①～②の記述のうち、その内容が適切なものを1つ
だけ選びなさい。

① 指名委員会等設置会社における報酬委員会は、取締役および執行役が
受ける個人別の報酬等の内容を決定する機関である。 （第40回第4問イ）
② 会社法上、支配人は、会社の許可を受けなくても、自ら営業を行うこ
とができる。 　　　　　　　　　　　　　　　　　　（第42回第8問キ）

271

■第20問

労働契約法に関する次の①～②の記述のうち、その内容が適切なものを1つだけ選びなさい。

① 労働契約法上、使用者による労働者の解雇は、客観的に合理的な理由があれば、社会通念上相当であると認められない場合であっても、有効である。 (第43回第4問エ)

② 労働契約法上、使用者は、労働契約に伴い、労働者がその生命、身体等の安全を確保しつつ労働することができるよう、必要な配慮をするものとされている。 (第41回第4問カ)

■第21問

相続に関する次の①～②の記述のうち、その内容が適切なものを1つだけ選びなさい。

① Aに配偶者Bと子Cがいる場合において、Aが遺言をせずに死亡したときは、BおよびCの法定相続分はそれぞれ相続財産の2分の1である。 (第45回第8問カ)

② 相続人が配偶者および直系尊属である場合、直系尊属の法定相続分は3分の2である。 (第42回第1問ケ)

■第22問

裁判所の手続に関する次の①～②の記述のうち、その内容が適切なものを1つだけ選びなさい。

① 即決和解は、紛争当事者間における法的な紛争の解決に向けた合意を前提に、簡易裁判所の関与の下に和解を行う手続である。 (第42回第1問イ)

② 支払督促は、簡易裁判所の裁判所書記官に支払督促の申立てを行い、支払督促を債務者に発する手続であるが、支払督促が確定判決と同じ効力を持つことはない。 (第41回第4問ケ)

272　3級　模擬試験問題　問題

■第23問
債権の回収に関する次の①～②の記述のうち、その内容が適切なものを１つだけ選びなさい。

① 仮登記担保法上、仮登記担保権者は、裁判所の競売手続によらなければ、仮登記担保権を実行することはできない。　　　　　（第42回第8問イ）
② 民事執行法上、強制執行の申立てをするには債務名義が必要であり、民事訴訟における裁判所の確定判決は、債務名義に該当する。
　　　　　　　　　　　　　　　　　　　　　　　　　　　　（第45回第1問キ）

■第24問
男女雇用機会均等法に関する次の①～②の記述のうち、その内容が適切なものを１つだけ選びなさい。

① 男女雇用機会均等法上、事業主は、労働者の配置、昇進、降格、教育訓練等一定の事項について、労働者の性別を理由として、差別的取扱いをしてはならない。　　　　　　　　　　　　　　　　　（第45回第4問ク）
② 男女雇用機会均等法上、事業主は、男性労働者が女性労働者に対して行う性的な言動により女性労働者の就業環境が害されることのないよう、職場における雇用管理上必要な措置を講じる義務を負うが、女性労働者が男性労働者に対して行う性的な言動については、当該措置を講じる義務を負わない。　　　　　　　　　　　　　　　　　　　　（第44回第8問オ）

■第25問
法律の基本原則に関する次の①～②の記述のうち、その内容が適切なものを１つだけ選びなさい。

① ある事項に関する規定が一般法と特別法の関係にある法律の両方に存在する場合、特別法の規定が一般法の規定に優先してその事項に適用される。　　　　　　　　　　　　　　　　　　　　　　　　（第45回第1問ク）
② 日本の裁判所は、最高裁判所、高等裁判所、家庭裁判所、簡易裁判所の4種類に限られている。　　　　　　　　　　　　　　（第45回第8問オ）

■第26問
相続に関する次の①〜②の記述のうち、その内容が適切なものを1つだけ選び
なさい。

① Aが死亡し、Aの子BがAの相続人となった。この場合において、Bは、
所定の期間内に単純承認または限定承認をしなかったときは、相続を放
棄したものとみなされる。　　　　　　　　　　　　（第45回第1問ケ）
② 相続人の協議による遺産の分割が成立するには、原則として、被相続
人のすべての法定相続人の合意が必要である。　　　（第42回第8問ク）

■第27問
弁済に関する次の①〜②の記述のうち、その内容が適切なものを1つだけ選び
なさい。

① 民法上、弁済の提供をするにあたっては、原則として、債務の本旨に
従って現実にしなければならない。　　　　　　　　（第45回第4問コ）
② 特定物の引渡しを給付内容とする契約において、引渡しをすべき場所
が定められていない場合、民法上、当該特定物の引渡しをする債務者は、
当該特定物が存在した場所ではなく、債権者が指定する場所に持参して
引渡しをしなければならない。　　　　　　　　　　（第42回第1問カ）

■第28問
ビジネスと犯罪に関する次の①〜②の記述のうち、その内容が適切なものを1
つだけ選びなさい。

① A社の取締役Bは、C市における公共工事の指名競争入札に関し、A社
に対する便宜を図ってもらうため、C市の担当者Dに多額の金銭を供与し
た。この場合、Bには贈賄罪、Dには収賄罪が成立し得る。

（第44回第4問オ）

② A株式会社の代表取締役Bが、A社の決算において経理を不正に操作し
て架空の利益を計上し、株主に剰余金の配当をした場合、Bには、A社に
対する民事上の損害賠償責任が生じるが、刑事上の責任は生じない。

（第45回第8問ク）

274　3級　模擬試験問題　問題

■第29問
権利義務の主体に関する次の①〜②の記述のうち、その内容が適切なものを1
つだけ選びなさい。

① 法律上、法人となることができるのは自然人の集合である社団に限られ、特定の目的のために運用される財産の集合である財団は、法人となることができない。　　　　　　　　　　　　　　　　（第41回第8問ウ）
② 特定非営利活動促進法上、特定非営利活動法人（NPO法人）は、保健、医療または福祉の増進を図る活動等であって、不特定かつ多数のものの利益の増進に寄与することを主たる目的とするものについて設立することができる。　　　　　　　　　　　　　　　　　　　（第46回第8問ウ）

■第30問
不法行為に関する次の①〜②の記述のうち、その内容が適切なものを1つだけ
選びなさい。

① 加害者が複数存在する共同の不法行為によって損害を被った被害者は、各加害者に対して、加害者の人数で均等に分割した額に限り、損害賠償請求をすることができる。　　　　　　　　　　　　（第41回第8問ア）
② 不法行為の被害者が、当該不法行為によって損害を被る一方で利益を得た場合、損益相殺により損害賠償の額が調整されることがある。
　　　　　　　　　　　　　　　　　　　　　　　　　（第40回第1問イ）

■第31問

A社は、自社の商品Xに使用する商品名として「甲」の商標登録を受けることとした。この場合に関する次の①〜④の記述のうち、その内容が最も適切なものを1つだけ選びなさい。

① A社が「甲」について商標権の設定登録を受けた場合、「甲」の商標権は、存続期間の満了によって当然に消滅するため、A社は、「甲」の商標登録を更新することはできない。

② A社は、「甲」について商標登録出願をしたが、A社が出願するより先にB社が商品Xと類似するB社の商品Yに使用する商品名として「甲」の商標登録出願をしていた。この場合、「甲」について商標登録を受け得るのは、A社よりも先に商標登録出願をしたB社である。

③ A社が「甲」について商標権の設定登録を受けた後であっても、A社が「甲」を継続して一定の期間使用していない場合、商標法上、その期間の経過により、「甲」の商標登録は当然に無効となる。

④ A社が「甲」について商標権の設定登録を受けた後に、C社は、A社に無断で商品Xと類似するC社の商品Zに「甲」に類似する商標を使用し、商品Zを販売した。この場合、A社は、C社に対して当該類似する商標の使用の差止めを請求することはできない。　　　　　　　　　　（第40回第3問イ）

■第32問

X社の従業員Aは、X社の研究施設を利用して新技術を発明した。この場合に関する次のア～エの記述のうち、その内容が適切なものを○、適切でないものを×としたときの組み合わせを①～④の中から1つだけ選びなさい。

ア．Aが、本件発明について特許出願をし特許を受けるためには、本件発明が産業上利用可能性、新規性および進歩性を有する必要がある。

イ．本件発明が特許を受けるための要件を充たしている場合において、Aが本件発明につき特許出願をし、後日、第三者であるBが本件発明と同じ内容の発明につき特許出願をした。この場合、特許法上、先に本件発明につき特許出願をしたAが、本件発明について特許を受けることができる。

ウ．本件発明が特許法上の職務発明に該当する場合において、X社とAとの間の契約、勤務規則等であらかじめX社に職務発明について特許を受ける権利を取得させることを定めていたときは、当該特許を受ける権利は、その発生した時からX社に帰属する。

エ．X社が本件発明につき特許を受けた場合において、第三者であるY社が本件発明をX社に無断で実施し、X社の特許権を侵害しているときは、X社は、Y社に対し損害賠償を請求することはできるが、その侵害行為の差止めを請求することはできない。　　　　　　　　　　　　（第43回第3問ア）

① ア－○　　イ－○　　ウ－○　　エ－×
② ア－○　　イ－×　　ウ－○　　エ－○
③ ア－×　　イ－○　　ウ－×　　エ－○
④ ア－×　　イ－×　　ウ－○　　エ－×

■第33問

私法の基本原理に関する次のア～エの記述のうち、その内容が適切なものを
○、適切でないものを×としたときの組み合わせを①～④の中から１つだけ選
びなさい。

> ア．すべての個人が平等に権利主体として取り扱われるという原則を権利
> 能力平等の原則という。
> イ．契約当事者が法律の規定中の強行法規と異なる合意をした場合に、当
> 該合意が強行法規よりも優先するという原則を契約自由の原則という。
> ウ．所有権は不可侵のものとして尊重され、他人によっても、国家権力に
> よっても侵害されないという原則を所有権絶対の原則という。
> エ．人はたとえ他人に損害を与えても、故意または過失がなければ損害賠
> 償責任を負わないという原則を過失責任主義という。　（第43回第3問ウ）

① ア－○　　イ－○　　ウ－×　　エ－×
② ア－○　　イ－×　　ウ－○　　エ－○
③ ア－○　　イ－×　　ウ－×　　エ－○
④ ア－×　　イ－○　　ウ－○　　エ－○

278　3級　模擬試験問題　問題

■第34問

代理に関する次のア～エの記述のうち、その内容が適切なものの組み合わせを①～④の中から１つだけ選びなさい。

> ア．商行為の代理人が顕名をせずに代理行為を行った場合、その代理行為の効果は、本人に帰属しない。
> イ．本人から代理権を与えられていない者が代理人と称して相手方と契約を締結した場合、相手方は、本人に対して相当の期間を定めて当該契約を追認するかどうかを催告することができる。
> ウ．本人から代理権を与えられていない者が代理人と称して相手方と契約を締結した場合、相手方は、その者に代理権がないことを知っていたとしても、代理人と称する者に対して契約内容の履行の請求または損害賠償の請求をすることができる。
> エ．代理人が本人から与えられた代理権の範囲を越えて相手方と契約を締結した場合、相手方が、その契約締結について代理人に代理権があると誤信し、かつそのように誤信することについて正当な理由があるときは、表見代理が成立する。
>
> （第42回第10問イ）

① アイ　　② アウ　　③ イエ　　④ ウエ

■第35問
権利・義務の主体に関する次のア〜エの記述のうち、その内容が適切なものを
○、適切でないものを×としたときの組み合わせを①〜④の中から１つだけ選
びなさい。

ア．法律行為を有効に行うためには、自己の行為の結果を判断することの
　　できる精神的能力、すなわち意思能力が必要であり、意思能力を有しな
　　い者が行った法律行為は、無効である。
イ．未成年者が自己を成年者であると偽るなどの詐術を用いて売買契約を
　　締結した。この場合、未成年者とその法定代理人は、その売買契約を取
　　り消すことができない。
ウ．成年被後見人が単独で日用品の購入その他日常生活に関し売買契約を
　　締結した。この場合、成年後見人は、その売買契約を取り消すことがで
　　きない。
エ．被保佐人が保佐人の同意を得ずに自己の所有する不動産を第三者に売
　　却する売買契約を締結した。この場合、被保佐人は、その売買契約を取
　　り消すことができない。　　　　　　　　　　　　　　（第43回第10問ア）

① 　ア−○　　イ−○　　ウ−○　　エ−○
② 　ア−○　　イ−○　　ウ−○　　エ−×
③ 　ア−○　　イ−×　　ウ−×　　エ−×
④ 　ア−×　　イ−○　　ウ−×　　エ−×

280　3級　模擬試験問題　問題

■第36問
対抗要件に関する次のア〜エの記述のうち、その内容が適切なものの組み合わせを①〜④の中から１つだけ選びなさい。

ア．Aは、自己の所有する腕時計をBに譲渡したが、Bに当該腕時計を引き渡す前に、当該腕時計を善意のCに譲渡し現実に引き渡した。この場合、Cが当該腕時計の現実の引渡しを受ける前に、BがAに当該腕時計の代金を支払っていれば、Bは、原則として、Cに対して当該腕時計の所有権の取得を対抗することができる。

イ．A社は、自社の所有する建物をBに賃貸し、当該建物をBに引き渡した。その後、A社は、当該建物をC社に譲渡し、その旨の所有権移転登記を経た。この場合、Bは、原則として、C社に対して当該建物の賃借権を対抗することができる。

ウ．A社は、自社の所有する土地をB社に譲渡したが、B社が当該土地につき所有権移転登記を経る前に、当該土地を善意のC社に譲渡し、C社が当該土地につき所有権移転登記を経た。この場合、C社が当該土地につき所有権移転登記を経る前に、B社がA社から当該土地の引渡しを受けていても、B社は、原則として、C社に対して当該土地の所有権の取得を対抗することができない。

エ．A社は、B社に対して負う債務を担保するため、自社の所有する土地に抵当権を設定した。B社が当該土地につき抵当権設定登記を経る前に、A社は、当該土地を善意のC社に譲渡し、C社が当該土地につき所有権移転登記を経た。この場合、B社は、原則として、C社に対して当該土地への抵当権の設定を対抗することができる。
（第45回第6問オ）

①　アイ　　②　アエ　　③　イウ　　④　ウエ

■第37問
個人情報保護法に関する次の①〜④の記述のうち、その内容が最も適切なものを1つだけ選びなさい。

① 個人識別符号は、顔認識データなどの特定の個人の身体的特徴を電子計算機の用に供するために変換した符号をいい、特定の個人を識別することができるものである必要はない。

② 個人情報取扱事業者は、個人情報を取得した場合は、あらかじめその利用目的を公表しているか否かを問わず、その利用目的を本人に通知しなければならない。

③ 個人情報取扱事業者は、本人から、当該本人が識別される保有個人データの利用目的の通知を求められたときは、原則として、本人に対し、遅滞なく、これを通知しなければならない。

④ 個人情報取扱事業者は、本人の同意がある場合であっても、個人データを第三者に提供することはできない。 (第44回第3問イ)

■第38問
独占禁止法に関する次の①〜④の記述のうち、その内容が最も適切でないものを1つだけ選びなさい。

① 独占禁止法の規制対象となる事業者とは会社法上の会社のことをいい、商法上の商人や公益法人は事業者に含まれない。

② 卸売事業者が、取引の相手方である小売店に対し、取引をする条件として、卸売事業者の競争事業者と取引をしないことを強要したことにより、不当に競争事業者の取引の機会を減少させた。この場合の卸売事業者の行為は、不公正な取引方法に該当し独占禁止法に違反するおそれがある。

③ 優越した市場支配力を得た事業者が、その力を利用して他の事業者を市場から実質的に締め出す行為は、私的独占に該当し独占禁止法に違反するおそれがある。

④ 独占禁止法上、事業者が独占禁止法に違反する行為を行った場合、公正取引委員会は、行政上の措置として、違反行為を排除し、再発防止を図るために必要な措置を命じる排除措置命令や、違反行為により事業者が得た経済上の利得を国庫に納付することを命じる課徴金納付命令を発することができる。 (第43回第3問エ)

282 3級 模擬試験問題 問題

■第39問

A社は、B社が所有するX土地を購入するにあたり、X土地の不動産登記簿を確認することとした。この場合に関する次のア～エの記述のうち、不動産の登記記録中の甲区欄に記録されている事項の組み合わせを①～④の中から1つだけ選びなさい。

ア．X土地の所在場所はどこか
イ．X土地の登記簿上の所有権者は誰か
ウ．X土地に根抵当権が設定されているか否か
エ．X土地が差押えを受けているか否か　　　　　　（第40回第10問イ）

①　アウ　　　②　アエ　　　③　イウ　　　④　イエ

■第40問

著作権に関する次のア～エの記述のうち、その内容が適切なものを○、適切でないものを×としたときの組み合わせを①～④の中から1つだけ選びなさい。

ア．著作権法上、著作者は、その著作物を公衆に提供するに際し著作者名を表示しない場合、その著作物についての著作権が認められない。
イ．自ら著作物を創作することなく他人の創作した著作物を利用する実演家やレコード製作者には、著作権法上、何らの権利も認められない。
ウ．複数の者が各々独立して創作を行い完成させたそれぞれの著作物が類似していた場合、著作権法上、これらの者のうち、先に文化庁の登録を受けた者のみに著作権が認められる。
エ．著作権法上、著作者は、著作者人格権の1つとして、著作物およびその題号の同一性を保持する権利である同一性保持権を有する。

（第42回第3問イ）

①　ア－○　　　イ－○　　　ウ－×　　　エ－○
②　ア－○　　　イ－×　　　ウ－○　　　エ－×
③　ア－×　　　イ－○　　　ウ－○　　　エ－×
④　ア－×　　　イ－×　　　ウ－×　　　エ－○

■第41問
A社は、B社に金銭を貸し付けるにあたり、B社が所有する建物に抵当権の設定を受けることを検討している。この場合に関する次の①〜④の記述のうち、民法の規定に照らし、その内容が最も適切でないものを1つだけ選びなさい。

① 本件建物に設定される抵当権は、A社とB社との間で抵当権設定契約を締結することにより成立し、抵当権の設定登記は第三者に対する対抗要件である。

② A社がB社に金銭を貸し付けるに際し、B社は、本件建物にA社のために抵当権を設定し、その登記を経た。その後、B社がA社に借入金の一部を弁済した場合であっても、本件建物に設定された抵当権は、本件建物の全体に対してその効力が及び、弁済額の割合に応じて効力の及ぶ範囲が縮小するわけではない。

③ A社がB社に金銭を貸し付けるに際し、B社は、本件建物にA社のために抵当権を設定し、その登記を経た。その後、A社がB社に対して有する貸金債権を第三者であるC社に譲渡した場合、本件建物に設定された抵当権もC社に移転する。

④ 本件建物については、すでにD社が抵当権の設定を受け、その登記を経ている。この場合、A社は、本件建物に抵当権の設定を受けることはできない。

(第45回第3問エ)

■第42問
夫婦間の法律関係に関する次のア〜エの記述のうち、その内容が適切なものの組み合わせを①〜④の中から1つだけ選びなさい。

ア．夫婦間において夫婦財産契約が締結されていない場合、夫婦の一方が婚姻前から有する財産は、その者の特有財産となる。

イ．婚姻費用の支出など日常の家事に関して、夫婦の一方が第三者と法律行為をしたことによって生じた債務については、当該法律行為を行った者が責任を負い、夫婦の他方が責任を負うことはない。

ウ．夫婦間で締結した契約は、原則として、婚姻中いつでも、夫婦の一方から取り消すことができる。

エ．夫婦間における夫婦財産関係は、離婚により婚姻時に遡って消滅する。

(第45回第10問エ)

① アイ　　② アウ　　③ イエ　　④ ウエ

■第43問

独占禁止法に関する次のア～エの記述のうち、その内容が適切なものを○、適切でないものを×としたときの組み合わせを①～④の中から1つだけ選びなさい。

ア．独占禁止法上、事業者は、商業、工業、金融業その他の営利事業を行う者をいい、営利を目的としない公益法人や公共団体は事業者に該当しない。

イ．事業者が、市場シェアを拡大するため、正当な理由がないのに、製造原価を大幅に下回る価格で自社製品の販売を継続した結果、競合他社の販売活動が困難となった。この場合、当該事業者の行為は、公正な競争を阻害するおそれがあるときは、不当廉売として不公正な取引方法に当たる。

ウ．事業者が、他の事業者との間で、製品の出荷量を制限する協定を締結し、その協定に基づいて、制限された量の製品のみを出荷する行為は、不当な取引制限に該当しない。

エ．不当な取引制限に当たる行為は、公正取引委員会による排除措置命令の対象になるだけでなく、課徴金納付命令の対象にもなる。

(第41回第6問ウ)

① ア－○　　イ－×　　ウ－○　　エ－×
② ア－○　　イ－×　　ウ－×　　エ－×
③ ア－×　　イ－○　　ウ－○　　エ－○
④ ア－×　　イ－○　　ウ－×　　エ－○

■第44問

X社とY社との間の契約に関する次の①～④の記述のうち、その内容が最も<u>適切でないもの</u>を1つだけ選びなさい。

① X社は、Y社との間で、Y社の所有する自動車を保管する旨の寄託契約を締結し、当該自動車の引渡しを受けた。この場合、商法上、X社は、自己の財産に対するのと同一の注意をもって、当該自動車を保管すれば足りる。

② X社は、Y社との間で、自社製品に用いる原材料をX社の指定する価格でZ社から購入することを内容とする売買契約の締結をY社に依頼する旨の委任契約を締結した。この場合、民法上、Y社は、当該売買契約を締結するにあたり、善良な管理者の注意をもって、委任事務を処理する義務を負う。

③ X社は、機械メーカーであるY社との間で、自社で使用する工作機械の製造をY社に請け負わせる旨の請負契約を締結した。この場合、民法上、Y社が当該工作機械を完成する前であれば、X社は、Y社に損害を賠償して請負契約を解除することができる。

④ X社は、Y社との間で、Y社から金銭を借り入れる旨の金銭消費貸借契約を締結した。本件金銭消費貸借契約において、借入金債務を弁済すべき場所に関する約定がなされていない場合、商法上、X社は、Y社の現在の営業所で借入金債務を弁済しなければならない。　（第46回第6問ア）

■第45問
条件、期限および期間に関する次の①～④の記述のうち、その内容が最も適切でないものを1つだけ選びなさい。

① 条件のうち、条件の成就により契約の効力を生じさせるものを停止条件という。例えば、一定期日までにA社が新技術の開発に成功することを条件に売買契約の効力が生じると定めた場合がこれに当たる。
② 契約の効力の発生ないし履行を、「人の死亡」のように、発生することは確実であるが、いつ到来するかは確定していない事実にかからせる特約は、不確定期限に該当する。
③ 期限を定めることによって享受できる利益を期限の利益といい、民法上、期限の利益は、債務者ではなく債権者のために定めたものと推定される。
④ 「日、週、月または年」を基準として期間が定められた場合、民法の定める期間の計算方法によれば、原則として、初日は期間に算入されない。

(第42回第10問エ)

■第46問
消費者契約法に関する次の①～④の記述のうち、その内容が最も適切なものを1つだけ選びなさい。

① 消費者契約法上の事業者に該当するのは法人その他の団体のみであり、個人事業主のように、事業としてまたは事業のために契約の当事者となる個人は、事業者に該当しない。
② 消費者契約法は、事業者が消費者に商品を販売する契約のみに適用され、事業者が消費者に役務を提供する契約には適用されない。
③ 消費者が消費者契約法に基づき事業者との間の売買契約を取り消した場合、事業者は当該売買契約に基づきすでに消費者から受領していた売買代金を返還する必要はない。
④ 消費者契約において、事業者の債務の履行に際してされた当該事業者の不法行為により消費者に生じた損害を賠償する責任の全部を免除する条項が定められている場合、当該条項は無効である。 (第44回第6問ウ)

■第47問

保証に関する次のア～エの記述のうち、その内容が適切なものを○、適切でないものを×としたときの組み合わせを①～④の中から１つだけ選びなさい。

> ア．保証債務は主たる債務とは別個の債務であるため、主たる債務が弁済等によって消滅しても、保証債務は消滅しない。
>
> イ．民法上、保証契約が効力を生じるには、保証人となる者と債権者とが保証契約を締結し、かつ主たる債務者がこれに同意することが必要である。
>
> ウ．保証人が債権者との間で、主たる債務者と連帯してその債務を履行することを特に合意し、連帯保証人となった場合、連帯保証人には、催告の抗弁権および検索の抗弁権のうち、催告の抗弁権は認められるが、検索の抗弁権は認められない。
>
> エ．保証人が民法の規定に従い債権者に対し保証債務を履行した場合、民法上、当該保証人には、主たる債務者に対する求償権が認められる。
>
> （第46回第6問イ）

① ア－○　　イ－○　　ウ－×　　エ－○
② ア－○　　イ－×　　ウ－○　　エ－×
③ ア－×　　イ－○　　ウ－○　　エ－×
④ ア－×　　イ－×　　ウ－×　　エ－○

■第48問

民法上の相殺に関する次のア～エの記述のうち、その内容が適切なものの組み合わせを①～④の中から1つだけ選びなさい。なお、本問の各債権について相殺に関する特約は付されていないものとする。

> ア．A社はB社に対して履行期の到来した土地の引渡請求権を有し、B社はA社に対して履行期の到来した貸金債権を有している。この場合、A社は、両債権を対当額で相殺することができる。
>
> イ．A社はB社に対して履行期の到来した賃料債権を有し、B社はA社に対して履行期の到来した貸金債権を有している。この場合、A社は、両債権を対当額で相殺することができる。
>
> ウ．A社はB社に対して履行期の到来していない賃料債権を有し、B社はA社に対して履行期の到来した貸金債権を有している。この場合、A社は、両債権を対当額で相殺することができない。
>
> エ．A社はB社に対して履行期の到来した賃料債権を有し、B社はA社に対して履行期が到来していない貸金債権を有している。この場合、A社は、両債権を対当額で相殺することができない。　　　　　（第44回第3問ウ）

① アイ　　② アエ　　③ イウ　　④ ウエ

■第49問
行為能力に関する次のア〜エの記述のうち、その内容が適切なものを○、適切でないものを×とした場合の組み合わせを①〜④の中から１つだけ選びなさい。

ア．未成年者Xは、法定代理人Yの同意を得て、第三者Zからパソコンを買い受ける旨の売買契約を締結した。この場合、Xは、当該売買契約を取り消すことができない。

イ．未成年者Xは、自らを成年者であると信じさせるため、電器店Yの店主に詐術を用い、それを信じたYから大型液晶テレビを購入する旨の売買契約を締結した。この場合、Xは、当該売買契約を取り消すことができないが、Xの法定代理人Zは、当該売買契約を取り消すことができる。

ウ．成年後見人Xは、成年被後見人Yを代理して、Yが第三者Zから金銭を借り入れる旨の金銭消費貸借契約を締結した。この場合、Yは、当該金銭消費貸借契約を取り消すことができる。

エ．被保佐人Xは、保佐人Yの同意を得ずに自らが所有する土地を第三者Zに売却する旨の売買契約を締結した。この場合、Yは、当該売買契約を取り消すことができる。

(第40回第3問エ)

① ア－○　　イ－○　　ウ－×　　エ－○
② ア－○　　イ－×　　ウ－×　　エ－○
③ ア－×　　イ－○　　ウ－○　　エ－×
④ ア－×　　イ－×　　ウ－○　　エ－×

■第50問

Xは、Y株式会社の株主である。この場合に関する次のア〜エの記述のうち、会社法の規定に照らし、その内容が適切なものの組み合わせを①〜④の中から１つだけ選びなさい。

ア．Xは、Y社に対し、株式の引受価額を限度とする出資義務を負うにすぎず、Y社の債権者に対しては直接の責任を負わない。

イ．Y社は、原則として、Xを含む株主全員を、その有する株式の内容や数にかかわりなく、株主の人数を基準として平等に扱わなければならない。

ウ．Xは、原則として、自己の有するY社の株式を第三者に譲渡することができる。

エ．Y社の株主であるXは、Y社の取締役に就任することは認められない。

(第42回第6問イ)

① アウ　② アエ　③ イウ　④ イエ

ビジネス実務法務検定試験®3級 模擬試験問題

解答・解説

設問	解答
第 1 問	2
第 2 問	1
第 3 問	2
第 4 問	2
第 5 問	1
第 6 問	1
第 7 問	2
第 8 問	2
第 9 問	1
第10問	1
第11問	1
第12問	2
第13問	1
第14問	2
第15問	2
第16問	2
第17問	1
第18問	1
第19問	1
第20問	2
第21問	1
第22問	1
第23問	2
第24問	1
第25問	1
第26問	2
第27問	1
第28問	1
第29問	2
第30問	2

設問	解答
第31問	2
第32問	1
第33問	2
第34問	3
第35問	2
第36問	3
第37問	3
第38問	1
第39問	4
第40問	4
第41問	4
第42問	2
第43問	4
第44問	1
第45問	3
第46問	4
第47問	4
第48問	3
第49問	2
第50問	1

＊解説は本書の著者が作成したものです

第1問 ••

解答 2

解説

① **適切でない。**特定商取引法上、例えば、販売業者が営業所等以外の場所において商品につき売買契約の申込みを受けた場合、**その申込みをした者は、所定の書面又は電磁的記録を受領した日から起算して8日を経過するまでは、書面又は電磁的記録によりクーリング・オフを行うことができる**(特定商取引法9条1項)。クーリング・オフを行使する旨の意思表示は、書面又は電磁的記録でする必要がある。一方で、必ずしも販売業者の営業所に赴く必要はない。したがって、消費者Xが、Y社との間で商品の売買契約を締結したが、特定商取引法に基づき、クーリング・オフを行使してY社との間の売買契約を解除する場合、Xは、必ずしも、Y社の営業所に赴く必要はなく、一方で、口頭ではなく書面又は電磁的記録で、Y社との間の売買契約についてクーリング・オフを行使する旨の意思表示をしなければならないから、本肢は適切でない。

② **適切である。**消費者契約法にいう**「消費者」とは、事業として又は事業のために契約の当事者となる場合におけるものを除く個人をいう**(消費者契約法2条1項)。また、消費者契約法にいう「事業者」とは、法人その他の団体及び事業として又は事業のために契約の当事者となる場合における個人をいう(同条2項)。したがって、消費者契約法上の消費者とは個人をいうが、個人事業主のように、事業として又は事業のために契約の当事者となる場合における個人は、消費者に含まれないから、本肢は適切である。

第2問 ••

解答 1

解説

① **適切である。**原則として、株式会社は、株主を、その有する株式の内容及び数に応じて、平等に取り扱わなければならない(会社法109条1項)。これを株主平等の原則という。したがって、株主が、その所有する株式の内容及び数に応じて、会社から他の株主と平等に扱われることを株主平等の原則というから、本肢は適切である。

② **適切でない。**会社法上、**株主が、その所有する株式を発行する株式会社の取締役に就任することを禁止する規定はない。**実際に、株主が取締役に就任している例は多い。したがって、株式会社では、所有と経営が分離されているものの、会社法上、株式会社の株主は、当該株式会社の取締役に就任することができるから、本肢は適切でない。

第3問 ・・・

解答 2

解説

① **適切でない。先取特権は、法定担保物権であって、一定の種類の債権が発生すると当然に先取特権が成立する。**なお、先取特権は担保物権であるから、先取特権を有する債権者は、債務者の財産から他の債権者に優先して弁済を受けることができる。したがって、民法上、先取特権は、法定担保物権であって、債権者と債務者が設定契約によらず、一定の債権が発生すると当然に成立する担保物権であるから、本肢は適切でない。

② **適切である。動産の売買の先取特権は、動産の代価及びその利息に関し、その動産について存在する**(民法321条)。先取特権は、法律の規定に基づき、一定の事実があれば当然に発生する法定担保物権である。したがって、Aが、Bとの間で、自己を売主として動産甲を売却する旨の売買契約を締結し、売買契約に基づき、AがBに甲を引き渡したものの、Bが甲の代金を支払っていない場合、Aは、Bが甲の代金を支払うまでの間、Bが占有する甲について先取特権を有するから、本項は適切である。

第4問 ・・・

解答 2

解説

① **適切でない。当該商標登録出願の日前の商標登録出願に係る他人の登録商標又はこれに類似する商標であって、その商標登録に係る指定商品若しくは指定役務又はこれらに類似する商品若しくは役務について使用をするものは、商標登録を受けることができない**(商標法4条1項11号)。したがって、他人がすでに登録を受けている商標と同一の商標のみならず、他人がすでに登録を受けている商標と類似する商標についても商標権の設定登録を受けることはできないから、本項は適切でない。

② **適切である。意匠法上、登録出願において、意匠に係る物品の形状、模様又は色彩がその物品の有する機能に基づいて変化する場合において、その変化の前後にわたるその物品の形状、模様若しくは色彩又はこれらの結合について意匠登録を受けようとするときは、その旨及びその物品の当該機能の説明を願書に記載しなければならない**(意匠法6条4項)。この規定は、動的意匠についても保護する趣旨である。したがって、意匠法上、意匠に係る物品の形状等がその物品の有する機能に基づいて変化する場合に、その変化の前後にわたる形状等は、一般に動的意匠と呼ばれ、意匠登録の対象となるから、本肢は適切である。

294　3級　模擬試験問題　解答・解説

第5問 ●●

解答 1

解説
① **適切である。不動産に関する物権の得喪及び変更は、不動産登記法その他の登記に関する法律の定めるところに従いその登記をしなければ、第三者に対抗することができない**（民法177条）。すなわち、不動産物権変動の対抗要件は登記である。したがって、不動産に関する物権を取得した者は、不動産登記法その他の登記に関する法律の定めるところに従いその登記をしなければ、当該物権の取得を第三者に対抗することができないから、本項は適切である。

② **適切でない。不動産に関する物権の得喪及び変更は、不動産登記法その他の登記に関する法律の定めるところに従いその登記をしなければ、第三者に対抗することができない**（民法177条）。不動産について権利をお互いに争う者の間では、登記を基準として優劣を決し、先に登記を備えた者が優先する。これを不動産物権変動の対抗要件は登記であると表現する。したがって、Aが、Bに建物を譲渡した後に、当該建物をCに対しても二重に譲渡した場合、Bは、Cよりも先に当該建物の代金を支払っていたとしても、所有権移転登記を経ていなければ、当該建物の所有権をCに対抗することができないから、本肢は適切でない。

第6問 ●●

解答 1

解説
① **適切である。他人の物の占有者は、その物に関して生じた債権を有するときは、その債権の弁済を受けるまで、その物を留置することができる**（民法295条1項）。これを留置権という。例えば、カメラ店がカメラの修理をした場合、修理を終えた後、顧客が修理代金を支払うまでカメラを留め置くことにより、顧客に修理代金の支払いを促すことができる。したがって、民法上、留置権は、他人の物を占有している者が、その物に関して生じた債権を有している場合に、その債権の弁済を受けるまで、その物を留置することにより、債務者の弁済を促す権利であるから、本項は適切である。

② **適切でない。判例によれば、構成部分の変動する集合動産についても、その種類、所在場所及び量的範囲を指定するなどなんらかの方法で目的物の範囲が特定される場合には、一個の集合物として譲渡担保の目的となり得る**（最判昭和54年2月15日民集33巻1号51頁）。したがって、例えば倉庫に保管されている商品全部というように、構成部分の変動する集合動産であっても、なんらか

の方法で目的物の範囲が特定されている場合には、譲渡担保の目的物となり得るから、本肢は適切でない。

第7問 ・・・・・・・・・・・・・・・・・・・・・・・・・・・・・・・・・・・・・

解答 2

解説

① **適切でない。** 財産権を目的とする質権を権利質、債権質などという。**権利質においては、質権者は、質権の目的である債権を直接に取り立てることができる**（民法366条1項）。したがって、A社が、B社に対して有する債権を担保するため、B社から、B社がC社に対して有する債権に質権の設定を受けた場合、A社は、B社がC社に対して有する債権を直接取り立てることができるから、本肢は適切でない。

② **適切である。** 仮登記担保契約においては、仮登記担保権者が私的実行として債務者の所有権を仮登記担保権者に移転することが中心となる。したがって、**仮登記担保法上、仮登記担保権者は、裁判所の競売手続によらずに仮登記担保権を実行することができる**から、本肢は適切である。

第8問 ・・・・・・・・・・・・・・・・・・・・・・・・・・・・・・・・・・・・・

解答 2

解説

① **適切でない。** 弁済をすることができる者が、債権者との間で、債務者の負担した給付に代えて他の給付をすることにより債務を消滅させる旨の契約をした場合において、その弁済者が当該他の給付をしたときは、その給付は、弁済と同一の効力を有する（民法482条）。これを代物弁済という。したがって、**代物弁済には債権者の合意が必要**であり、Xが、Yから借り入れた50万円の弁済に代えて自己所有の50万円相当の貴金属をYに引き渡し、XのYに対する借入金債務を免れるためには、Yとの間の合意が必要であり、Xの一方的意思表示によって代物弁済をすることはできないから、本肢は適切でない。

② **適切である。** **弁済をした者は、弁済を受領した者に対して受取証書の交付を請求することができる**（民法486条1項）。受取証書とは、領収証のことである。したがって、買主Aが、売主Bに対して売買代金債務を弁済する場合、Aは、民法上、Bに対して、その弁済と引換えに受取証書の交付を請求することができるから、本肢は適切である。

296 3級 模擬試験問題 解答・解説

第9問 •

解答 1

解説

① **適切である。公の秩序又は善良の風俗に反する事項を目的とする法律行為は、無効である**（民法90条）。これを**公序良俗違反**という。一般に、犯罪の遂行を内容とする契約は、公序良俗違反であると解される。したがって、クレジットカードの偽造を依頼し、それに対し報酬を支払う旨の契約のように、公序良俗に反する契約は無効であるから、本項は適切である。

② **適切でない。**当事者の意思にかかわりなく適用が強制される法律の規定を**強行法規**といい、当事者がそれに従う意思がない場合には適用が強制されず、異なる定めを許す法律の規定を**任意法規**という。公序良俗に関する規定や物権に関する規定の多くが強行法規であるが、債権、特に契約に関する規定の多くは任意法規である。したがって、**民法の規定が全て強行法規ということではなく、契約の当事者間において民法の規定と異なる内容の定めをしたときは、その定めが有効である場合もある**から、本肢は適切でない。

第10問 •

解答 1

解説

① **適切である。**民法の基本原則の一つに、個人の意思を根拠として権利義務が発生することを意味する私的自治の原則がある。自己の意思に基づいて自由に法律関係を形成することができるから、私的自治の派生原理として、**契約の相手方や内容を原則として自由に決めることができるという契約自由の原則がある。**もっとも、契約自由の原則の限界として、公序良俗に反する契約や実現不可能な契約は無効となる。したがって、人は、原則として、誰とどのような内容の契約を締結するかを自由に決めることができ、これを一般に契約自由の原則というから、本肢は適切である。

② **適切でない。損害の発生について故意又は過失がないときは損害賠償責任を負わないという原則を過失責任主義という。**なお、CSRとは企業の社会的責任を意味する。したがって、他人に損害を与えたとしても、故意又は過失がなければ損害賠償責任を負わないという原則は、「過失責任主義」と呼ばれるから、本項は適切でない。

第11問 ●●●●●●●●●●●●●●●●●●●●●●●●●●●●●●●●

解答 1

解説

① **適切である。**損害賠償は、別段の意思表示がないときは、金銭をもってその額を定める（民法417条）。これを金銭賠償の原則という。もっとも、**他人の名誉を毀損した者に対しては、裁判所は、被害者の請求により、損害賠償に代えて、又は損害賠償とともに、名誉を回復するのに適当な処分を命ずることができる**（同法723条）。したがって、不法行為に基づく損害賠償は金銭によるのが原則であるが、例外的に、他人の名誉を毀損した者に対しては、裁判所は、被害者の請求により、名誉を回復するのに適当な処分である原状回復を命ずることができるから、本肢は適切である。

② **適切でない。当事者は、債務の不履行について損害賠償の額を予定することができる**（民法420条1項）。したがって、契約当事者間において、債務者に債務不履行があった場合に債務者が債権者に支払うべき損害賠償の額をあらかじめ約定したときは、民法上、当該約定は有効であるから、本肢は適切でない。

第12問 ●●●●●●●●●●●●●●●●●●●●●●●●●●●●●

解答 2

解説

① **適切でない。**印紙税は、契約書などを作成したときに収入印紙を貼付することによって納める税である。印紙税を納付すべき課税文書の作成者が納付すべき印紙税を当該課税文書の作成の時までに納付しなかった場合には、所轄税務署長は、当該課税文書の作成者から、当該納付しなかった印紙税の額とその2倍に相当する金額との合計額に相当する過怠税を徴収することとされているが（印紙税法20条1項参照）、印紙が貼付されていない契約書が無効となるわけではない。したがって、**印紙税法に基づき印紙を貼付する必要のある契約書に、印紙を貼付していなかったとしても、当該契約書で合意された契約自体が無効となるわけではない**から、本肢は適切でない。

② **適切である。廃棄物処理法上、**事業者の責務として、**事業者は、その事業活動に伴って生じた廃棄物を自らの責任において適正に処理しなければならない**（廃棄物処理法3条1項）。処理に当たっては、事業者は、自らその産業廃棄物の運搬又は処分を行う場合には、政令で定める産業廃棄物の収集、運搬及び処分に関する基準に従わなければならない（同法12条1項）。したがって、廃棄物処理法上、事業者は、その事業活動に伴って生じた廃棄物を自らの責任において適正に処理しなければならないから、本肢は適切である。

298　3級　模擬試験問題　解答・解説

第13問 ・・・・・・・・・・・・・・・・・・・・・・・・・・・・・・・・・・・

解答 1

解説

① **適切である。**特許法上、「発明」とは、自然法則を利用した技術的思想の創作のうち高度のものをいう（特許法2条1項）。したがって、本肢は適切である。

② **適切でない。特許権の存続期間は、特許出願の日から20年をもって終了する**（特許法67条1項）。また、**特許権には更新制度はない。**したがって、特許権は、特許出願の日から20年を経過すると終了し、更新手続は定められていないから、本肢は適切でない。

第14問 ・・・・・・・・・・・・・・・・・・・・・・・・・・・・・・・・・・・

解答 2

解説

① **適切でない。**協議上の離婚をした者の一方は、相手方に対して財産の分与を請求することができる（民法768条1項）。**夫婦が離婚した場合の財産関係は、財産分与によって精算されるのであって、当然に婚姻時に遡って消滅するわけではない。**したがって、夫婦が離婚した場合、婚姻後に生じた夫婦の財産にかかわる法律関係は、財産分与によって精算されるのであって、婚姻が成立した時に遡って消滅するわけではないから、本肢は適切でない。

② **適切である。**夫婦が、婚姻の届出前に、その財産について別段の契約をしなかったときは民法の規定が適用され（民法755条）、**民法上、夫婦のいずれに属するか明らかでない財産は、その共有に属するものと推定される**（同法762条）。したがって、夫婦間で夫婦財産契約が締結されていない場合、夫婦のいずれに属するか明らかでない財産は、民法上、その共有に属するものと推定されるから、本肢は適切である。

第15問 ・・・・・・・・・・・・・・・・・・・・・・・・・・・・・・・・・・・

解答 2

解説

① **適切でない。損害賠償は、別段の意思表示がないときは、金銭をもってその額を定める**（民法417条）。これを**金銭賠償の原則**という。したがって、不法行為により損害を被った者が、加害者に対し、損害賠償を請求する場合、原状回復の可否にかかわらず、原則として金銭による賠償を請求することができるから、本肢は適切でない。

② **適切である。不法な原因のために給付をした者は、原則として、その給付し
たものの返還を請求することができない**（民法708条）。これを**不法原因給付**と
いう。法律上無効な行為に基づいて移転した財産は返還しなければならないの
が原則であるが、財産の移転自体が公序良俗に違反するような場合には、不法
原因給付に当たり、返還を求めることができない。したがって、賭博行為の賭
け金として支払った金銭は、不法原因給付に当たり、賭博行為の賭け金として
金銭を支払った者は、賭博行為が公序良俗に反して無効であることを理由とし
て、当該金銭につき、不当利得に基づく返還請求をすることができないから、
本肢は適切である。

第16問 ・・・・・・・・・・・・・・・・・・・・・・・・・・・・・

解答 2

解説

① **適切でない。倒産処理の手続には、破産手続や民事再生手続等のように裁判
所が関与するもののほか、いわゆる任意整理といって、債権者と債務者の協議
により、債務の支払条件を変更したり、債務額を減免したりする手続もある。**
したがって、倒産処理の手続に、全て裁判所が関与するわけではなく、裁判所
が関与することなく、当事者の協議のみによって倒産処理が行われることもあ
るから、本肢は適切でない。

② **適切である。**権利侵害を受けた者が、裁判所等の国家機関の助力を得ること
なく、自らの実力で権利の実現を図る行為を自力救済という。**我が国のような
法治国家では、自力救済は禁止されており、権利を実現するためには、裁判所
における法的手続による必要がある。**したがって、債務者が債務の履行期を経
過した後にその履行をしない場合であっても、債権者は、原則として、自らの
実力を行使して自己の債権を回収することは認められないから、本肢は適切で
ある。

第17問 ・・・・・・・・・・・・・・・・・・・・・・・・・・・・・

解答 1

解説

① **適切である。大気汚染防止法上、無過失責任が規定されており、**工場又は事
業場における事業活動に伴う健康被害物質の大気中への排出により、人の生命
又は身体を害したときは、当該排出に係る事業者は、これによって生じた損害
を賠償する責任を負う（大気汚染防止法25条1項）。**水質汚濁防止法上も同様に
無過失責任が規定されており、**工場又は事業場における事業活動に伴う有害物

300　3級　模擬試験問題　解答・解説

質の汚水又は廃液に含まれた状態での排出又は地下への浸透により、人の生命又は身体を害したときは、当該排出又は地下への浸透に係る事業者は、これによって生じた損害を賠償する責任を負う(水質汚濁防止法19条1項)。したがって、公害を防止し、規制するための法律の中には、大気汚染防止法や水質汚濁防止法のように、公害により生じた損害について、事業者の無過失責任を定めているものがあるから、本肢は適切である。

② **適切でない。金銭を目的とする消費貸借における利息の契約は、所定の利率**(例えば、元本の額が10万円未満の場合は年20％)**により計算した金額を超えるときは、その超過部分について、無効**となる(利息制限法1条1号)。したがって、利息付金銭消費貸借については、利息の上限を規制する法律は存在し、当事者間で約定した利率が、所定の利率を超えるときは、貸主は、借主に対して、所定の利率を超える部分の利息を請求することができないから、本肢は適切でない。

第18問 ●●●●●●●●●●●●●●●●●●●●●●●●●●●●●●●●●●●●

解答 1

解説

① **適切である。**個人情報保護法上の要配慮個人情報とは、本人の人種、信条、社会的身分、病歴、犯罪の経歴、犯罪により害を被った事実その他本人に対する不当な差別、偏見その他の不利益が生じないようにその取扱いに特に配慮を要するものとして政令で定める記述等が含まれる個人情報をいう(個人情報保護法2条3項)。したがって、本肢は適切である。

② **適切でない。大規模小売店舗立地法(大店立地法)は、**大規模小売店舗の立地に関し、その周辺の地域の生活環境の保持のため、大規模小売店舗を設置する者によりその施設の配置及び運営方法について適正な配慮がなされることを確保することにより、小売業の健全な発達を図り、もって国民経済及び地域社会の健全な発展並びに国民生活の向上に寄与することを目的とする法律である(大規模小売店舗立地法1条)。もっとも、**大規模小売店舗の出店を制限することまでは規定していない。**したがって、大店立地法は、大規模小売店舗の出店を制限することを目的とする法律ではないから、本肢は適切でない。

第19問 ●●●●●●●●●●●●●●●●●●●●●●●●●●●●●●●●●●●●

解答 1

解説

① **適切である。**指名委員会、監査委員会及び報酬委員会を置く株式会社を指名

301

委員会等設置会社という(会社法2条12号)。**報酬委員会は、執行役及び取締役等の個人別の報酬等の内容を決定する**(同法404条3項)。したがって、指名委員会等設置会社における報酬委員会は、取締役及び執行役が受ける個人別の報酬等の内容を決定する機関であるから、本肢は適切である。

② **適切でない。支配人は、会社の許可を受けなければ、自ら営業を行うこと、自己又は第三者のために会社の事業の部類に属する取引をすること、他の会社又は商人の使用人となること、他の会社の取締役、執行役又は業務を執行する社員となることをしてはならない**(会社法12条1項)。したがって、会社法上、支配人は、会社の許可を受けなければ、自ら営業を行うことができないから、本肢は適切でない。

第 20 問 ・・・・・・・・・・・・・・・・・・・・・・・・・・・

解答 2

解説

① **適切でない。解雇は、客観的に合理的な理由を欠き、社会通念上相当であると認められない場合は、その権利を濫用したものとして、無効とされる**(労働契約法16条)。したがって、労働契約法上、使用者による労働者の解雇は、客観的に合理的な理由を欠く場合のみならず、社会通念上相当であると認められない場合も、無効であるから、本肢は適切でない。

② **適切である。使用者は、労働契約に伴い、労働者がその生命、身体等の安全を確保しつつ労働することができるよう、必要な配慮をするものとする**(労働契約法5条)。したがって、労働契約法上、使用者は、労働契約に伴い、労働者がその生命、身体等の安全を確保しつつ労働することができるよう、必要な配慮をするものとされているから、本肢は適切である。

第 21 問 ・・・・・・・・・・・・・・・・・・・・・・・・・・・

解答 1

解説

① **適切である。法定相続分は、子及び配偶者が相続人であるときは、配偶者の相続分も子の相続分も各2分の1となる**(民法900条1号)。したがって、Aに配偶者Bと子Cがいる場合において、Aが遺言をせずに死亡したときは、B及びCの法定相続分はそれぞれ相続財産の2分の1であるから、本肢は適切である。

② **適切でない。法定相続分は、配偶者及び直系尊属が相続人であるときは、配偶者の相続分が、3分の2、直系尊属の相続分が、3分の1である**(民法900条2号)。したがって、相続人が配偶者及び直系尊属である場合、直系尊属の法

302 3級 模擬試験問題 解答・解説

定相続分は3分の1であるから、本肢は適切でない。

　なお、配偶者及び兄弟姉妹が相続人であるときは、配偶者の相続分は4分の3、兄弟姉妹の相続分は4分の1となる。子、直系尊属又は兄弟姉妹が数人あるときは、各自の相続分は、原則として、相等しいものとなる（同条3号、4号）。

第22問

解答 1

解説

① **適切である。民事上の争いについては、当事者は、請求の趣旨及び原因並びに争いの実情を表示して、相手方の普通裁判籍の所在地を管轄する簡易裁判所に和解の申立てをすることができる**（民事訴訟法275条1項）。即決和解とは、訴え提起前の和解であり、簡易裁判所における手続である。したがって、即決和解は、紛争当事者間における法的な紛争の解決に向けた合意を前提に、簡易裁判所の関与の下に和解を行う手続であるから、本肢は適切である。

② **適切でない。支払督促**とは、金銭その他の代替物又は有価証券の一定の数量の給付を目的とする請求について、債権者の申立てにより、裁判所書記官が発する手続である（民事訴訟法382条）。**仮執行の宣言を付した支払督促に対し督促異議の申立てがないとき、又は督促異議の申立てを却下する決定が確定したときは、支払督促は、確定判決と同一の効力を有する**（同法396条）。したがって、支払督促は、簡易裁判所の裁判所書記官に支払督促の申立てを行い、支払督促を債務者に発する手続であって、仮執行宣言を付した支払督促は確定判決と同じ効力を有するから、本肢は適切でない。

第23問

解答 2

解説

① **適切でない。仮登記担保契約においては、仮登記担保権者が私的実行として債務者の所有権を仮登記担保権者に移転することが中心となる。**したがって、仮登記担保法上、仮登記担保権者は、裁判所の競売手続によらずに、仮登記担保権を実行することができるから、本肢は適切でない。

② **適切である。強制執行は、債務名義により行う**とされている（民事執行法22条柱書）。債務名義には、民事訴訟において下された**確定判決**のほか、**仮執行の宣言を付した支払督促**、金銭の一定の額の支払又はその他の代替物若しくは有価証券の一定の数量の給付を目的とする請求について公証人が作成した公正証書で、債務者が直ちに強制執行に服する旨の陳述が記載されているもの（こ

303

れを「**執行証書**」という。)などがある（同条各号）。したがって、民事執行法上、強制執行の申立てをするには債務名義が必要であり、民事訴訟における裁判所の確定判決は、債務名義に該当するから、本肢は適切である。

第24問

解答 1

解説

① **適切である。事業主は、労働者の配置**（業務の配分及び権限の付与を含む。）、**昇進、降格及び教育訓練等について、労働者の性別を理由として、差別的取扱いをしてはならない**（男女雇用機会均等法6条1号）。したがって、男女雇用機会均等法上、事業主は、労働者の配置、昇進、降格、教育訓練等一定の事項について、労働者の性別を理由として、差別的取扱いをしてはならないから、本肢は適切である。

② **適切でない。事業主は、職場において行われる性的な言動に対するその雇用する労働者の対応により当該労働者がその労働条件につき不利益を受け、又は当該性的な言動により当該労働者の就業環境が害されることのないよう、当該労働者からの相談に応じ、適切に対応するために必要な体制の整備その他の雇用管理上必要な措置を講じなければならない**（男女雇用機会均等法11条1項）。ここでは、職場において行われる性的な言動について、それが、男性労働者が女性労働者に対して行うものに限られない。したがって、男女雇用機会均等法上、事業主は、性的な言動により当該労働者の就業環境が害されることのないよう、職場における雇用管理上必要な措置を講じる義務を負うところ、女性労働者が男性労働者に対して行う性的な言動についても、当該措置を講じる義務を負うから、本肢は適切でない。

第25問

解答 1

解説

① **適切である。**適用対象が限定されているか否かという点で、適用対象が限定されていないものを**一般法**といい、適用対象が限定され、**一般法に優先して適用されるものを特別法という。**例えば、民法と借地借家法では、民法が一般法であり借地借家法が特別法という関係にある。したがって、ある事項に関する規定が一般法と特別法の関係にある法律の両方に存在する場合、特別法の規定が一般法の規定に優先してその事項に適用されるから、本肢は適切である。

② **適切でない。日本の裁判所として、最高裁判所のほか、高等裁判所、地方裁**

304　3級　模擬試験問題　解答・解説

判所、家庭裁判所及び簡易裁判所が設置されている（裁判所法1条、2条1項）。したがって、日本の裁判所には、最高裁判所、高等裁判所、家庭裁判所、簡易裁判所のほか、地方裁判所があるから、本肢は適切でない。

第26問 ●

解答 2

解説

① **適切でない。**相続人は、原則として、自己のために相続の開始があったことを知った時から3ヶ月以内に、相続について、単純若しくは限定の承認又は放棄をしなければならない（民法915条1項）。**相続人は、この期間内に限定承認又は相続の放棄をしなかったときは、単純承認をしたものとみなされる**（同法921条2号）。したがって、Aが死亡し、Aの子BがAの相続人となった場合において、Bが、所定の期間内に単純承認又は限定承認をしなかったときは、相続を放棄したものとみなされるのではなく、単純承認したものとみなされるから、本肢は適切でない。

② **適切である。相続人が数人あるときは、相続財産は、その共有に属する**（民法898条）。被相続人が遺した遺産は、相続開始と同時に法定相続人全員で共有することとなるから、**遺産分割協議も、原則として、法定相続人全員で行わなければならない。**したがって、相続人の協議による遺産の分割が成立するには、原則として、被相続人の全ての法定相続人の合意が必要であるから、本肢は適切である。

第27問 ●

解答 1

解説

① **適切である。弁済の提供は、債務の本旨に従って現実にしなければならない。**ただし、債権者があらかじめその受領を拒み、又は債務の履行について債権者の行為を要するときは、弁済の準備をしたことを通知してその受領の催告をすれば足りる（民法493条）。したがって、民法上、弁済の提供をするに当たっては、原則として、債務の本旨に従って現実にしなければならないから、本肢は適切である。

② **適切でない。弁済をすべき場所について別段の意思表示がないときは、特定物の引渡しは債権発生の時にその物が存在した場所において、その他の弁済は債権者の現在の住所において、それぞれしなければならない**（民法484条1項）。したがって、特定物の引渡しを給付内容とする契約において、引渡しをすべき

305

場所が定められていない場合、民法上、当該特定物の引渡しをする債務者は、当該特定物が存在した場所において、引渡しをしなければならないから、本肢は適切でない。

第28問

解答 1

解説

① **適切である。公務員が、その職務に関し、賄賂を収受し、又はその要求若しくは約束をしたときは、収賄罪が成立し**（刑法197条1項）、**賄賂を供与し、又はその申込み若しくは約束をした者には贈賄罪が成立する**（同法198条）。したがって、A社の取締役Bが、C市における公共工事の指名競争入札に関し、A社に対する便宜を図ってもらうため、C市の担当者Dに多額の金銭を供与した場合、Bには贈賄罪、Dには収賄罪が成立し得るから、本肢は適切である。

② **適切でない。取締役等が法令又は定款の規定に違反して、剰余金の配当をしたときは、会社法上の犯罪である違法配当罪が成立する**（会社法963条5項2号）。配当することができる剰余金の額は、会社法で厳密に規定されているから（同法461条）、取締役が、経理を不正に操作して架空の利益を計上し株主に剰余金の配当を行うことは、法令の規定に違反した剰余金の配当となる。したがって、A株式会社の代表取締役Bが、A社の決算において経理を不正に操作して架空の利益を計上し、株主に剰余金の配当をした場合、Bには、違法配当罪が成立し、刑事上の責任が生じるから、本肢は適切でない。

第29問

解答 2

解説

① **適切でない。**自然人以外で、権利能力が認められるものを法人という。**法人には、大きく分けて、自然人の集合である社団法人と、財産の集合である財団法人がある。**したがって、法律上、法人となることができるのは、自然人の集合である社団に限られず、特定の目的のために運用される財産の集合である財団も、法人となることができるから、本肢は適切でない。

② **適切である。**特定非営利活動促進法上の**特定非営利活動法人とは、特定非営利活動を行うことを主たる目的として設立された法人であって、ここにいう「特定非営利活動」とは、保健、医療又は福祉の増進を図る活動等であって、不特定かつ多数のものの利益の増進に寄与することを目的とするものをいう**（特定非営利活動促進法2条1項、2項、別表）。したがって、特定非営利活動促進

306　3級　模擬試験問題　解答・解説

法上、特定非営利活動法人（NPO法人）は、保健、医療又は福祉の増進を図る活動等であって、不特定かつ多数のものの利益の増進に寄与することを主たる目的とするものについて設立することができるから、本肢は適切である。

第30問 ●●

解答 2

解説

① **適切でない。数人が共同の不法行為によって他人に損害を加えたときは、各自が連帯してその損害を賠償する責任を負う**（民法719条1項）。これを共同不法行為といい、**被害者は、各加害者に対し損害額全額について、損害賠償請求をすることができる。**もっとも、被害者が受け取ることができる金額は損害額に限られるから、複数の加害者から損害額を超えて賠償を受けることはできない。したがって、加害者が複数存在する共同の不法行為によって損害を被った被害者は、各加害者に対して、損害額全額について、損害賠償請求をすることができるから、本肢は適切でない。

② **適切である。不法行為の被害者が、損害を被る一方で当該不法行為によって利益を得た場合、その利益の額を賠償額から控除されることを損益相殺という。**公平の見地から認められるものである。したがって、不法行為の被害者が、当該不法行為によって損害を被る一方で利益を得た場合、損益相殺により損害賠償の額が調整されることがあるから、本肢は適切である。

第31問 ●●

解答 2

解説

① **適切でない。**商標権の存続期間は、設定の登録の日から10年をもって終了する（商標法19条1項）。もっとも、**商標権の存続期間は、商標権者の更新登録の申請により更新することができる**（同条2項）。したがって、A社が「甲」について商標権の設定登録を受けた場合、A社は、存続期間の満了後も、「甲」の商標登録を更新することができるから、本肢は適切でない。

② **最も適切である。当該商標登録出願の日前の商標登録出願に係る他人の登録商標又はこれに類似する商標であって、その商標登録に係る指定商品若しくは指定役務又はこれらに類似する商品若しくは役務について使用をするものは、商標登録を受けることができない**（商標法4条1項11号）。すなわち、他人の商標登録出願に係る指定商品のみならず、これに類似する商品について使用する場合であっても、他人の商標登録が先に出願されている場合には、登録を受け

ることができない。したがって、A社が、「甲」について商標登録出願をしたが、A社が出願するより先にB社が商品Xと類似するB社の商品Yに使用する商品名として「甲」の商標登録出願をしていた場合、「甲」について商標登録を受け得るのは、A社よりも先に商標登録出願をしたB社であるから、本肢は適切である。

③　**適切でない。** 商標登録を受けた商標が継続して一定の期間使用されていない場合でも、当該商標登録は当然に無効になるわけではなく、審判を経て商標登録が取り消されることがある。すなわち、**継続して3年以上日本国内において商標権者、専用使用権者又は通常使用権者のいずれもが各指定商品又は指定役務についての登録商標の使用をしていないときは、何人も、その指定商品又は指定役務に係る商標登録を取り消すことについて審判を請求することができる**（商標法50条1項）。そして、商標権者、専用使用権者又は通常使用権者のいずれもが、正当な理由なく登録商標を使用していない場合には、商標登録は取り消されることとなる（同条2項参照）。したがって、A社が「甲」について商標権の設定登録を受けた後に、A社が「甲」を継続して一定の期間使用していない場合であっても、商標法上、その期間の経過により、「甲」の商標登録が当然に無効となるわけではなく、審判を経て商標登録が取り消されるにすぎないから、本肢は適切でない。

④　**適切でない。** 指定商品についての登録商標に類似する商標の使用又は指定商品に類似する商品についての登録商標若しくはこれに類似する商標の使用は、商標法上、商標権を侵害するものとみなされる（商標法37条1号）。**商標権者は、自己の商標権を侵害する者又は侵害するおそれがある者に対し、その侵害の停止又は予防を請求することができる**（同法36条1項）。したがって、A社が「甲」について商標権の設定登録を受けた後に、C社が、A社に無断で商品Xと類似するC社の商品Zに「甲」に類似する商標を使用し、商品Zを販売した場合、A社は、C社に対して当該類似する商標の使用の差止めを請求することができるから、本肢は適切でない。

第32問

解答　1

解説

ア．**適切である。** 産業上利用することができる発明をした者は、特許出願前に日本国内又は外国において公然知られた発明、公然実施をされた発明、頒布された刊行物に記載された発明又は電気通信回線を通じて公衆に利用可能となった発明を除き、その発明について特許を受けることができる（特許法29条1項）。また、特許出願前にその発明の属する技術の分野における通常の知識を有する

者が前項各号に掲げる発明に基いて容易に発明をすることができたときは、その発明については、特許を受けることができない（同条2項）。すなわち、**特許法上、ある発明が特許を受けるためには、産業上利用可能性・新規性・進歩性が認められることが必要である**。したがって、Aが、本件発明について特許出願をし特許を受けるためには、本件発明が産業上利用可能性、新規性及び進歩性を有する必要があるから、本肢は適切である。

イ．**適切である**。特許出願に係る発明が当該特許出願の日前の他の特許出願であって所定の発明と同一であるときは、その発明については、特許を受けることができない（特許法29条の2）。すなわち、**複数の者が別個独立に同じ内容の発明を完成させた場合、特許権が認められるのは、最先の特許出願人**であり、このように先に出願したか否かを基準とすることを**先願主義**という。したがって、本件発明が特許を受けるための要件を充たしている場合において、Aが本件発明につき特許出願をし、後日、第三者であるBが本件発明と同じ内容の発明につき特許出願をした場合、特許法上、先に本件発明につき特許出願をしたAが、本件発明について特許を受けることができるから、本肢は適切である。

ウ．**適切である**。従業者等がその性質上当該使用者等の業務範囲に属し、かつ、その発明をするに至った行為がその使用者等における従業者等の現在又は過去の職務に属する発明を職務発明という（特許法35条1項）。そして、**従業者等がした職務発明については、契約、勤務規則その他の定めにおいてあらかじめ使用者等に特許を受ける権利を取得させることを定めたときは、その特許を受ける権利は、その発生した時から当該使用者等に帰属する**（同条3項）。したがって、本件発明が特許法上の職務発明に該当する場合において、X社とAとの間の契約、勤務規則等であらかじめX社に職務発明について特許を受ける権利を取得させることを定めていたときは、当該特許を受ける権利は、その発生した時からX社に帰属するから、本肢は適切である。

エ．**適切でない**。特許権者には、差止請求権が認められており、**特許権者又は専用実施権者は、自己の特許権又は専用実施権を侵害する者又は侵害するおそれがある者に対し、その侵害の停止又は予防を請求することができる**（特許法100条1項）。したがって、X社が本件発明につき特許を受けた場合において、第三者であるY社が本件発明をX社に無断で実施し、X社の特許権を侵害しているときは、X社は、Y社に対し損害賠償を請求するとともに、その侵害行為の差止めを請求することができるから、本肢は適切でない。

第33問 ・・

解答 2

解説

ア．**適切である。**私法上の権利義務の主体となり得る資格を権利能力という。人は、生まれながらに平等に権利能力を有する。したがって、**全ての個人が平等に権利主体として取り扱われるという原則を権利能力平等の原則というから**、本肢は適切である。

イ．**適切でない。**契約当事者は、法律の規定中の強行法規に反しない限りで、法律の規定と異なる合意をすることができる。すなわち、**契約によっても、強行法規と異なる特約を定めることはできない。**なお、契約自由の原則は、契約を締結するかしないか、誰を相手方とするか、いかなる契約内容とするか等について、当事者間で自由に定めることができるとする原則をいう。したがって、契約当事者の合意によっても、法律の規定中の強行法規と異なる合意をすることはできず、当該合意よりも強行法規が優先するから、本肢は適切でない。

ウ．**適切である。**所有権は不可侵のものとして尊重され、**他人によっても、国家権力によっても侵害されないという原則を所有権絶対の原則という。**なお、「絶対」とは、所有権は不可侵のものとして尊重されるという意味であり、所有権は何ものにも制限されないという意味ではない。所有権は法令等により制約を受ける場合があり、憲法上、財産権の内容は、公共の福祉に適合するように、法律でこれを定めると規定されている（憲法29条2項）。したがって、本肢は適切である。

エ．**適切である。**過失責任主義は私的自治の派生原理の一つである。もっとも、自動車の運転や製造物責任の場面では、過失責任主義は修正されており、実質的には無過失責任とされる場合もある。したがって、**人はたとえ他人に損害を与えても、故意又は過失がなければ損害賠償責任を負わないという原則のことを過失責任主義というから**、本肢は適切である。

第34問 ・・・・・・・・・・・・・・・・・・・・・・・・・・・・・・・・・・・・・・・

解答 3

解説

ア．**適切でない。**代理について、民法上、代理人の代理行為の効果が本人に帰属するためには、**顕名が必要である**（民法99条1項参照）。一方、**商法では、商行為の代理人が本人のためにすることを示さないでこれをした場合であっても、その行為は、本人に対してその効力を生ずる**（商法504条）。したがって、商行為の代理人が顕名をせずに代理行為を行った場合であっても、その代理行為の

310　3級　模擬試験問題　解答・解説

効果は、本人に帰属するから、本肢は適切でない。

イ．**適切である。**代理権を有しない者が他人の代理人としてした契約は、本人が
その追認をしなければ、本人に対してその効力を生じない(民法113条1項)。
**無権代理行為の相手方は、本人に対し、相当の期間を定めて、その期間内に追
認をするかどうかを確答すべき旨の催告をすることができる**(同法114条)。こ
の場合、相手方が無権代理の事実を知っていたか否かは問わない。したがっ
て、本人から代理権を与えられていない者が代理人と称して相手方と契約を締
結した場合、相手方は、本人に対して相当の期間を定めて当該契約を追認する
かどうかを催告することができるから、本肢は適切である。

ウ．**適切でない。**他人の代理人として契約をした者は、自己の代理権を証明した
とき、又は本人の追認を得たときを除き、相手方の選択に従い、相手方に対し
て履行又は損害賠償の責任を負う(民法117条1項)。もっとも、**他人の代理人
として契約をした者が代理権を有しないことを相手方が知っていたとき、若し
くは過失によって知らなかったとき、又は他人の代理人として契約をした者が
行為能力の制限を受けていたときは、原則として、責任を追及することができ
ない**(同条2項)。したがって、本人から代理権を与えられていない者が代理人
と称して相手方と契約を締結した場合であっても、相手方が、その者に代理権
がないことを知っていたときは、代理人と称する者に対して契約内容の履行の
請求又は損害賠償の請求をすることができないから、本肢は適切でない。

エ．**適切である。**代理人が与えられた代理権の範囲を超えて権限外の行為をした
場合、当該代理行為は無効である。もっとも、**行為の相手方が代理人に権限が
あると信じ、権限があると信じたことについて正当な理由があるときは、代理
行為の効果は本人に帰属し有効となる**(民法110条参照)。これを**表見代理**とい
う。したがって、代理人が本人から与えられた代理権の範囲を越えて相手方と
契約を締結した場合、相手方が、その契約締結について代理人に代理権がある
と誤信し、かつそのように誤信することについて正当な理由があるときは、表
見代理が成立するから、本肢は適切である。

第35問

解答 2

解説

ア．**適切である。**有効に法律行為をするためには、自己の行為の結果を判断でき
る能力が必要であり、これを意思能力という。**意思能力のない者の法律行為は
無効である。**したがって、法律行為を有効に行うためには、自己の行為の結果
を判断することのできる精神的能力、すなわち意思能力が必要であり、意思能
力を有しない者が行った法律行為は、無効であるから、本肢は適切である。

イ．**適切である。未成年者**が法律行為をするには、原則として、その法定代理人の同意を得なければならない(民法5条1項)。同意を得ない法律行為は、取り消すことができる(同条2項)。もっとも、**制限行為能力者が行為能力者であることを信じさせるため詐術を用いたときは、その行為を取り消すことができない**(同法21条)。この場合、制限行為能力者本人のみならず、他の取消権者も取り消すことができなくなる。したがって、未成年者が自己を成年者であると偽るなどの詐術を用いて売買契約を締結した場合、未成年者とその法定代理人は、その売買契約を取り消すことができないから、本肢は適切である。

ウ．**適切である。成年被後見人の法律行為は、取り消すことができる。もっとも、日用品の購入その他日常生活に関する行為については、取り消すことができない**(民法9条)。したがって、成年被後見人が単独で日用品の購入その他日常生活に関し売買契約を締結した場合、成年後見人は、その売買契約を取り消すことができないから、本肢は適切である。

エ．**適切でない。被保佐人**が借財又は保証をすること、不動産その他重要な財産に関する権利の得喪を目的とする行為をすること等の所定の行為をするには、その保佐人の同意を得なければならない(民法13条1項)。**保佐人の同意を得なければならない行為であって、その同意又はこれに代わる許可を得ないでしたものは、取り消すことができる**(同条4項)。したがって、被保佐人が保佐人の同意を得ずに自己の所有する不動産を第三者に売却する売買契約を締結した場合、被保佐人は、その売買契約を取り消すことができるから、本肢は適切でない。

第36問 •

解答 3

解説

ア．**適切でない。動産に関する物権の譲渡は、その動産の引渡しがなければ、第三者に対抗することができない**(民法178条)。このことを、動産物権変動の対抗要件は引渡しであると表現する。すなわち、動産について権利をお互いに争う者の間では、引渡しを基準として優劣を決し、先に引渡しを受けた者が優先する。したがって、Aが、自己の所有する腕時計をBに譲渡したが、Bに当該腕時計を引き渡す前に、当該腕時計を善意のCに譲渡し現実に引き渡した場合、Cが当該腕時計の現実の引渡しを受ける前に、BがAに当該腕時計の代金を支払っていたとしても、先に引渡しを受けたのはCであるため、Bは、原則として、Cに対して当該腕時計の所有権の取得を対抗することができないから、本肢は適切でない。

イ．**適切である。賃借権**は、厳密には物権ではないが、物権と同じように、不動

312　3級　模擬試験問題　解答・解説

産の賃貸借は、これを登記したときは、その後その不動産について物権を取得した者に対しても、その効力を生ずる（民法605条）。もっとも、賃貸借について実際に登記がされることはまれであるから、賃借人の保護を図るべく、借地借家法で修正がされている。すなわち、**建物の賃貸借は、その登記がなくても、建物の引渡しがあったときは、その後その建物について物権を取得した者に対し、その効力を生ずる**（借地借家法31条）。したがって、A社が、自社の所有する建物をBに賃貸し、当該建物をBに引き渡した後、A社が、当該建物をC社に譲渡し、その旨の所有権移転登記を経た場合、Bは、原則として、C社に対して当該建物の賃借権を対抗することができるから、本肢は適切である。

ウ．**適切である。** 不動産に関する物権の得喪及び変更は、不動産登記法その他の登記に関する法律の定めるところに従いその登記をしなければ、第三者に対抗することができない（民法177条）。**不動産物権変動の対抗要件は登記である。** 不動産の場合、権利をお互いに争う者の間では、先に登記を経由した者が優先する。したがって、A社が、自社の所有する土地をB社に譲渡したが、B社が当該土地につき所有権移転登記を経る前に、当該土地を善意のC社に譲渡し、C社が当該土地につき所有権移転登記を経た場合、C社が当該土地につき所有権移転登記を経る前に、B社がA社から当該土地の引渡しを受けていても、B社は登記を経由していない以上、原則として、C社に対して当該土地の所有権の取得を対抗することができないから、本肢は適切である。

エ．**適切でない。** 所有権の移転のみならず、**抵当権の設定も不動産物権変動に当たり、先に登記を経由した者が優先する。** 本肢では、B社の抵当権とC社の（抵当権の負担のない）所有権が互いに衝突しており、相互に争っているから、B社とC社で先に登記を経由した者が優先する。したがって、A社が、B社に対して負う債務を担保するため、自社の所有する土地に抵当権を設定し、B社が当該土地につき抵当権設定登記を経る前に、A社が、当該土地を善意のC社に譲渡し、C社が当該土地につき所有権移転登記を経た場合、登記に後れたB社は、原則として、C社に対して当該土地への抵当権の設定を対抗することができないから、本肢は適切でない。

第37問 ●●●●●●●●●●●●●●●●●●●●●●●●●●●●●●●●●●●●

解答 3

解説

① **適切でない。** 個人情報保護法上の**個人識別符号**とは、特定の個人の身体の一部の特徴を電子計算機の用に供するために変換した文字、番号、記号その他の符号であって、**当該特定の個人を識別することができるもの**、又は個人に提供される役務の利用若しくは個人に販売される商品の購入に関し割り当てられ、

又は個人に発行されるカードその他の書類に記載され、若しくは電磁的方式により記録された文字、番号、記号その他の符号であって、その利用者若しくは購入者又は発行を受ける者ごとに異なるものとなるように割り当てられ、又は記載され、若しくは記録されることにより、特定の利用者若しくは購入者又は発行を受ける者を識別することができるもののいずれかに該当する文字、番号、記号その他の符号のうち、政令で定めるものをいう（個人情報保護法2条2項）。いずれにせよ、個人を識別することができるものであることが、要件となっている。したがって、個人識別符号は、特定の個人を識別することができるものである必要があるから、本肢は適切でない。

② **適切でない。個人情報取扱事業者は、個人情報を取得した場合は、あらかじめその利用目的を公表している場合を除き、速やかに、その利用目的を、本人に通知し、又は公表しなければならない**（個人情報保護法21条1項）。したがって、個人情報取扱事業者は、個人情報を取得した場合であっても、あらかじめその利用目的を公表しているときは、その利用目的を本人に通知する必要はないから、本肢は適切でない。

③ **最も適切である。個人情報取扱事業者は、本人から、当該本人が識別される保有個人データの利用目的の通知を求められたときは、**当該本人が識別される保有個人データの利用目的が明らかな場合等所定の場合を除き、**本人に対し、遅滞なく、これを通知しなければならない**（個人情報保護法32条2項）。したがって、個人情報取扱事業者は、本人から、当該本人が識別される保有個人データの利用目的の通知を求められたときは、原則として、本人に対し、遅滞なく、これを通知しなければならないから、本肢は適切である。

④ **適切でない。個人情報取扱事業者は、法令に基づく場合等所定の場合を除き、あらかじめ本人の同意を得ないで、個人データを第三者に提供してはならない**（個人情報保護法27条1項）。すなわち、本人の同意があるときは、個人データを第三者に提供することができる。したがって、個人情報取扱事業者は、本人の同意がある場合、個人データを第三者に提供することができるから、本肢は適切でない。

第38問

解答 1

解説

① **最も適切でない。独占禁止法上、「事業者」とは、商業、工業、金融業その他の事業を行う者をいう**（独占禁止法2条1項）。したがって、独占禁止法の規制対象となる事業者は会社法上の会社に限られず、商業、工業、金融業その他の事業を行う者であれば、商法上の商人や公益法人も事業者に含まれるから、本

314　3級　模擬試験問題　解答・解説

肢は適切でない。

② **適切である。不当に、相手方が競争者と取引しないことを条件として当該相手方と取引し、競争者の取引の機会を減少させるおそれがあることを排他条件付取引といい、独占禁止法で禁止される不公正な取引方法に当たる**(独占禁止法19条、昭和57年6月18日公正取引委員会告示第15号第11項)。したがって、卸売事業者が、取引の相手方である小売店に対し、取引をする条件として、卸売事業者の競争事業者と取引をしないことを強要したことにより、不当に競争事業者の取引の機会を減少させた場合、卸売事業者の行為は、不公正な取引方法に該当し独占禁止法に違反するおそれがあるから、本肢は適切である。

③ **適切である。事業者が、単独に、又は他の事業者と結合し、若しくは通謀し、その他いかなる方法をもってするかを問わず、他の事業者の事業活動を排除し、又は支配することにより、公共の利益に反して、一定の取引分野における競争を実質的に制限することを私的独占といい、独占禁止法上禁止される**(独占禁止法2条5項、3条)。したがって、優越した市場支配力を得た事業者が、その力を利用して他の事業者を市場から実質的に締め出す行為は、私的独占に該当し独占禁止法に違反するおそれがあるから、本肢は適切である。

④ **適切である。独占禁止法の規定に違反して、私的独占、不当な取引制限、不公正な取引方法などが行われた場合、公正取引委員会は、所定の手続に従い、事業者に対し、当該行為の差止め、事業の一部の譲渡、契約条項の削除その他当該行為を排除するために必要な措置を命ずる**ことができる(独占禁止法7条1項、20条1項参照)。これを**排除措置命令**という。また、所定の場合、公正取引委員会は、違反をした当該事業者に対し、所定の計算方法に基づき、**事業者の売上額に応じた額の課徴金を国庫に納付することを命じることがある**(同法7条の2、20条の2参照)。これを**課徴金納付命令**という。したがって、独占禁止法上、事業者が独占禁止法に違反する行為を行った場合、公正取引委員会は、排除措置命令や、課徴金納付命令を発することができるから、本肢は適切である。

第39問 •

解答 4

解説

不動産登記記録は、**表題部**及び**権利部**に区分して作成される(不動産登記法12条)。そして権利部は、**甲区**及び**乙区**に区分され、**甲区には所有権に関する登記の登記事項が記録され、乙区には所有権以外の権利に関する登記の登記事項が記録される**(不動産登記規則4条4項)。

315

ア．**表題部に記載される。**土地の所在は、表題部の土地の表示欄に記載される（不動産登記規則4条1項、別表1）。

イ．**甲区に記載される。**土地の所有者は、所有権に関する登記の登記事項であるから、甲区に記載される。

ウ．**乙区に記載される。**土地に根抵当権が設定されているか否かは、所有権以外の権利に関する登記の登記事項であるから、乙区に記載される。

エ．**甲区に記載される。**土地が差押えを受けているとは、すなわち土地所有権について差押えを受けているということであり、所有権に関する登記の登記事項であるから、甲区に記載される。

第40問

解答 4

解説

ア．**適切でない。著作者人格権及び著作権の享有には、いかなる方式の履行をも要しない**（著作権法17条2項）。したがって、著作権法上、著作者は、何ら手続をとることなく、その著作物について著作権が認められ、その著作物を公衆に提供するに際し著作者名を表示する必要はないから本肢は適切でない。

イ．**適切でない。実演家、レコード製作者、放送事業者、有線放送事業者には、著作隣接権が認められている**（著作権法89条参照）。例えば、著作権が認められる歌謡曲を公衆に伝達するためには、歌手などの実演家やレコード製作者などの存在が欠かせない。そこで、これらの者に著作権法上、一定の権利が認められている。したがって、他人の創作した著作物を利用する実演家やレコード製作者には、著作権法上、著作隣接権という一定の権利が認められているから、本肢は適切でない。

ウ．**適切でない。著作権は、著作物そのものについて認められる権利であって、各々独立して創作を行い完成した著作物が類似していたからといって、著作権が制限されるわけではない。また、著作権が認められるために文化庁への登録は要件ではなく**（著作権法17条2項参照）、**特許権のような先願主義もとられていない。**したがって、複数の者が各々独立して創作を行い完成させたそれぞれの著作物が類似していた場合であっても、著作権法上、これらの者それぞれに著作権が認められるから、本肢は適切でない。

エ．**適切である。著作者が有する公表権、氏名表示権、同一性保持権を著作者人格権という**（著作権法18条～20条）。同一性保持権とは、著作者が、その著作物及びその題号の同一性を保持する権利であって、その意に反してこれらの変更、切除その他の改変を受けない（同法20条1項）。したがって、著作権法上、著作者は、著作者人格権の一つとして、著作物及びその題号の同一性を保持す

316　3級　模擬試験問題　解答・解説

る権利である同一性保持権を有するから、本肢は適切である。

第41問・・・・・・・・・・・・・・・・・・・・・・・・・・・・・・・・・・

解答 4

解説

① **適切である。抵当権**は、債務者又は第三者が占有を移転しないで債務の担保に供した不動産について、他の債権者に先立って自己の債権の弁済を受ける権利である（民法369条1項参照）。**抵当権自体は、債権者と抵当権設定者の合意で成立する**が、抵当権の設定は不動産物権変動に当たり、不動産物権変動の対抗要件は登記であるから（同法177条）、**第三者に対抗するためには登記が必要である**。したがって、本件建物に設定される抵当権は、A社とB社との間で抵当権設定契約を締結することにより成立し、抵当権の設定登記は第三者に対する対抗要件であるから、本肢は適切である。

② **適切である。抵当権者は、債権の全部の弁済を受けるまでは、目的物の全部についてその権利を行使することができる**（民法372条、296条）。これを抵当権の不可分性という。したがって、A社がB社に金銭を貸し付けるに際し、B社が、本件建物にA社のために抵当権を設定し、その登記を経た後、B社がA社に借入金の一部を弁済した場合であっても、本件建物に設定された抵当権は、本件建物の全体に対してその効力が及び、弁済額の割合に応じて効力の及ぶ範囲が縮小するわけではないから、本肢は適切である。

③ **適切である。被担保債権が移転すると、担保物権も被担保債権とともに移転する**。このような性質を**随伴性**という。したがって、A社がB社に金銭を貸し付けるに際し、B社が、本件建物にA社のために抵当権を設定し、その登記を経た後、A社がB社に対して有する貸金債権を第三者であるC社に譲渡した場合、本件建物に設定された抵当権もC社に移転するから、本肢は適切である。

④ **最も適切でない。同一の不動産について、複数の抵当権を設定することができる。この場合、その抵当権の順位は、登記の前後による**（民法373条）。後順位の抵当権者は、目的物の競売代金から先順位の抵当権者が配当を受けた価額を差し引いた残りの部分から配当を受けることができる。したがって、本件建物について、既にD社が抵当権の設定を受け、その登記を経ている場合であっても、A社は、本件建物に抵当権の設定を受けることができるから、本肢は適切でない。

第42問 •••

解答 2

解説

ア．**適切である。**夫婦の一方が婚姻前から有する財産及び婚姻中自己の名で得た財産は、その特有財産(夫婦の一方が単独で有する財産をいう。)となる(民法762条1項)。一方、夫婦のいずれに属するか明らかでない財産は、その共有に属するものと推定される(同条2項)。したがって、夫婦間において夫婦財産契約が締結されていない場合、夫婦の一方が婚姻前から有する財産は、その者の特有財産となるから、本肢は適切である。

イ．**適切でない。**夫婦の一方が日常の家事に関して第三者と法律行為をしたときは、原則として、他の一方は、これによって生じた債務について、連帯してその責任を負う(民法761条)。これを**夫婦間における日常家事債務の連帯責任**という。したがって、婚姻費用の支出など日常の家事に関して、夫婦の一方が第三者と法律行為をしたことによって生じた債務については、当該法律行為を行った者の夫婦の他方を含め、夫婦が連帯して責任を負うから、本肢は適切でない。

ウ．**適切である。**夫婦間でした契約は、婚姻中、いつでも、夫婦の一方からこれを取り消すことができる。ただし、第三者の権利を害することはできない(民法754条)。これを**夫婦間の契約取消権**という。したがって、夫婦間で締結した契約は、原則として、婚姻中いつでも、夫婦の一方から取り消すことができるから、本肢は適切である。

エ．**適切でない。**協議上の離婚をした者の一方は、相手方に対して財産の分与を請求することができる(民法768条1項)。**夫婦が離婚した場合の財産関係は、財産分与によって清算されるのであって、当然に婚姻時に遡って消滅するわけではない。**したがって、夫婦間における夫婦財産関係は、離婚により婚姻時に遡って消滅するわけではなく、財産分与により清算されるから、本肢は適切でない。

第43問 •••

解答 4

解説

ア．**適切でない。**独占禁止法上、「事業者」とは、商業、工業、金融業その他の事業を行う者をいう(独占禁止法2条1項)。したがって、**独占禁止法上、営利を目的としない公益法人や公共団体も事業者に該当する**から、本肢は、適切でない。

318　3級　模擬試験問題　解答・解説

イ．**適切である。正当な理由がないのに、商品又は役務をその供給に要する費用を著しく下回る対価で継続して供給することであって、他の事業者の事業活動を困難にさせるおそれがあるものを不当廉売といい、独占禁止法上の不公正な取引方法に当たる**(独占禁止法2条9項3号)。したがって、事業者が、市場シェアを拡大するため、正当な理由がないのに、製造原価を大幅に下回る価格で自社製品の販売を継続した結果、競合他社の販売活動が困難となった場合、当該事業者の行為は、公正な競争を阻害するおそれがあるときは、不当廉売として不公正な取引方法に当たるから、本肢は適切である。

ウ．**適切でない。不当な取引制限とは、事業者が、契約、協定その他何らの名義をもってするかを問わず、他の事業者と共同して対価を決定し、維持し、若しくは引き上げ、又は数量、技術、製品、設備若しくは取引の相手方を制限する等相互にその事業活動を拘束し、又は遂行することにより、公共の利益に反して、一定の取引分野における競争を実質的に制限することをいう**(独占禁止法2条6項)。したがって、事業者が、他の事業者との間で、製品の出荷量を制限する協定を締結し、その協定に基づいて、制限された量の製品のみを出荷する行為は、不当な取引制限に該当するから、本肢は適切でない。

エ．**適切である。**不当な取引制限について、その典型は、談合、カルテルである。不当な取引制限は、排除措置命令や課徴金納付命令の対象となる(独占禁止法7条、7条の2参照)。したがって、**不当な取引制限に当たる行為は、公正取引委員会による排除措置命令の対象になるだけでなく、課徴金納付命令の対象にもなる**から、本肢は適切である。

第44問 ••••••••••••••••••••••••••••••

解答 1

解説

①　**最も適切でない。**会社がその事業としてする行為及びその事業のためにする行為は、商行為となる(会社法5条)。そして、自己の名をもって商行為をすることを業とする者は商人に当たる(商法4条1項)。**商人がその営業の範囲内において寄託を受けた場合には、報酬を受けないときであっても、善良な管理者の注意をもって、寄託物を保管しなければならない**(同法595条)。なお、民法上は、無報酬で寄託を受けた場合、自己の財産に対するのと同一の注意をもって、寄託物を保管すれば足りる(民法659条)。したがって、X社が、Y社との間で、Y社の所有する自動車を保管する旨の寄託契約を締結し、当該自動車の引渡しを受けた場合、商法上、X社は、善良な管理者の注意をもって、当該自動車を保管しなければならないから、本肢は適切でない。

②　**適切である。受任者は、委任の本旨に従い、善良な管理者の注意をもって、**

319

委任事務を処理する義務を負う（民法644条）。したがって、X社が、Y社との間で、自社製品に用いる原材料をX社の指定する価格でZ社から購入することを内容とする売買契約の締結をY社に依頼する旨の委任契約を締結した場合、民法上、Y社は、当該売買契約を締結するに当たり、善良な管理者の注意をもって、委任事務を処理する義務を負うから、本肢は適切である。

③ **適切である。請負人が仕事を完成しない間は、注文者は、いつでも損害を賠償して契約の解除をすることができる**（民法641条）。注文者が必要としない仕事の完成は無意味だからである。したがって、X社が、機械メーカーであるY社との間で、自社で使用する工作機械の製造をY社に請け負わせる旨の請負契約を締結した場合、民法上、Y社が当該工作機械を完成する前であれば、X社は、Y社に損害を賠償して請負契約を解除することができるから、本肢は適切である。

④ **適切である。** 会社がその事業としてする行為及びその事業のためにする行為は、商行為となる（会社法5条）。そして、**商法上、商行為によって生じた債務の履行をすべき場所がその行為の性質又は当事者の意思表示によって定まらないときは、特定物の引渡しはその行為の時にその物が存在した場所において、その他の債務の履行は債権者の現在の営業所**（営業所がない場合にあっては、**その住所）において、それぞれしなければならない**（商法516条1項）。したがって、X社が、Y社との間で、Y社から金銭を借り入れる旨の金銭消費貸借契約を締結し、本件金銭消費貸借契約において、借入金債務を弁済すべき場所に関する約定がなされていない場合、商法上、X社は、Y社の現在の営業所で借入金債務を弁済しなければならないから、本肢は適切である。

第45問 ●●●●●●●●●●●●●●●●●●●●●●●●●●●

解答 3

解説

① **適切である。** 条件と期限について、将来発生することが不確実な事実にかからせる場合が条件であり、将来発生することが確実な事実にかからせる場合が期限である。条件には、**条件成就によって意思表示の効力が生じる停止条件**（民法127条1項参照）と、**条件成就によって意思表示の効力が失われる解除条件**（同条2項参照）とがある。したがって、条件のうち、条件の成就により契約の効力を生じさせるものを停止条件といい、例えば、一定期日までにA社が新技術の開発に成功することを条件に売買契約の効力が生じると定めた場合がこれに当たるから、本肢は適切である。

② **適切である。期限のうち、将来発生することは確実であるが、いつ発生するか分からない事実にかからせる場合が、不確定期限である。**人は、いつ死ぬか

320　3級　模擬試験問題　解答・解説

分からないが、いつか死ぬことは確実であるから、「自分が死んだら」という場合、不確定期限が付されていることとなる。したがって、契約の効力の発生ないし履行を、「人の死亡」のように、発生することは確実であるが、いつ到来するかは確定していない事実にかからせる特約は、不確定期限に該当するから、本肢は適切である。

③ **最も適切でない。期限が到来していないことによって当事者が受ける利益を期限の利益という。民法上、期限は、債務者の利益のために定めたものと推定される**(民法136条1項)。したがって、期限を定めることによって享受できる利益を期限の利益といい、民法上、期限の利益は、債権者ではなく債務者のために定めたものと推定されるから、本肢は適切でない。

④ **適切である。日、週、月又は年によって期間を定めたときは、期間の初日は、算入しない。**ただし、その期間が午前零時から始まるときは、この限りでない(民法140条)。これを**初日不算入の原則**という。したがって、「日、週、月又は年」を基準として期間が定められた場合、民法の定める期間の計算方法によれば、原則として、初日は期間に算入されないから、本肢は適切である。

第46問 ••

解答 4

解説

① **適切でない。**消費者契約法が適用される消費者契約とは、消費者と事業者との間で締結される契約をいう(消費者契約法2条3項)。そして、**事業者とは、法人その他の団体及び事業として又は事業のために契約の当事者となる場合における個人をいう**(同条2項)。したがって、消費者契約法上の事業者に該当するのは法人その他の団体のほか、個人事業主のように、事業として又は事業のために契約の当事者となる個人も、事業者に該当するから、本肢は適切でない。

② **適切でない。消費者契約法は、消費者契約を消費者と事業者との間で締結される契約と定義しており、適用対象とする契約の内容を限定していない**(消費者契約法2条3項参照)。したがって、消費者契約法は、事業者が消費者に商品を販売する契約のみならず、事業者が消費者に役務を提供する契約にも適用されるから、本肢は適切でない。

③ **適切でない。**消費者契約の申込み又はその承諾の意思表示の取消し及び消費者契約の条項の効力については、消費者契約法の規定のほか、民法及び商法の規定も適用される(消費者契約法11条1項参照)。そして、**民法上、取り消された行為は、初めから無効であったものとみなされ、当事者は相互に原状回復義務を負う**(民法121条、121条の2第1項)。したがって、消費者が消費者契約法

321

に基づき事業者との間の売買契約を取り消した場合、事業者は当該売買契約に基づき既に消費者から受領していた売買代金を返還する必要があるから、本肢は適切でない。

④ **最も適切である。**消費者保護のため、消費者契約法は、消費者契約における一定の条項は無効と定めている。その一つとして、消費者契約における事業者の債務の履行に際してされた当該**事業者の不法行為により消費者に生じた損害を賠償する責任の全部を免除する条項は、無効である**(消費者契約法8条1項3号)。したがって、消費者契約において、事業者の債務の履行に際してされた当該事業者の不法行為により消費者に生じた損害を賠償する責任の全部を免除する条項が定められている場合、当該条項は無効であるから、本肢は適切である。

第47問

解答 4

解説

ア．**適切でない。**保証債務と主たる債務は別個の債務である。もっとも、**保証債務は、主たる債務を担保するために存在しており、主たる債務が発生・変更・消滅すれば、保証債務も発生・変更・消滅する。**このような性質を**附従性**という。したがって、保証債務は主たる債務とは別個の債務であるが、主たる債務が弁済等によって消滅すると、保証債務は附従性により消滅するから、本肢は適切でない。

イ．**適切でない。保証契約は、債権者と保証人との間の契約であって、契約成立に債務者の同意は不要であり、債務者の意思に反しても保証契約を締結することができる。**したがって、民法上、保証契約が効力を生じるには、保証人となる者と債権者とが保証契約を締結すれば足り、主たる債務者がこれに同意することは必要ではないから、本肢は適切でない。

ウ．**適切でない。**連帯保証ではない通常の保証人に認められる**催告の抗弁**(保証人は、まず主たる債務者に催告をすべき旨を請求することができるという抗弁(民法452条))**や検索の抗弁**(債権者が主たる債務者に催告をした後であっても、保証人が主たる債務者に弁済をする資力があり、かつ、執行が容易であることを証明したときは、債権者は、まず主たる債務者の財産について執行をしなければならないという抗弁(同法453条))**は、連帯保証人には認められない**(同法454条)。したがって、保証人が債権者との間で、主たる債務者と連帯してその債務を履行することを特に合意し、連帯保証人となった場合、連帯保証人には、催告の抗弁権及び検索の抗弁権のいずれも認められないから、本肢は適切でない。

322　3級　模擬試験問題　解答・解説

エ．**適切である。保証人が、主たる債務者に代わって弁済、その他自己の財産をもって債務を消滅させる行為をしたときは、その保証人は、民法の規定に従い、主たる債務者に対し、求償権を有する**（民法459条1項、462条1項、2項）。したがって、保証人が民法の規定に従い債権者に対し保証債務を履行した場合、民法上、当該保証人には、主たる債務者に対する求償権が認められるから、本肢は適切である。

第 48 問 ・・・・・・・・・・・・・・・・・・・・・・・・・・・・・・・・

解答 3

解説

ア．**適切でない。**二人が互いに同種の目的を有する債務を負担する場合において、双方の債務が弁済期にあるときは、各債務者は、原則として、その対当額について相殺によってその債務を免れることができる（民法505条1項）。**相殺が可能となる要件は、(1)対立する債権の存在、(2)両債権が同種の目的を有すること、(3)相殺が許されること、(4)両債権の弁済期の到来である。**本肢では、土地の引渡請求権と貸金債権について、(2)両債権が同種の目的を有することという要件を欠き、相殺することはできない。したがって、A社がB社に対して履行期の到来した土地の引渡請求権を有し、B社がA社に対して履行期の到来した貸金債権を有している場合、A社は、両債権を対当額で相殺することはできないから、本肢は適切でない。

イ．**適切である。**本肢では、A社のB社に対する賃料債権と、B社のA社に対する貸金債権において、(1)対立する債権の存在、(2)両債権が同種の目的を有すること、(3)相殺が許されること、(4)両債権の弁済期の到来のいずれの要件も充たす。したがって、A社がB社に対して履行期の到来した賃料債権を有し、B社がA社に対して履行期の到来した貸金債権を有している場合、A社は、両債権を対当額で相殺することができるから、本肢は適切である。

ウ．**適切である。**本肢では、A社がB社に対して履行期の到来していない賃料債権を有しており、(4)両債権の弁済期の到来の要件が問題となるが、期限の利益は、放棄することができるから（民法136条2項）、**自ら負っている債務の期限が未到来の場合には、期限の利益を放棄することで、弁済期が到来したものとして、相殺することができる。**もっとも、本肢では、賃料債権について債務を負っているのはB社であり、A社は期限の利益を放棄することはできない。したがって、A社がB社に対して履行期の到来していない賃料債権を有し、B社がA社に対して履行期の到来した貸金債権を有している場合、A社は、両債権を対当額で相殺することができないから、本肢は適切である。

エ．**適切でない。**本肢では、B社がA社に対して履行期の到来していない貸金債

権を有しており、(4)両債権の弁済期の到来の要件が問題となるが、期限の利益は、放棄することができるから（民法136条2項）、**自ら負っている債務の期限が未到来の場合には、期限の利益を放棄することで、弁済期が到来したものとして、相殺することができる。**したがって、A社がB社に対して履行期の到来した賃料債権を有し、B社がA社に対して履行期が到来していない貸金債権を有している場合、賃料債権の債務者であるA社は、賃料債務について期限の利益を放棄することにより、両債権を対当額で相殺することができるから、本肢は適切でない。

第49問 ・・・・・・・・・・・・・・・・・・・・・・・・・・・・・・・・・・・・・・・

解答 2

解説

ア．**適切である。**未成年者が法律行為をするには、原則として、その法定代理人の同意を得なければならない。**法定代理人の同意を得ないでした法律行為は、取り消すことができる**（民法5条1項、2項）。一方で、未成年者は、法定代理人の同意を得れば、単独で有効な法律行為をすることができる。したがって、未成年者Xが、法定代理人Yの同意を得て、第三者Zからパソコンを買い受ける旨の売買契約を締結した場合、Xは、当該売買契約を取り消すことができないから、本肢は適切である。

イ．**適切でない。**未成年者や被保佐人などの制限行為能力者が、**自らを行為能力者であることを信じさせるため詐術を用いたときは、その行為を取り消すことができない**（民法21条参照）。この場合、未成年者を保護するための制度である法律行為の取消しを認める必要がなく、**法定代理人も取り消すことができない。**したがって、未成年者Xが、自らを成年者であると信じさせるため、電器店Yの店主に詐術を用い、それを信じたYから大型液晶テレビを購入する旨の売買契約を締結した場合、Xは、当該売買契約を取り消すことができず、Xの法定代理人Zも、当該売買契約を取り消すことができないから、本肢は適切でない。

ウ．**適切でない。**成年被後見人の法律行為は、日用品の購入その他日常生活に関する行為を除き、取り消すことができる（民法9条）。もっとも、取消しを認めるのは、成年被後見人を保護するためであるから、**成年被後見人を代理して成年後見人が行った法律行為は取り消すことができない。**したがって、成年後見人Xが、成年被後見人Yを代理して、Yが第三者Zから金銭を借り入れる旨の金銭消費貸借契約を締結した場合、Yは、当該金銭消費貸借契約を取り消すことができないから、本肢は適切でない。

エ．**適切である。**被保佐人が借財又は保証をすること、不動産その他重要な財産

324　3級　模擬試験問題　解答・解説

に関する権利の得喪を目的とする行為をすること、訴訟行為をすること、贈与、和解又は仲裁合意をすること等の所定の行為をするには、原則として、その保佐人の同意を得なければならない（民法13条1項）。**保佐人の同意を得なければならない行為であって、その同意又はこれに代わる家庭裁判所の許可を得ないでしたものは、取り消すことができる**（同条4項）。したがって、被保佐人Xが、保佐人Yの同意を得ずに自らが所有する土地を第三者Zに売却する旨の売買契約を締結した場合、Yは、当該売買契約を取り消すことができるから、本肢は適切である。

第50問 ・・・・・・・・・・・・・・・・・・・・・・・・・・・・・・・・・・・

解答 1

解説

ア．適切である。**株主の責任は、その有する株式の引受価額を限度とする**（会社法104条）。株主は、会社債権者との関係では、自己の財産を引当てにして会社の債務を弁済する義務を負わない。これを**間接有限責任**という。したがって、Xが、Y社に対し、株式の引受価額を限度とする出資義務を負うにすぎず、Y社の債権者に対しては直接の責任を負わないから、本肢は適切である。

イ．適切でない。**株式会社は、株主を、その有する株式の内容及び数に応じて、平等に取り扱わなければならない**（会社法109条1項）。これを**株主平等の原則**という。したがって、Y社は、原則として、Xを含む株主全員を、人数を基準とするのではなく、その有する株式の内容や数に応じて平等に扱わなければならないから、本肢は適切でない。

ウ．適切である。**株主は、その有する株式を譲渡することができる**（会社法127条）。出資の払戻しが原則として認められない株式会社において、株式の譲渡は、株主の投下資本回収の手段である。したがって、Xは、原則として、自己の有するY社の株式を第三者に譲渡することができるから、本肢は適切である。

エ．適切でない。**会社法上、株主が、その所有する株式を発行する株式会社の取締役に就任することを禁止する規定はない**。実際に、株主が取締役に就任している例は多い。したがって、Y社の株主であるXは、Y社の取締役に就任することができるから、本肢は適切でない。

索引

欧文

CSR	42
NPO法人	196, 307

あ

安全配慮義務	232, 236, 245

い

遺言（いごん）	29
〜の種類	261
〜の撤回	252
遺産分割	258
遺産分割協議	252, 305
意思能力	5, 56, 311
意思表示	58, 140
意匠	138, 142, 144
意匠権	142, 158
意匠法	294
一覧払	106, 130, 132
逸失利益	9, 54
一般法	36, 38, 43, 304
委任	86, 95
商人間の〜	196
使用人への〜	226
取締役への〜	206
役員等への〜	220
委任状	60
違法配当罪	19, 188, 190, 192, 306
違約手付	95
遺留分	252, 262
印紙税	19, 298

う

請負	82
〜契約の解除	82, 84, 94, 320
〜契約の成立	50, 94
建設工事の〜契約	94
受取証書	50, 296
裏書	128
運行供用者責任	92, 164

え

営業的商行為	200, 227
営業秘密	138, 158, 191
〜の侵害	188
〜の要件	172

お

横領	190
乙区	15, 140, 157, 315

か

解雇	25, 232, 245, 302
改氏	250, 256
解除（請負契約の）	82, 84, 94, 320
解除条件	7, 62, 74, 94, 320
解約手付	52, 95
確定期限	62, 74, 93
過失	170
過失責任主義	3, 36, 43, 297, 310
過失相殺	68
課徴金納付命令	166, 176, 191, 315
割賦販売	162, 168, 180, 192

株式 ································· 204	共同の不法行為による損害賠償 ··············· 54, 307
〜譲渡自由の原則 ················· 204, 227	強迫 ································· 94
〜の譲渡 ················· 216, 325	〜による意思表示 ················· 58, 78
株式会社の成立要件 ················· 202	業務上横領罪 ················· 190
株主 ································· 204	共有財産 ················· 250, 256, 261
〜の議決権 ················· 214, 216	虚偽表示 ················· 58, 94
株主総会 ················· 206, 227	極度額 ················· 110
〜の決議事項 ················· 23, 214, 218	銀行取引停止処分 ················· 128
〜の招集 ················· 214, 220	金銭消費貸借 ················· 86
株主代表訴訟 ················· 23, 222	〜の利率の上限 ················· 88, 301
株主平等の原則 ········· 204, 216, 227, 293, 325	商人間の〜 ················· 196
仮登記担保 ················· 13, 296, 303	金銭賠償の原則 ················· 298, 299
カルテル ················· 176, 191	

く

クーリング・オフ ······· 168, 180, 184, 192, 293	
組物の意匠 ················· 142, 144	

監査役

〜の権限 ················· 222	
〜の選任 ················· 220	

け

間接有限責任 ················· 204, 216, 227, 325	形式的競売 ················· 118, 210
監督義務者の損害賠償責任 ················· 68, 90	刑事訴訟 ················· 40, 43
	契約自由の原則 ················· 5, 43, 64, 297

き

危機管理 ················· 42	契約取消権(夫婦間の) ················· 256, 318
議決権(株主の) ················· 214, 216	契約の成立 ················· 62
期限 ································· 62, 74	契約不適合責任 ················· 86
〜の利益 ········· 7, 62, 74, 93, 116, 321, 323	欠陥 ································· 170
帰責事由(債務者の) ················· 80	原因関係 ················· 106, 128, 130
偽造有価証券行使罪 ················· 164	検索の抗弁権 ················· 126, 131, 322
寄託 ················· 9, 84, 86, 95, 319	原状回復義務 ················· 321
キャッチセールス ················· 184, 192	賃借人の〜 ················· 66, 95
休憩時間 ················· 236, 240	限定承認 ················· 29, 258, 262, 305
求償権 ················· 11, 131, 323	顕名 ········· 60, 72, 93, 200, 208, 227, 310
競業取引 ················· 206	権利質 ················· 131, 296
競業避止義務 ················· 206, 228	権利能力 ················· 3, 56, 310
強行法規 ················· 36, 38, 43, 297, 310	権利能力平等の原則 ················· 43, 310
強制管理 ················· 112	権利部 ················· 15, 140, 157, 315
強制競売 ················· 112	牽連性 ················· 200, 208
強制執行 ················· 303	

こ

強制執行手続 ················· 112	故意 ································· 170
行政訴訟 ················· 40, 43	考案 ································· 142
供託 ································· 114	
共同相続人 ················· 252, 258	

327

行為能力	56
甲区	15, 140, 157, 315
公序良俗違反	36, 297
公正証書遺言	261
公正取引委員会	162, 166, 191
控訴	40
公表権	146
公法	38
小切手	106
～の種類	132
個人識別符号	313
個人情報	19, 172, 186, 191
～の利用目的	19
個人情報取扱事業者の義務	172, 186, 191, 314
個人情報保護法上の刑事罰	190
誇大広告禁止	168
雇用関係	234
雇用契約	236, 245
婚姻	254, 256, 261
～の届出	27, 250
混同	11, 100, 114, 202
コンプライアンス	42

さ

サービスマーク	144
債権	3, 43, 112
～の消滅原因	132
債権質	13, 296
債権者平等の原則	48, 100, 104, 108, 126
債権譲渡	
～の債務者対抗要件	136
～の第三者対抗要件	136, 157
催告の抗弁権	126, 131, 322
財産分与	27, 254 299, 318
財団法人	196, 306
最低賃金	232
裁判所	40, 304
再販売価格の拘束	166, 178, 191
債務者の帰責事由	80
債務の免除	11, 114, 132

債務不履行	94
～における損害賠償額	50, 80, 298
～に基づく損害賠償請求	86
～に基づく損害賠償責任	80, 84
債務名義	13, 112, 131, 303
詐欺罪	164
先取特権	102, 294
詐欺による意思表示	5, 58, 78, 94
先日付小切手	106, 130, 132
錯誤	94
差止請求	
商標の使用の～	308
特許権侵害に対する～	152, 309
詐術	48, 70, 93, 324
三六協定	232, 240, 245
産業上利用可能性	138, 157, 309

し

時間外労働	232, 240, 245
時季変更権	236
指揮命令関係	234
事業者	
消費者契約法上の～	17, 321
独占禁止法上の～	17, 176, 314, 318
自己宛小切手	106
時効	132
～の援用	102, 132
自己株式	204
辞職	245
下請け	82
質権	108
～の設定	120
～の目的物	13
執行証書	112, 131, 304
実体法	38
実用新案権	142, 158
私的自治の原則	64
私的独占	162, 166, 191, 315
自動車損害賠償保障法	92, 164
支配人	21, 198, 226, 302

～の選任及び解任 …………………………… 25, 212	重要な～の選任・解任 ……………………… 228
支払督促 …………………… 15, 102, 112, 303	消費者契約 …………………………………… 180
自筆証書遺言 ……………………………… 261	消費者契約法 ………… 17, 162, 192, 293, 321
私法 …………………………………………… 38	消費者庁 …………………………………… 168
事務管理 …………………………………… 54	消費貸借
指名委員会等設置会社 …………………… 302	商法上の～ ………………………………… 86
氏名表示権 …………………………… 146, 156	民法上の～ …………………………… 86, 88
社員 ………………………………………… 204	商標 ………………………………………… 144
社会的責任 ………………………………… 42	～の使用差止請求 ……………………… 308
借地借家法 ………………………………… 66	商標権 ……………………………………… 158
社団法人 ……………………………… 196, 306	～の存続期間 …………………… 154, 307
就業規則 …………… 25, 238, 242, 244, 245	商標登録 ………… 17, 136, 154, 294, 307
集合動産 ……………………………… 13, 295	～の取消し ……………………………… 308
修繕義務（賃貸人の） ………………… 66, 95	商法 ………………………………………… 21
収賄罪 ……………………………………… 306	消滅時効 …………………………………… 132
受益者 ……………………………………… 54	職務著作 ………………………… 146, 156, 158
受寄者の善管注意義務 ………… 2, 84, 86, 95, 319	職務発明 …………………………………… 309
取得時効 …………………………………… 132	初日不算入の原則 ………………… 7, 74, 321
受任者の善管注意義務 ………… 52, 84, 95, 319	所有権 ……………………………………… 43
準委任 ……………………………………… 86	～移転登記 ……………………………… 150
準拠法 ……………………………………… 52	～絶対の原則 ……………… 3, 36, 43, 310
上映権 ……………………………………… 146	～の移転の成立要件 …………………… 157
商業登記 ……………………… 198, 202, 212	～の移転の第三者対抗要件 …………… 157
商業登記簿 ………………………………… 212	所有と経営の分離 …………… 204, 206, 227
消極損害 …………………………………… 54	白地手形 ……………………………… 128, 130
条件 …………………………………… 62, 74	自力救済 …………………… 40, 100, 112, 300
商号 …………………………………… 23, 198	事理弁識能力 ……………………………… 68
～単一の原則 …………………………… 202	新規性
～の譲渡 ………………………………… 202	意匠の～ ………………………………… 142
～の登記 ………………………………… 212	発明の～ ………………………… 138, 157, 309
商行為 ………………………………… 196, 200	進歩性 …………………………… 138, 157, 309
～の代理 ………………………………… 208	信用回復措置請求 ………………………… 152
上告 ………………………………………… 40	心裡留保 ……………………………… 58, 78, 94
使用者責任 ………………………………… 92	
使用収益させる義務（賃貸人の） ………… 66, 95	**す**
商事留置権 ………………………………… 200	水質汚濁防止法 …………………… 164, 300
上訴 …………………………………… 5, 40	随伴性 …………… 104, 108, 122, 131, 317
譲渡担保の目的物 ……………………… 13, 295	
使用人	**せ**
～の権限 ………………………………… 226	制限行為能力者 …………… 56, 70, 93, 312, 324

329

制限物権	43
製造業者等	170
製造物責任法	19, 164, 170, 192
正当防衛	90, 92
成年被後見人	48, 56, 70, 93, 312, 324
成文法	38
責任能力	68
セクシュアル・ハラスメント	234, 246
設権証券性	106, 132
絶対的商行為	200, 227
窃盗罪	188, 192
先願主義	309
商標登録における〜	154
特許出願における〜	138, 152, 157
善管注意義務	
受寄者の〜	52, 84, 86, 95, 319
受任者の〜	52, 84, 95, 319
賃借人の〜	95
取締役の〜	206
民法上の〜	95
線引小切手	132
専用実施権	17, 152, 157

そ

相殺	116, 132, 323
造作買取請求権	66
相続人	252, 258, 260
相続の放棄	27, 252, 258, 262, 305
双務契約	64
贈賄罪	306
即時取得	148
訴訟	40
〜の種類	43
即決和解	102, 303
損益相殺	9, 68, 90, 307
損害賠償	
運行供用者の〜責任	92, 164
監督義務者の〜責任	68, 90
契約不適合責任に基づく〜	86
債務不履行に基づく〜	84, 86, 298

使用者の〜責任	92
特許権侵害に対する〜	152, 309
不法行為に基づく〜	54, 68, 90, 170, 298

た

大気汚染防止法	164, 300
大規模小売店舗立地法	164, 301
第三者提供(個人データの)	314
代襲相続	260
代表取締役	23, 220, 222, 228
代物弁済	114, 132, 296
代理	60, 72, 93, 208
民法上の〜の成立要件	60, 93
抱き合わせ販売	166, 191
諾成契約	58, 64
諾否通知義務	93
建物賃貸借	
〜契約の更新	66
〜の対抗要件	66, 150, 157
〜の第三者対抗要件	313
談合	166, 176, 191
単純承認	262, 305
男女雇用機会均等法	234, 246, 304
担保物権	43, 131
〜の性質	131

ち

知的財産権	142
忠実義務	206
調停調書	15
著作権	142, 146, 158, 316
〜の存続期間	17, 136, 156
著作者	146
著作者人格権	17, 146, 156, 158, 316
著作物	142, 146
著作隣接権	146, 316
著作隣接権者	158
賃金	232, 236, 238, 242
〜全額払いの原則	238
賃借人	

～の原状回復義務 ················· 66, 95

～の善管注意義務 ·················· 95

～の賃料支払義務 ··············· 66, 95

賃貸借契約 ························· 66

賃貸人

～の修繕義務 ··················· 66, 95

～の使用収益させる義務 ············ 66, 95

賃料支払義務(賃借人の) ············ 66, 95

つ

追認 ·················· 56, 60, 72

通常実施権 ························· 157

通信販売 ···························· 168

通謀虚偽表示 ···················· 78, 136

通有性 ························· 104, 108

て

定時株主総会 ···················· 214, 220

停止条件 ·············· 7, 62, 74, 94, 320

抵当権 ··············· 108, 110, 122, 317

～設定契約の成立 ·················· 124

～設定の対抗要件 ············· 150, 157, 313

～設定の第三者対抗要件 ·············· 317

～の順位 ·················· 124, 131, 317

～の物上代位性 ···················· 124

手形関係 ····························· 128

適格消費者団体 ····················· 180

手付 ······························ 95

手続法 ····························· 38

典型契約 ···························· 64

と

同一性保持権 ······················ 146

登記

商業～ ··················· 198, 202, 212

所有権移転～ ······················ 150

抵当権設定～ ······················ 150

登記記録 ···························· 140

登記事項証明書 ···················· 202, 212

登記簿 ·························· 140, 157

動産物権変動の対抗要件 ············· 150, 312

当事者自治の原則 ···················· 5, 52

同時履行の抗弁権 ··················· 80, 94

動的意匠 ···························· 294

独占禁止法 ··········· 17, 162, 166, 176, 178, 191

独占的通常実施権 ···················· 157

督促異議の申立て ···················· 102

特定商取引法 ············· 168, 180, 184, 192, 293

特定非営利活動法人 ················· 196, 306

特別損害 ···························· 76

特別背任罪 ························· 192

特別法 ···················· 36, 38, 43, 304

特有財産 ················ 250, 254, 256, 261, 318

土地賃貸借の対抗要件 ·················· 66

特許権 ····························· 157

～の存続期間 ··············· 15, 138, 152, 299

特許の要件 ························· 308

取締規定 ····························· 3

取締役 ················· 23, 206, 293, 325

～の選任 ························· 228

取締役会設置会社における～の員数 ········· 218

取締役会 ·························· 218, 222

トレードマーク ······················ 144

に

日常家事債務の連帯責任

················· 27, 250, 254, 256, 261, 318

任意整理 ···························· 300

任意代理 ····························· 93

任意法規 ···················· 38, 43, 297

任務懈怠責任 ···················· 218, 228

ね

根抵当権 ···························· 110

年次有給休暇 ···················· 236, 240

は

廃棄物処理法 ······················ 298

排除措置命令 ················ 166, 176, 191, 315

排他条件付取引 ····················· 178

331

背任罪 ……………………………… 190, 192
売買契約 ………………………………… 93
　〜の解除 ……………………………… 80
発明 ………………………… 15, 138, 299

ひ

非公知性 ……………………………… 172, 191
非占有担保物権 ……………………… 110
被担保債権 …………………………… 104
必要費 …………………………………… 66
被保佐人 …………………… 48, 56, 70, 93, 312
被補助人 …………………………… 56, 93
秘密管理性 …………………………… 172, 191
秘密証書遺言 ………………………… 261
表見代理 …………………… 7, 60, 72, 93, 311
標章 …………………………………… 144, 154
表題部 ……………………… 15, 140, 157, 315

ふ

夫婦間
　〜における日常家事債務の連帯責任
　……………………… 27, 254, 256, 318
　〜の共有財産 ………………………… 27
　〜の契約取消権 …………………… 256, 318
夫婦別産制 …………………………… 261
不確定期限 ………………… 62, 74, 93, 320
不可分性 …………………… 104, 108, 131
不完全履行 ……………………………… 76
複製権 ………………………………… 146
不公正な取引方法
　……………… 166, 176, 178, 191, 315, 319
附従性 ……… 11, 104, 108, 122, 126, 131, 322
不正競争防止法 ……………… 19, 172, 191, 202
附属的商行為 ………………… 200, 227
物権 ……………………………………… 43
　〜変動の第三者対抗要件 ………… 140
物上代位性 …………… 104, 108, 110, 124, 131
物上保証人 …………………………… 110
不動産賃貸借の対抗要件 …………… 66
不動産登記 …………………………… 15

不動産登記記録 ……………………… 157
不動産物権変動の対抗要件 ‥ 122, 150, 295, 313
不当な取引制限 ……… 166, 176, 178, 191, 319
不当利得返還義務 ………………… 9, 54
不当利得返還請求 …………………… 152
不当廉売 ……………………… 176, 191
不当労働行為 ………………… 238, 244
部分意匠 ……………………………… 144
不文法 …………………………………… 38
不法原因給付 ………………… 9, 54, 300
不法行為に基づく損害賠償
　……………………… 54, 68, 90, 170, 298
プログラムの著作物 ………………… 156
不渡り ………………………………… 128
分割債務 ……………………………… 200
粉飾決算 ……………………………… 190

へ

弁済 ………………………… 132, 305
　〜の提供 ……………………… 100
　〜をすべき場所 …………… 48, 305, 320
受領権者としての外観を有する者に対する〜
　……………………………………… 136
片務契約 ……………………………… 64

ほ

報酬 ……………………………… 50, 82
報酬委員会 …………………………… 302
法人 …………………………………… 196
法定財産制 …………………………… 254
法定相続人 …………………………… 260
法定相続分 ……… 29, 252, 258, 260, 262, 302
法定代理 ………………………………… 93
法定担保物権 ………………………… 131
法定労働時間 …………… 25, 236, 242, 245
法の適用に関する通則法 …………… 52
訪問販売 ……………… 168, 180, 184, 192
法令遵守 ……………………………… 42
保証 ……………… 126, 131, 208, 322

332

み

未成年者 ················· 48, 70, 90, 93, 312, 324
民事訴訟 ······································ 40, 43, 112

む

無因証券性 ···························· 106, 130, 132
無因性 ·· 128
無権代理 ····························· 60, 72, 93, 311
無償契約 ·· 64

め

免除（債務の）··················· 11, 114, 132

も

文言証券性 ································· 106, 132

や

約定担保物権 ···························· 110, 131
約束手形
　～の性質 ··· 132
　～の不渡り ····································· 128

ゆ

遺言（ゆいごん）→遺言（いごん）
有益費 ·· 66
　～の償還請求 ·································· 50
優越的地位の濫用 ··············· 166, 191
有価証券偽造罪 ······························· 164
有償契約 ·· 64
優先弁済的効力 ······· 104, 108, 110, 118, 131
有用性 ······································· 172, 191

よ

用益物権 ··· 3, 43
要式証券性 ································· 106, 132
要配慮個人情報 ······················· 19, 301
要物契約 ·· 58, 64

り

利益供与罪 ·· 188

利益相反取引 ······························ 206, 228
履行遅滞 ··· 76, 94
履行不能 ··· 76, 94
離婚 ····································· 27, 254, 299
リスクマネジメント ······························ 42
利息 ··· 21, 196
流質契約の禁止 ······························ 120
留置権 ········· 13, 102, 118, 208, 210, 295
　～の成立要件 ······························ 200
　商人間の～ ····································· 21
留置的効力 ······················ 108, 110, 131
領収証 ······································· 50, 296
両罰規定 ································· 162, 188
利率
　金銭消費貸借の～の上限 ··········· 88, 301

れ

連帯債務 ···························· 100, 200, 208
連帯保証 ···················· 11, 126, 208, 322

ろ

労働基準監督署長 ······················ 238, 245
労働基準法 ········· 236, 238, 240, 242, 244, 245
労働協約 ··························· 238, 244, 245
労働組合 ··························· 238, 244, 245
労働契約 ···················· 236, 242, 245, 302
労働者 ······································· 25, 244
労働者派遣 ························· 27, 234, 246

わ

割増賃金 ································· 232, 236

333

編著者紹介

菅谷 貴子（すがや たかこ）

山田・尾崎法律事務所（第二東京弁護士会）所属。

企業法務（会社法、労働法、著作権法）を中心に、不動産関連及び、離婚、相続等の一般民事事件等も担当している。その他、複数の会社の社外役員を務めるほか、官公庁や一般企業において、労働法・ハラスメント防止等のセミナー講師を多数行っている。著書として『弁護士が教えるセクハラ対策ルールブック』（共著、日本経済新聞出版社）、『Q&A「社員の問題行動」対応の法律知識』（共著、日経文庫）、『Q&A セクシュアル・ハラスメント ストーカー規制法解説（第2版）』（共著、三省堂）、『こんなときどうする 製造物責任・企業賠償責任 Q&A = その対策のすべて =』（共著、第一法規）など。

厚井 久弥（こうい ひさや）

第二東京弁護士会所属。

内部統制・コンプライアンスなどの危機管理を中心に、官公庁や企業の事実調査、不祥事対応を数多く手掛ける。企業法務としては、ほかに、セミナーやハラスメント対応（調査・対応支援）など、一般民事としては、離婚、相続などを取り扱う。著書として『第三者委員会実務マニュアル』（共著、創耕舎）、『非公開会社の実務と対策:tax & law』（共著、第一法規）、『改訂増補 困ったときのくらしの法律知識 Q&A』（共著、清文社）など。

装丁	小沼孝至
DTP	株式会社シンクス

法務教科書

ビジネス実務法務検定試験®3級
テキストいらずの問題集2023年版

2023年2月15日　初版第1刷発行

編 著 者	菅谷 貴子、厚井 久弥
発 行 人	佐々木 幹夫
発 行 所	株式会社 翔泳社（https://www.shoeisha.co.jp）
印 刷	昭和情報プロセス株式会社
製 本	株式会社 国宝社

© 2023 Takako Sugaya, Hisaya Koui

ビジネス実務法務検定試験®は東京商工会議所の登録商標です。

本書は著作権法上の保護を受けています。本書の一部または全部について（ソフトウェアおよびプログラムを含む）、株式会社 翔泳社から文書による許諾を得ずに、いかなる方法においても無断で複写、複製することは禁じられています。

本書へのお問い合わせについては、iiページの記載内容をお読みください。

造本には細心の注意を払っておりますが、万一、乱丁（ページの順序違い）や落丁（ページの抜け）がございましたら、お取り替えいたします。03-5362-3705までご連絡ください。

ISBN978-4-7981-7871-4　　　　　　　　　　　　　　Printed in Japan